Christian Schlieder

Autodesk® Inventor® 2019
Aufbaukurs KONSTRUKTION

Viele praktische Übungen am Konstruktionsobjekt GETRIEBE

Christian Schlieder

Autodesk® Inventor® 2019
Aufbaukurs KONSTRUKTION

Viele praktische Übungen am
Konstruktionsobjekt GETRIEBE

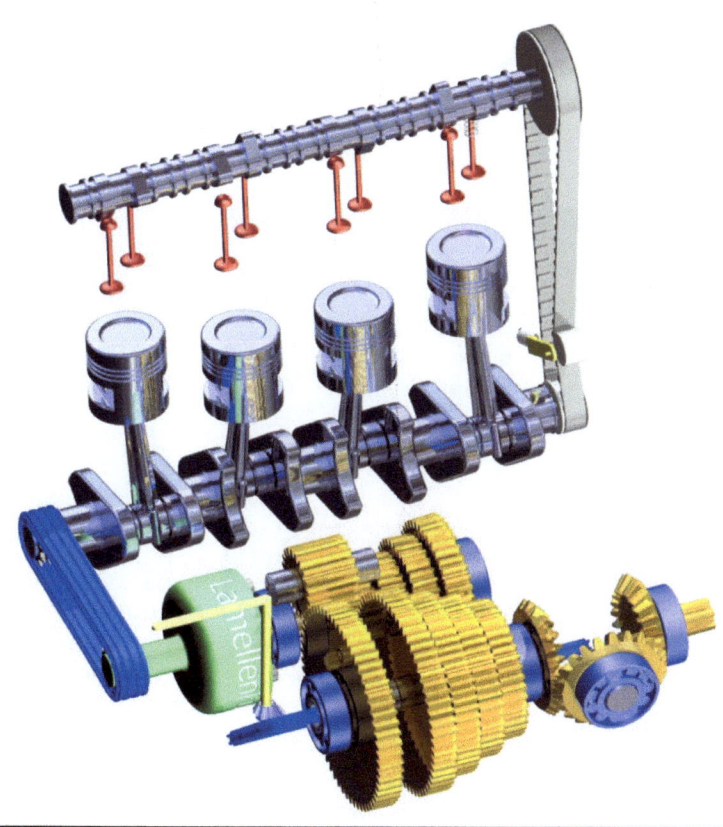

Weiterführende Literatur

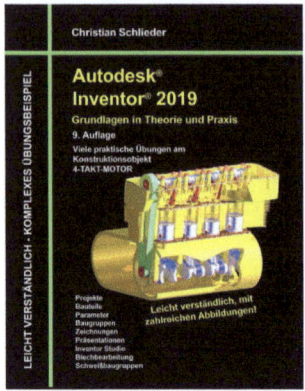

Autodesk® Inventor® 2019
Grundlagen in
Theorie und Praxis

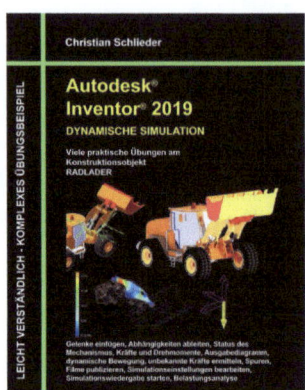

Autodesk® Inventor® 2019
Dynamische Simulation
und Belastungsanalyse

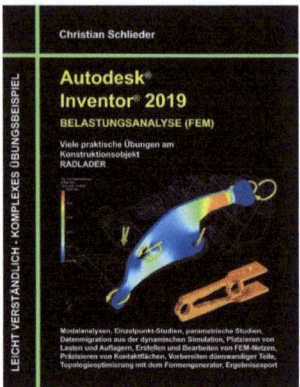

Autodesk® Inventor® 2019
Belastungsanalyse
(FEM)

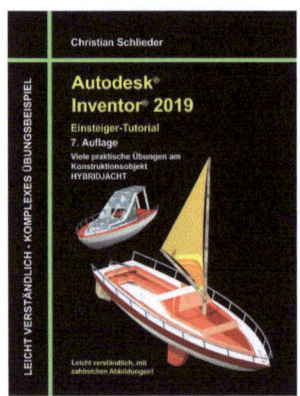

Autodesk® Inventor® 2019
Einsteiger-Tutorial
Hybridjacht

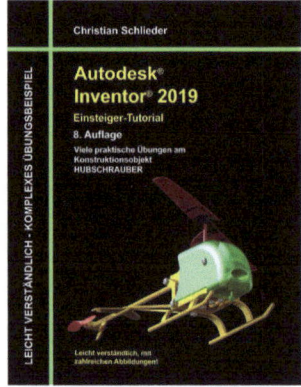

Autodesk® Inventor® 2019
Einsteiger-Tutorial
Hubschrauber

Autodesk® AutoCAD® 2019
Grundlagen in
Theorie und Praxis

http://www.cad-trainings.de/html/Literatur.html

Alle im Buch enthaltenen Informationen wurden nach bestem Wissen und Gewissen geprüft.

Da Fehler nicht ausgeschlossen werden können, übernehmen Autor und Verlag weder Verantwortungen, Verpflichtungen oder Garantien jeglicher Art, noch Haftung für die Benutzung der bereitgestellten Informationen. Autor und Verlag übernehmen keine Gewähr dafür, dass die beschriebenen Vorgehensweisen oder Verfahren frei von Rechten Dritter sind.

Das Werk ist urheberrechtlich geschützt. Übersetzung, Nachdruck, Vervielfältigung, sonstige Verarbeitung des Buches oder von Teilen daraus sind ohne Genehmigung des Autors nicht erlaubt.

Autodesk® Inventor® 2019 ist ein eingetragenes Markenzeichen von Autodesk, Inc. und/ oder seiner Tochtergesellschaften und/ oder der Tochterunternehmen in den USA und anderen Ländern.

ISBN

978-3-7528-5968-3

IMPRESSUM

Dipl.- Ing. Christian Schlieder
www.cad-trainings.de
Fax: +49 (0) 3212 - 1122290

HERSTELLUNG UND VERLAG

BoD - Books on Demand, Norderstedt
www.BoD.de

INHALTSVERZEICHNIS

1 Grundlegendes zum Buch

1.1 Zielgruppe & Aufbau des Buches

Dieses Buch ist ein Aufbaukurs für Fortgeschrittene, die mit den Grundlagen von *Autodesk® Inventor® 2019* bereits vertraut sind. Das Programm verfügt im Baugruppenbereich über ein Register *Konstruktion* welches zur Berechnung und Konstruktion, speziell im Maschinenbau verwendeter Komponenten dient. In einem komplexen Übungsbeispiel wird der Leser theoretische Grundlagen einiger Befehle aus diesem Register erlernen und anschließend praktisch umsetzen.

Das verwendete Übungsbeispiel baut auf das Grundlagenbuch *Autodesk® Inventor® 2019 – Grundlagen in Theorie und Praxis* auf, in welchem ein vereinfachter 4-Takt-Motor erstellt wurde. Dieser Motor wird im vorliegenden Buch um ein Getriebe erweitert.

In diesem Buch werden die folgenden Befehle des Registers *Konstruktion* behandelt:

- ➤ *Druckfeder-Generator*
- ➤ *Gehrungen erzeugen*
- ➤ *Gestell-Generator*
- ➤ *Kegelräder-Generator*
- ➤ *Keilwellen-Generator*
- ➤ *Lager-Generator*

- ➤ *Rollenketten-Generator*
- ➤ *Schraubenverbindungs-Generator*
- ➤ *Stirnräder-Generator*
- ➤ *Wellen-Generator*
- ➤ *Zahnriemen-Generator*
- ➤ *Zugfeder-Generator*

Das Übungsbeispiel bietet genügend Möglichkeiten, die Befehlsketten sporadisch zu verlassen und eigene Versuche mit den Befehlen zu starten.

1.2 Erzeugen des Projektordners/ Herunterladen der Übungsdateien

Bevor Sie mit der Umsetzung des Projekts beginnen, sollten die folgenden Arbeiten erledigt werden:

Erzeugen eines neuen Projektordners

Erstellen Sie auf Ihrem PC an geeigneter Stelle einen neuen Ordner:

➢ *Inventor-2019-Übung-Konstruktion*

Herunterladen der Übungsdateien

Besuchen Sie im Internet die folgende Website:

➢ *http://www.cad-trainings.de/html/Download.html*

Suchen Sie das passende Buch und klicken Sie auf den nebenstehenden Link, um die zum Buch gehörende Übungsdatei (ZIP-Format) auf Ihrem PC zu speichern. Speichern Sie die Datei in dem vorher erzeugten Projektordner *Inventor-2019-Übung-Konstruktion* und entpacken Sie die Datei dort hinein. Die darin enthaltenen Dateien werden später benötigt.

2   Installation von Autodesk® Inventor® 2019

2.1   Systemanforderungen

Die folgenden von Autodesk® empfohlenen Systemanforderungen gelten für Bauteile und Baugruppen mit weniger als 1000 Bauteilen:

Betriebssystem	64 Bit-Version von Microsoft® Windows® 10 Anniversary Update (Version 1607 oder höher) 64-Bit-Version von Microsoft Windows 8.1 64-Bit-Version von Microsoft Windows 7 SP1 mit Update KB4019990
CPU-Typ	Empfohlen: 3 GHz oder mehr, mindestens 4 Kerne Mindestens: 2,5 GHz oder mehr
Arbeitsspeicher	Mindestens: 8 GB RAM Empfohlen: 20 GB Ram oder mehr
Festplatte	Installationsprogramm sowie vollständige Installation: 40 GB
Grafikkarte	Empfohlen: 4 GB GPU mit einer Bandbreite von 106 Gbit/s und kompatibel mit DirectX 11 Mindestens: 1 GB GPU mit einer Bandbreite von 29 Gbit/s und kompatibel mit DirectX 11
Bildschirmauflösung	Empfohlen: 3840 x 2160 (4K); bevorzugte Skalierung: 100 %, 125 %, 150 % oder 200 % Mindestens: 1280 x 1024 (1080 p)
Zeigegerät	Kompatibel mit Microsoft-Maus (3DConnexion-3D-Maus optional)
Netzwerk	Internetverbindung für die Webinstallation mit der Autodesk® Desktop-App, die Autodesk®-Funktion für die Zusammenarbeit, die .NET-Installation, Webdownloads und die Lizenzierung. Network License Manager unterstützt Windows Server® 2016, 2012, 2012 R2, 2008 R2 und die oben aufgeführten Betriebssysteme.
Tabellenkalkulation	Vollständige lokale Installation von Microsoft® Excel 2010, 2013 oder 2016 für iFeatures, iParts, iAssemblies, globale Stücklisten, Bauteillisten, Revisionstabellen, tabellenbasierte Konstruktionen und Studio-Animationen von Positionsdarstellungen. Die 64-Bit-Version von Microsoft Office ist erforderlich, um Access 2007-, dBase IV-, Text- und CSV-Formate zu exportieren. Abonnenten von Office 365 müssen sicherstellen, dass Microsoft Excel 2016 lokal installiert ist. Windows Excel Starter®, OpenOffice® und browserbasierte Anwendungen von Office 365 werden nicht unterstützt.
Browser	Google Chrome™ oder gleichwertig

| .NET Framework | .NET Framework Version 4.7 oder höher. Die Installation von Windows-Updates ist aktiviert. |
| Virtualisierung | Citrix® XenApp™ 7.6, Citrix® XenDesktop™ 7.6 (erfordert Inventor-Netzwerklizenzierung). |

Die folgenden zusätzlichen von Autodesk® empfohlenen Systemanforderungen gelten für Bauteile und Baugruppen mit mehr als 1000 Bauteilen:

CPU-Typ	Empfohlen: 3,3 GHz oder mehr, mindestens 4 Kerne
Arbeitsspeicher	Empfohlen: 24 GB RAM oder mehr
Grafik	Empfohlen: 4 GB GPU mit einer Bandbreite von 106 Gbit/s und kompatibel mit DirectX 11

2.2 Für Anwender von Autodesk® Inventor® 2019 auf Macintosh

Sie können Autodesk® Inventor® Professional auf einem Mac®-Computer auf einer Windows-Partition installieren. Das System muss Apple Boot Camp® zum Verwalten einer Konfiguration mit zwei Betriebssystemen verwenden und die folgenden Mindestsystemanforderungen erfüllen:

Betriebssystem	Mindestens: Mac OS™ X 10.13.x
	Empfohlen: Mac OS™ X 10. 12.x
Parallels	Parallels Desktop 13 oder höher
CPU-Typ	Mindestens: Intel® Core 2 Duo (3 GHz oder höher)
Arbeitsspeicher	Mindestens: 8 GB RAM
	Empfohlen: 16 GB Ram oder mehr
Partitionsgröße	Mindestens: 100 GB freier Festplattenspeicher
	Empfohlen: 250 GB freier Festplattenspeicher oder mehr
Betriebssystem	64 Bit-Version von Microsoft® Windows® 10 Anniversary Update (Version 1607 oder höher)
	64-Bit-Version von Microsoft Windows 8.1
	64-Bit-Version von Microsoft Windows 7 SP1 mit Update KB4019990

2.3 Download des Programms

Sollten Sie die Software nicht bereits besitzen, haben Sie die folgenden Möglichkeiten, Autodesk®-Produkte unter den folgenden Links herunterzuladen:

Autodesk® Store	Wenn Sie die Programmversion kaufen möchten:
	➢ http://www.autodesk.com/
Autodesk®- Konto	Als Subscription-Kunde bei Ihrem Autodesk® Konto:
	➢ https://accounts.autodesk.com/
Education Community	Als Mitglied der Education Community:
	➢ http://www.autodesk.com/education/free-software/all
Kostenlose Testversionen	Als kostenlose Testversion mit 30 Tagen Laufzeit:
	➢ http://www.autodesk.com/free-trials

Unter dem folgenden Link finden Sie weitere Informationen zu kostenlosen Programmversionen von Autodesk® für Studenten und Lehrkräfte:

➢ *http://help.autodesk.com/view/INVNTOR/2019/DEU/?guid=GUID-32F591DA-32BF-42F2-8FAC-DF215412D1C3*

2.4 Installationsvoraussetzungen

Zugriffsrechte

Sie müssen über lokale Benutzer-Administratorrechte verfügen.

➢ *Systemsteuerung > Benutzerkonten > Benutzerkonten verwalten*

System-Updates/ Antivirenprogramm

Vor der Installation von Autodesk® Inventor® 2019 sollten eventuell noch ausstehende Updates von Windows® durchgeführt werden. Starten Sie den Rechner danach neu. Antivirenprogramme müssen während der Installation eventuell vorübergehend deaktiviert werden.

Language Packs

Prüfen Sie vor der Installation von Autodesk® Inventor® 2019, ob die heruntergeladene Programmversion in der richtigen Sprache vorhanden ist. Eventuell muss vorab ein Sprachpaket heruntergeladen und installiert werden.

Seriennummer/ Produktschlüssel

Vor der Installation sollten Seriennummer und Produktschlüssel in Erfahrung gebracht werden. Weitere Informationen zum Thema finden Sie unter dem Link:

> *https://knowledge.autodesk.com/de/customer-service/download-install/activate/find-serial-number-product-key/sn-education-community/serial-number-educational-institutions*

Beenden anderer Programme

Beenden Sie alle anderen Programme vor der Installation von Autodesk® Inventor® 2019.

2.5   Installation von Autodesk® Inventor® 2019

Stellen Sie vor der Installation von Autodesk® Inventor® 2019 sicher, dass alle Teile des Programms vollständig vorhanden sind. Wurden diese vollständig heruntergeladen (Schritt entfällt, wenn die Software auf DVD vorhanden ist), kann mit der Installation begonnen werden. Sollte das Installationsprogramm noch nicht geöffnet sein, starten Sie dieses. Sie finden es für gewöhnlich im Pfad:

> *C:\Autodesk\Inventor_2019_...\Setup.exe*

Nachdem Sie die Lizenzvereinbarung gelesen und akzeptiert haben, muss im Dropdown-Menü mit den Produktsprachen einer der folgenden Schritte durchgeführt werden:

1) Wählen Sie eine Sprache aus.
2) Wählen Sie unter Lizenztyp die Option *Einzelplatz*.
3) Geben Sie Seriennummer und Produktschlüssel ein (falls erforderlich).
4) Bestimmen Sie den Installationspfad (dieser Pfad darf maximal 260 Zeichen lang sein).
5) Übernehmen Sie die vorgegebene Konfiguration oder passen Sie die Installation an (weitere Informationen zur Konfiguration finden Sie in der Produktdokumentation).
6) Klicken Sie auf *Installieren*.
7) Nach der Installation: Klicken Sie auf *Fertigstellen*.

2.6   Aktivierung von Autodesk® Inventor® 2019

Online aktivieren und registrieren

Sobald Autodesk® Inventor® 2019 das erste Mal gestartet wurden, startet auch automatisch der Aktivierungsvorgang. Sollte der PC über eine bestehende Internetverbindung verfügen, führen Sie die folgenden Schritte aus:

1) Achten Sie darauf, dass Ihre Firewall oder Antivirenprogramme den Datenaustausch zwischen Autodesk® Inventor® 2019 und dem Server von Autodesk® nicht unterbrechen.
2) Starten Sie Autodesk® Inventor® 2019.
3) Stimmen Sie den Datenschutzrichtlinien zu.
4) Klicken Sie auf *Aktivieren*.
5) Geben Sie den Produktschlüssel ein, wenn Sie dazu aufgefordert werden sollten. Melden Sie sich an und registrieren Sie das Produkt.

Autodesk® überprüft jetzt die Berechtigungsinformationen, wie z. B. Ihre Seriennummer. Wenn Sie die Aktivierungsaufforderung sehen und keine Verbindung mit dem Internet herstellen können, ist die Aktivierung manuell vorzunehmen.

Manuelles Aktivieren und Registrieren (offline)

Sollte der PC über keine bestehende Internetverbindung verfügen, führen Sie die folgenden Schritte aus:

1) Starten Sie Autodesk® Inventor® 2019.
2) Stimmen Sie den Datenschutzrichtlinien zu.
3) Klicken Sie auf *Aktivieren*.
4) Wählen Sie Aktivierungscode *Mit einer Offlinemethode anfordern*.
5) Klicken Sie auf *Weiter*.
6) Notieren Sie die Aktivierungsinformationen, die auf dem Bildschirm angezeigt werden, einschließlich der URL.
7) Starten Sie ein Gerät mit einer bestehenden Internetverbindung.
8) Öffnen Sie die URL aus Punkt (6). Melden Sie sich an und registrieren Sie das Produkt.
9) Notieren Sie den Aktivierungscode.
10) Starten Sie Autodesk® Inventor® 2019.
11) Klicken Sie auf *Aktivieren*.
12) Wählen Sie die Option *Ich habe einen Aktivierungscode von Autodesk*.
13) Kopieren Sie den Aktivierungscode, und fügen Sie ihn in das erste Feld ein, um automatisch die anderen Felder auszufüllen.
14) Klicken Sie auf *Weiter*.

Weitere Informationen zu Installation und Aktivierung erhalten Sie unter dem folgenden Link:

➢ *https://knowledge.autodesk.com/customer-service/download-install*

3 Programmaufbau und Programmoberfläche

3.1 Programmaufbau

Nach dem Start von Autodesk® Inventor® 2019 öffnet sich das Programm mit der folgenden *Benutzeroberfläche*:

1) Hauptmenü
2) Schnellzugriff-Werkzeuge
3) Multifunktionsleiste
4) InfoCenter
5) Neue Dateien erstellen
6) Projektverwaltung
7) Zuletzt verwend. Dokumente

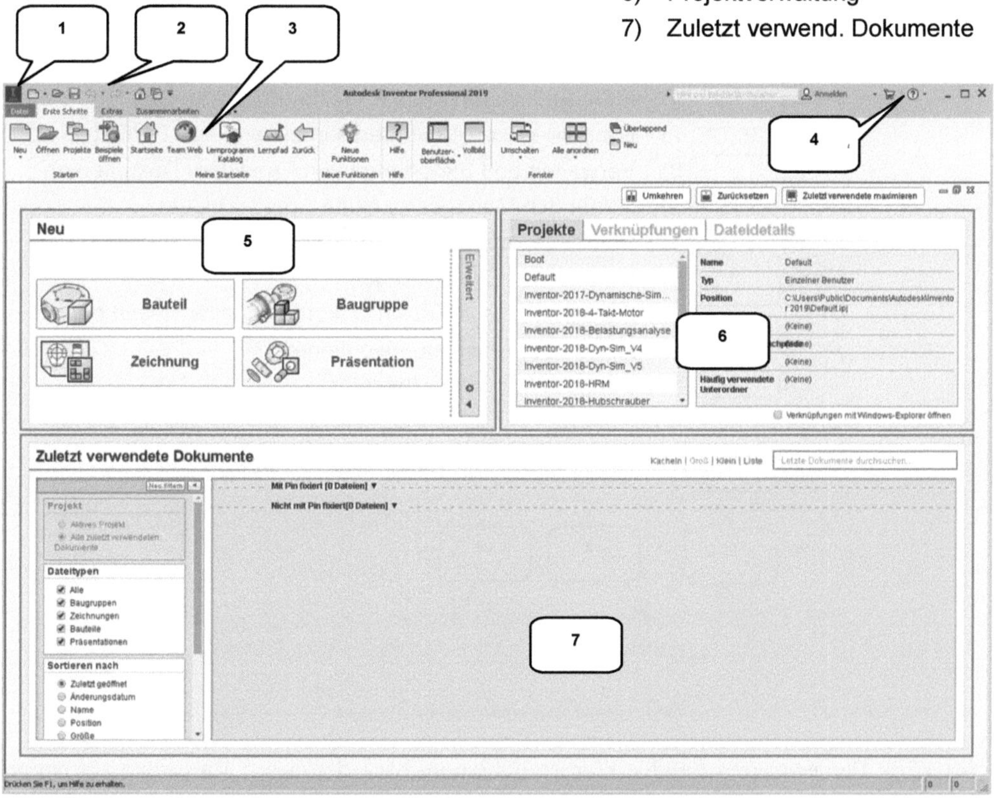

3.2   Hauptmenü

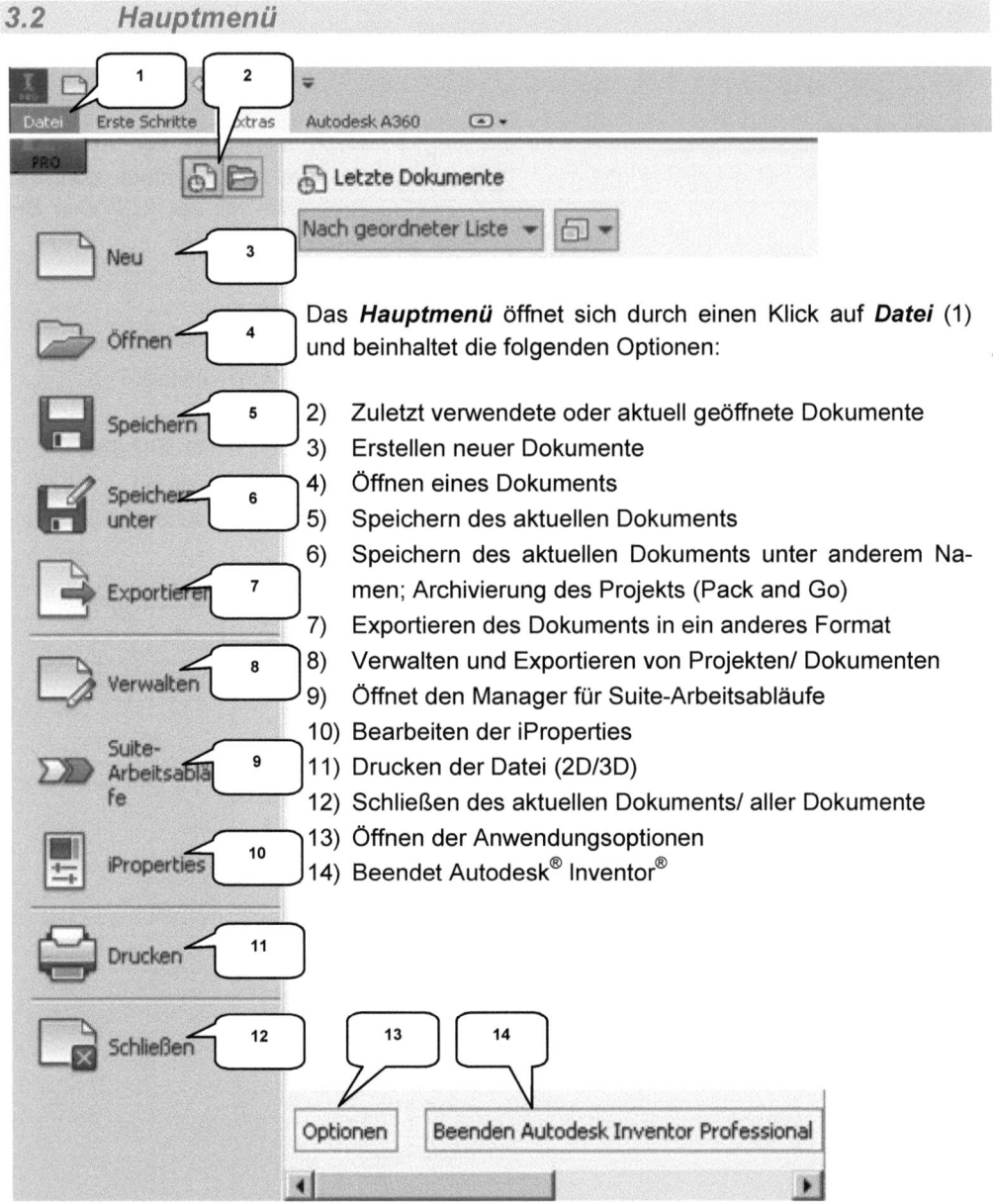

Das *Hauptmenü* öffnet sich durch einen Klick auf *Datei* (1) und beinhaltet die folgenden Optionen:

2) Zuletzt verwendete oder aktuell geöffnete Dokumente
3) Erstellen neuer Dokumente
4) Öffnen eines Dokuments
5) Speichern des aktuellen Dokuments
6) Speichern des aktuellen Dokuments unter anderem Namen; Archivierung des Projekts (Pack and Go)
7) Exportieren des Dokuments in ein anderes Format
8) Verwalten und Exportieren von Projekten/ Dokumenten
9) Öffnet den Manager für Suite-Arbeitsabläufe
10) Bearbeiten der iProperties
11) Drucken der Datei (2D/3D)
12) Schließen des aktuellen Dokuments/ aller Dokumente
13) Öffnen der Anwendungsoptionen
14) Beendet Autodesk® Inventor®

HINWEIS: Die jeweiligen Befehle können mit einem Klick der linken Maustaste auf die nebenstehenden Dreiecke noch erweitert werden.

3.3 Schnellzugriff-Werkzeuge

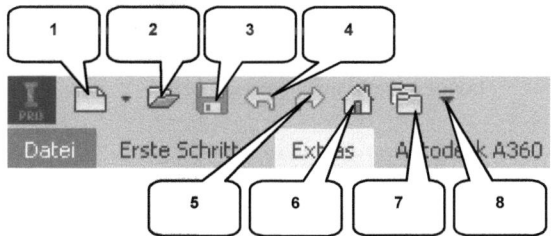

Die **Schnellzugriff-Werkzeuge** sind einige häufig verwendete Befehle, die einzeln ein- oder ausgeblendet werden können. Die folgenden Befehle befinden sich darin:

1) Erstellen eines neuen Dokuments
2) Öffnen eines vorhandenen Dokuments
3) Speichern des Dokuments
4) Einen Arbeitsschritt zurück

5) Einen Arbeitsschritt vorwärts
6) Aktiviert die Startseite
7) Öffnet die Projektverwaltung
8) Schnellzugriff-Werkzeuge anpassen

3.4 Multifunktionsleiste

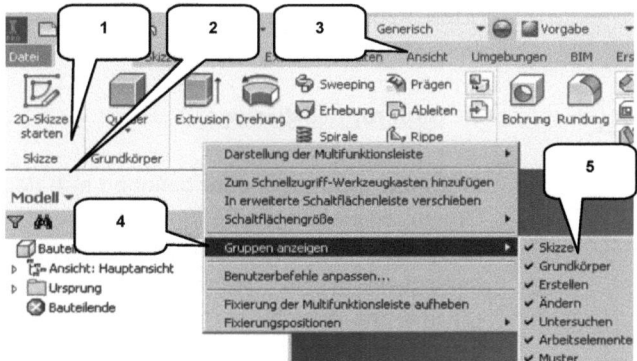

Die **Multifunktionsleiste** (1) befindet sich im oberen Bereich des Programms und enthält verschiedene Befehlsgruppen (2), deren Inhalt entsprechend der Auswahl einer der verfügbaren Registerkarten (3) variiert. Jede Registerkarte enthält diverse Befehlsgruppen, welche beliebig ein- oder ausgeblendet werden können.

Um Befehlsgruppen ein- oder auszublenden, muss mit der **rechten Maustaste** auf einen beliebigen Punkt im Bereich der Multifunktionsleiste (1) geklickt und die Option **Gruppen anzeigen** (4) gewählt werden. In der erweiterten Auswahl (5), können die einzelnen Befehlsgruppen danach aktiviert/deaktiviert werden.

HINWEIS: Sollten in diesem Buch Befehle verwendet werden, die Sie in Ihrer Multifunktionsleiste im entsprechenden Arbeitsbereich nicht finden können, kontrollieren Sie bitte, ob die entsprechende Befehlsgruppe aktiviert ist.

3.5   Browser

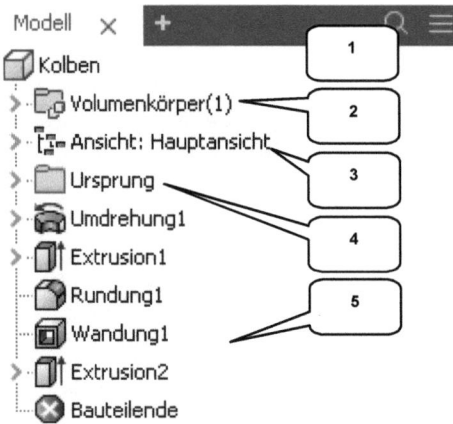

Der **Browser** (1) spiegelt den grundlegenden Aufbau eines Objekts wieder der je Arbeitsbereich inhaltlich variiert.

➢ **Bauteil-Browser**

Im **Bauteil-Browser** befinden sich z. B. der Ordner **Volumenkörper** (2) (er listet die einzelnen Volumenkörper eines Bauteils auf), der Ordner **Ansicht** (3) (er beinhaltet die Ansichten eines Bauteils) sowie der Ordner **Ursprung** (4) (er listet die Hauptachsen und -ebenen des Bauteils auf). Weiterhin werden alle bereits am Bauteil vorgenommenen **Arbeitsschritte** (5) chronologisch aufgelistet und können hier bearbeitet werden.

➢ **Baugruppen-Browser**

Im **Baugruppen-Browser** befinden sich der Ordner **Beziehungen** (6) (mit allen in der Baugruppe besetzten Verbindungen/ Abhängigkeiten), der Ordner **Darstellungen** (7) (mit den Ansichten, Positionen und Detailgenauigkeiten der Baugruppe) und der Ordner **Ursprung** (8). Natürlich werden auch alle in der Baugruppe vorhandenen Komponenten (Bauteile/ Normteile) aufgelistet.

➢ **Präsentations-Browser**

Der **Präsentations-Browser** enthält den Ordner **Szene** (9). Darin werden die Präsentationsdrehbücher der animierten Baugruppen und die zugehörigen Pfade abgelegt.

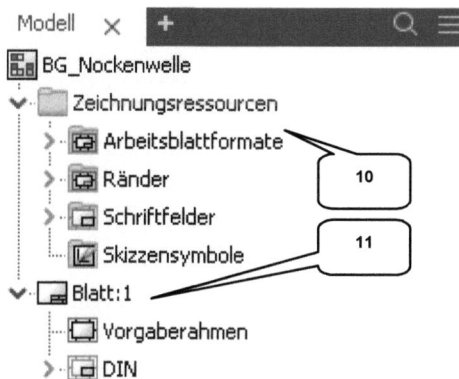

> ## Zeichnungs-Browser

Im **Zeichnungs-Browser** gibt es den Ordner **Zeichnungsressourcen** (10) (mit allen vordefinierten Arbeitsblattformaten, Rändern, Schriftfeldern und Symbolen) und je Zeichnung einen Ordner **Blatt** (11). Jedes Zeichnungsblatt beinhaltet die dem Blatt zugeordneten Arbeitsblattformate, Ränder, Schriftfelder und Symbole sowie dargestellten Ansichten mit den darin abgebildeten Komponenten.

3.6   Arbeitsbereich
3.6.1   Startbildschirm

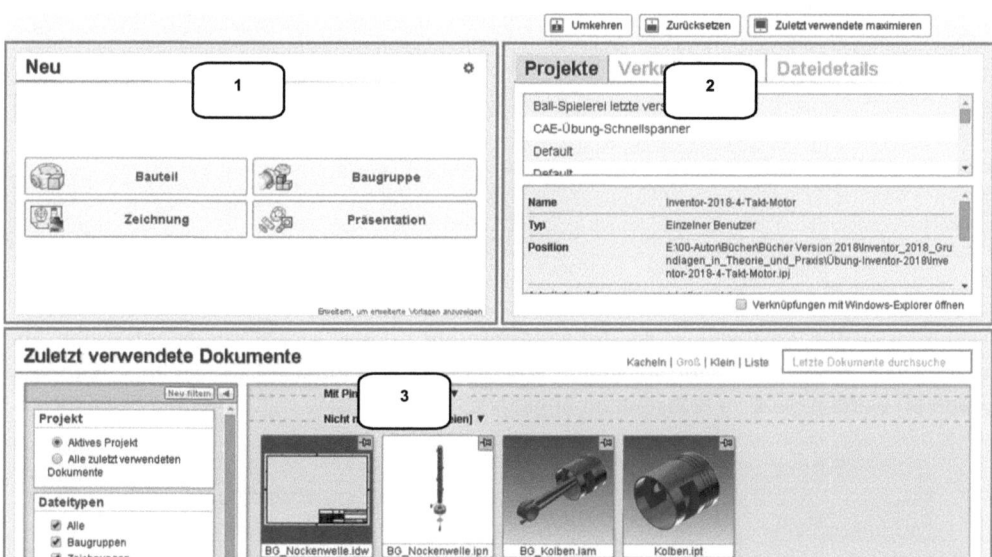

Nach dem Start des Programms wird dem Benutzer ein **Startbildschirm** mit den folgenden Inhalten angeboten:

1) Erstellen eines neuen Dokuments
2) Projektverwaltung
3) Öffnen eines bereits vorhandenen Dokuments

4   Die ersten Schritte

4.1   Programmhilfe und neue Funktionen

Im Register **Erste Schritte** (Befehlsgruppe **Hilfe**) befindet sich der Befehl ⮀ Hilfe (1). Ein Klick darauf öffnet im Arbeitsbereich die Online-Hilfe, sofern ein Internetzugang vorhanden ist (ggf. müssen die Einstellungen der Firewall des PCs bearbeitet werden).

Hier können Sie entweder in der **Inhaltsübersicht** (2) aus einem der angebotenen Themengebiete auswählen, oder bestimmte Befehle oder Begriffe **suchen** (3). Im **Ausgabebereich** (4) werden die Ergebnisse dann angezeigt.

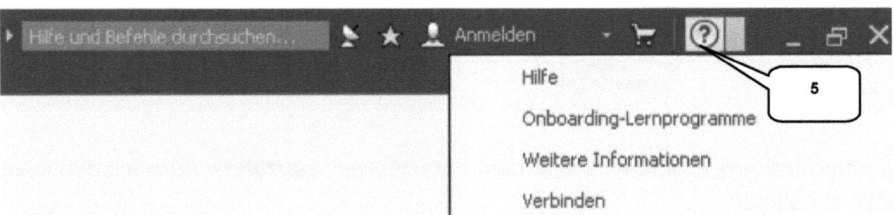

HINWEIS: Alternativ kann die Programmhilfe auch durch den Befehl ⮀ Hilfe (5) in der oberen Programmleiste gestartet werden.

4.2   Videos und Lernprogramme

Startet man den Befehl ⛏ **Lernpfad** (1), so öffnet sich eine interaktive Lernumgebung (2) in der schrittweise der Umgang mit der Software erlernt und mit diversen Übungen gefestigt werden kann.

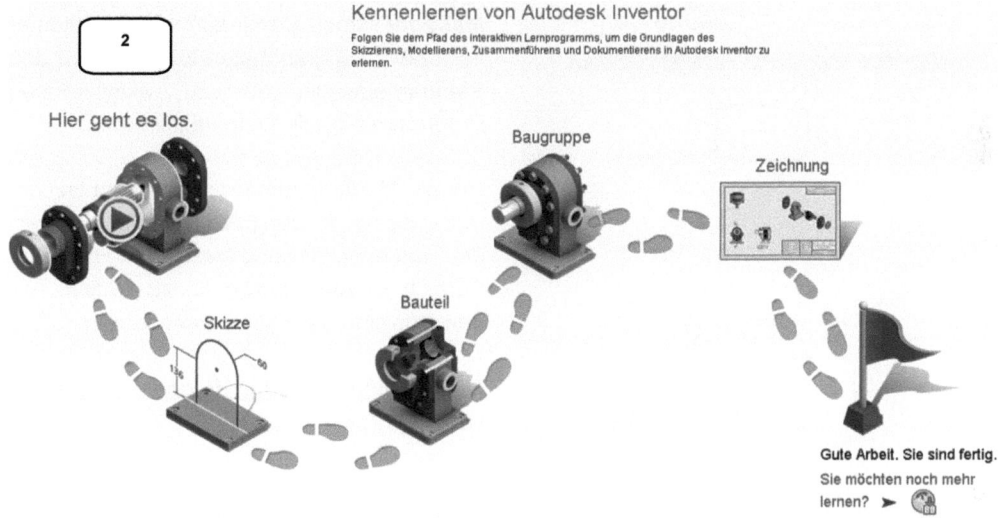

Mit dem Befehl 🌐 **Lernprogramm Katalog** (3) öffnet sich im Arbeitsbereich eine Übersicht weiterer Lernprogramme (4).

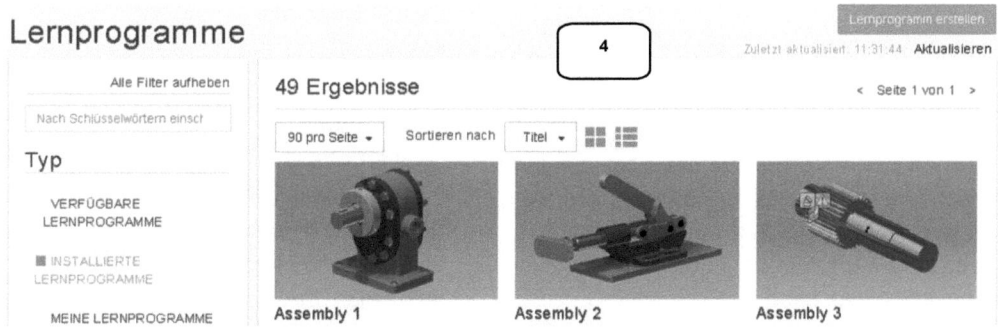

4.3 Zusatzmodule (empfohlene Einstellungen)

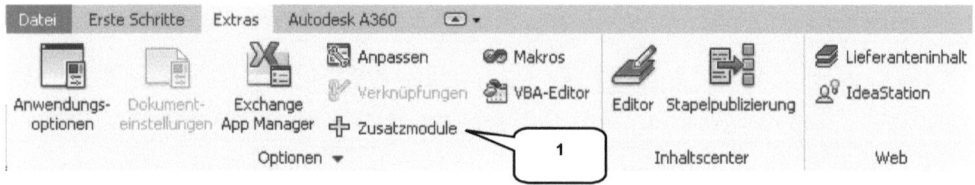

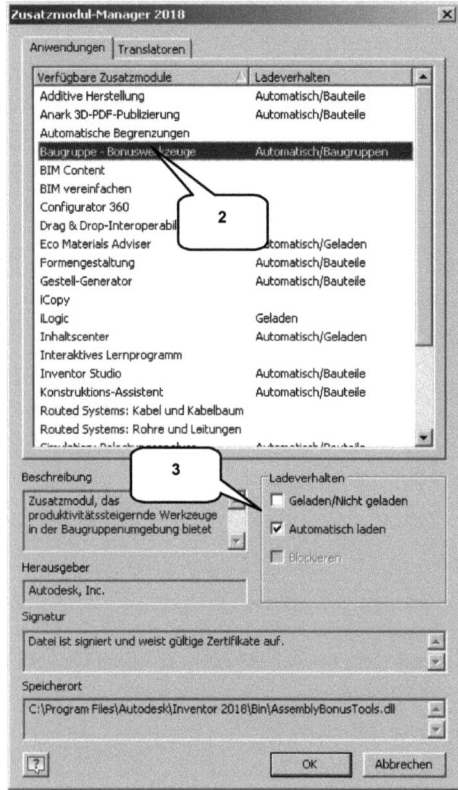

In der Befehlsgruppe **Optionen** (Register **Extras**) befindet sich der Befehl ⊕ **Zusatzmodule** (1) welcher den **Zusatzmodul-Manager** öffnet. Damit können die automatisch beim Programmstart zusätzlich zu den Standardeinstellungen zu aktivierenden Programm-Module festgelegt werden.

Um ein Modul automatisch laden zu lassen, muss dieses in der **Liste** (2) aktiviert werden, um anschließend die beiden Haken im Bereich **Ladeverhalten** (3) zu setzen. Andernfalls sind die Haken zu entfernen.

Die Aktivierung der folgenden Module wird empfohlen:

➢ Additive Herstellung
➢ Automatische Begrenzungen
➢ Baugruppe - Bonuswerkzeuge
➢ BIM-Austausch
➢ BIM-Vereinfachen
➢ Gestell-Generator
➢ iCopy
➢ iLogic
➢ Inhaltscenter
➢ Inventor Studio
➢ Konstruktions-Assistent
➢ Simulation: Belastungsanalyse
➢ Simulation: Dynamische Simulation
➢ Simulation: Gestellanalyse

HINWEIS: Je nach Programmversion (Inventor® 2019 oder Inventor® Professional 2019) können einige der Module unter Umständen nicht verwendet werden. Bitte beachten Sie, dass eine generelle Aktivierung aller Module die Leistungsfähigkeit Ihres PCs negativ beeinträchtigen kann.

4.4 Anwendungsoptionen (empfohlene Einstellungen)

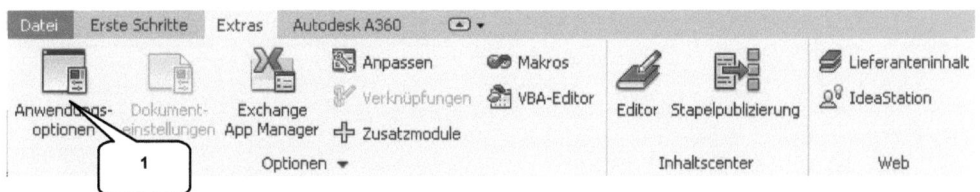

Mit dem Befehl 🖿 **Anwendungsoptionen** (1) werden die Grundeinstellungen des Programms festgelegt. Er sollte jetzt geöffnet und die folgenden Einstellungen kontrolliert werden:

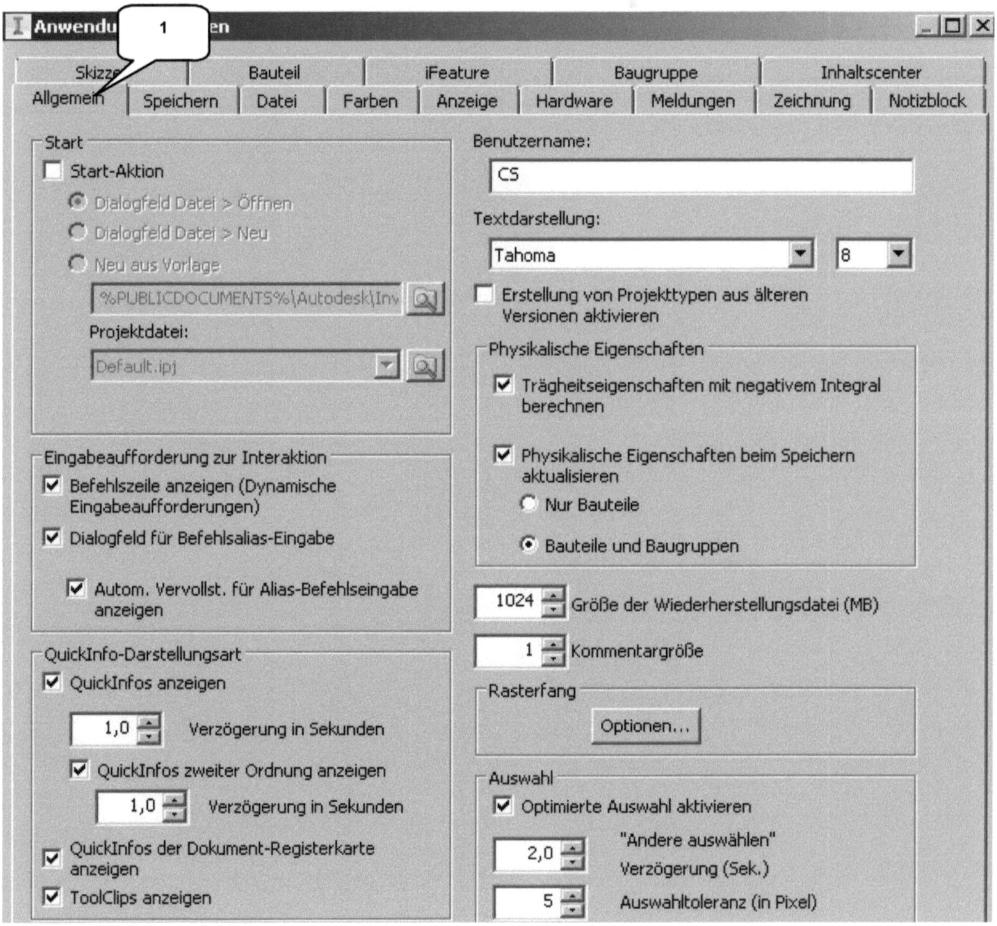

Anwendu... 1 ...en _ □ ×

| Skizze | Bauteil | iFeature | Baugruppe | Inhaltscenter |

| Allgemein | Speichern | Datei | Farben | Anzeige | Hardware | Meldungen | Zeichnung | Notizblock |

Start
☐ Start-Aktion
 ◉ Dialogfeld Datei > Öffnen
 ○ Dialogfeld Datei > Neu
 ○ Neu aus Vorlage
  %PUBLICDOCUMENTS%\Autodesk\Inv 🔍
 Projektdatei:
  Default.ipj ▼ 🔍

Eingabeaufforderung zur Interaktion
☑ Befehlszeile anzeigen (Dynamische Eingabeaufforderungen)
☑ Dialogfeld für Befehlsalias-Eingabe
 ☑ Autom. Vervollst. für Alias-Befehlseingabe anzeigen

QuickInfo-Darstellungsart
☑ QuickInfos anzeigen
 1,0 ⬍ Verzögerung in Sekunden
 ☑ QuickInfos zweiter Ordnung anzeigen
  1,0 ⬍ Verzögerung in Sekunden
☑ QuickInfos der Dokument-Registerkarte anzeigen
☑ ToolClips anzeigen

Benutzername:
 CS

Textdarstellung:
 Tahoma ▼ 8 ▼

☐ Erstellung von Projekttypen aus älteren Versionen aktivieren

Physikalische Eigenschaften
☑ Trägheitseigenschaften mit negativem Integral berechnen

☑ Physikalische Eigenschaften beim Speichern aktualisieren
 ○ Nur Bauteile
 ◉ Bauteile und Baugruppen

1024 ⬍ Größe der Wiederherstellungsdatei (MB)

1 ⬍ Kommentargröße

Rasterfang
 Optionen...

Auswahl
☑ Optimierte Auswahl aktivieren
2,0 ⬍ "Andere auswählen" Verzögerung (Sek.)
5 ⬍ Auswahltoleranz (in Pixel)

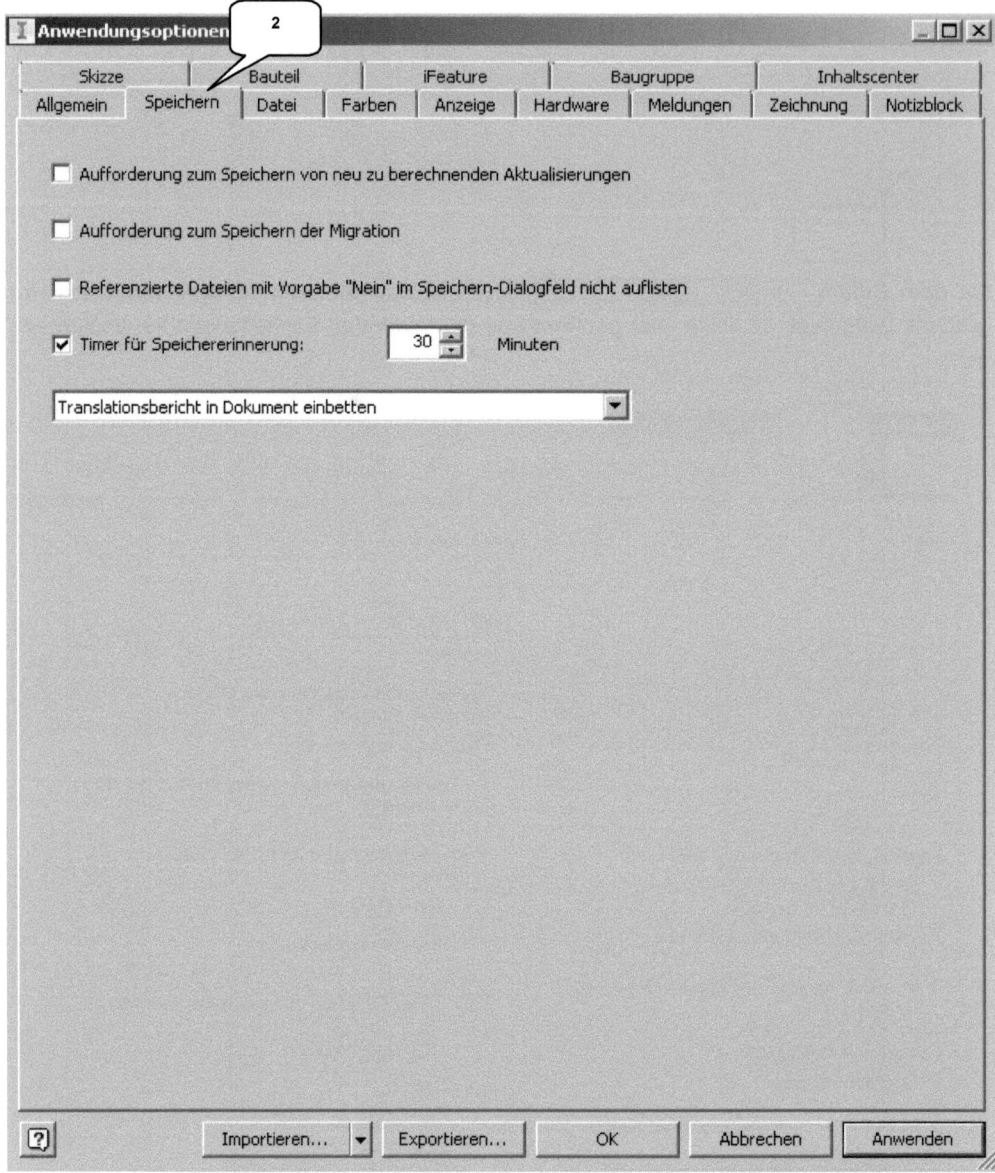

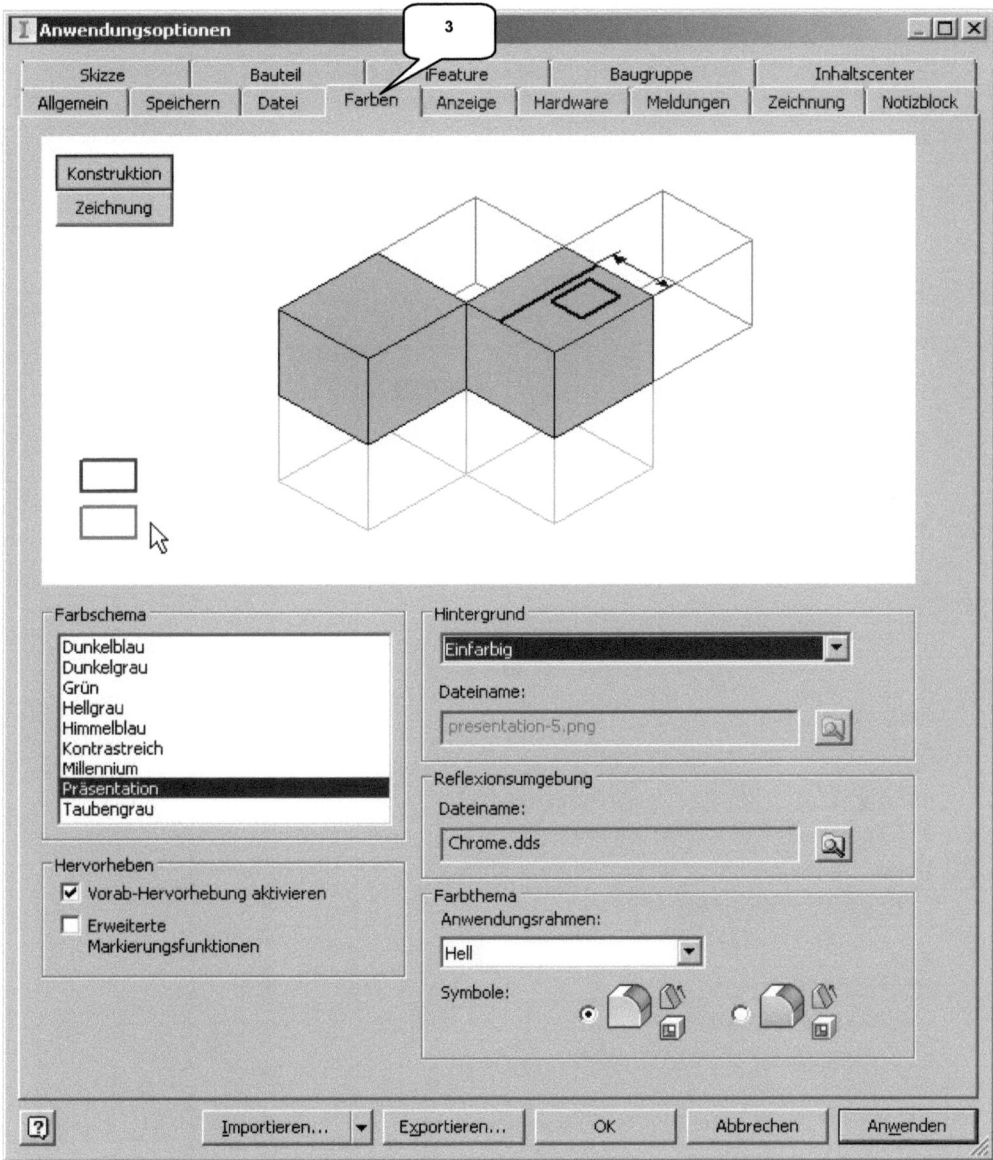

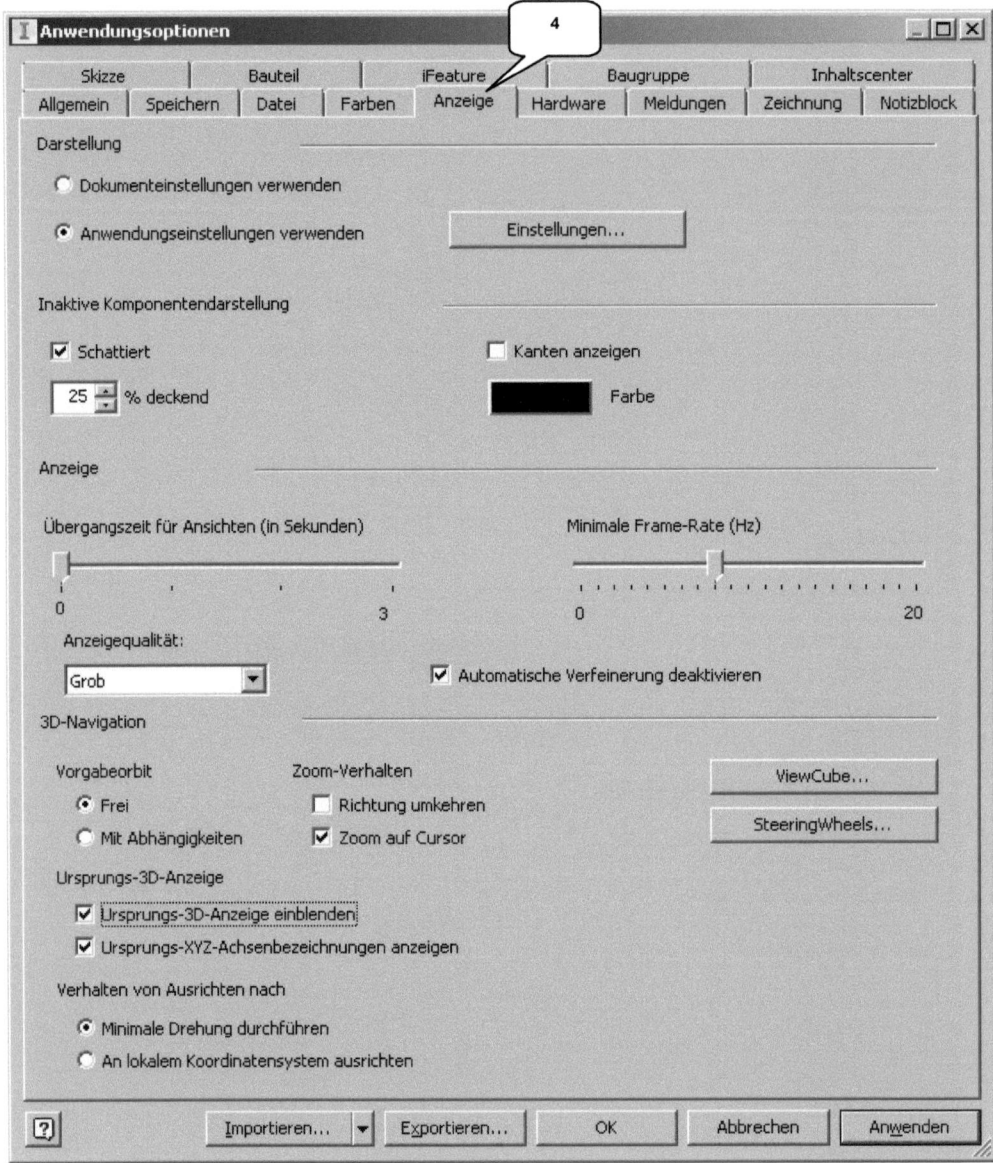

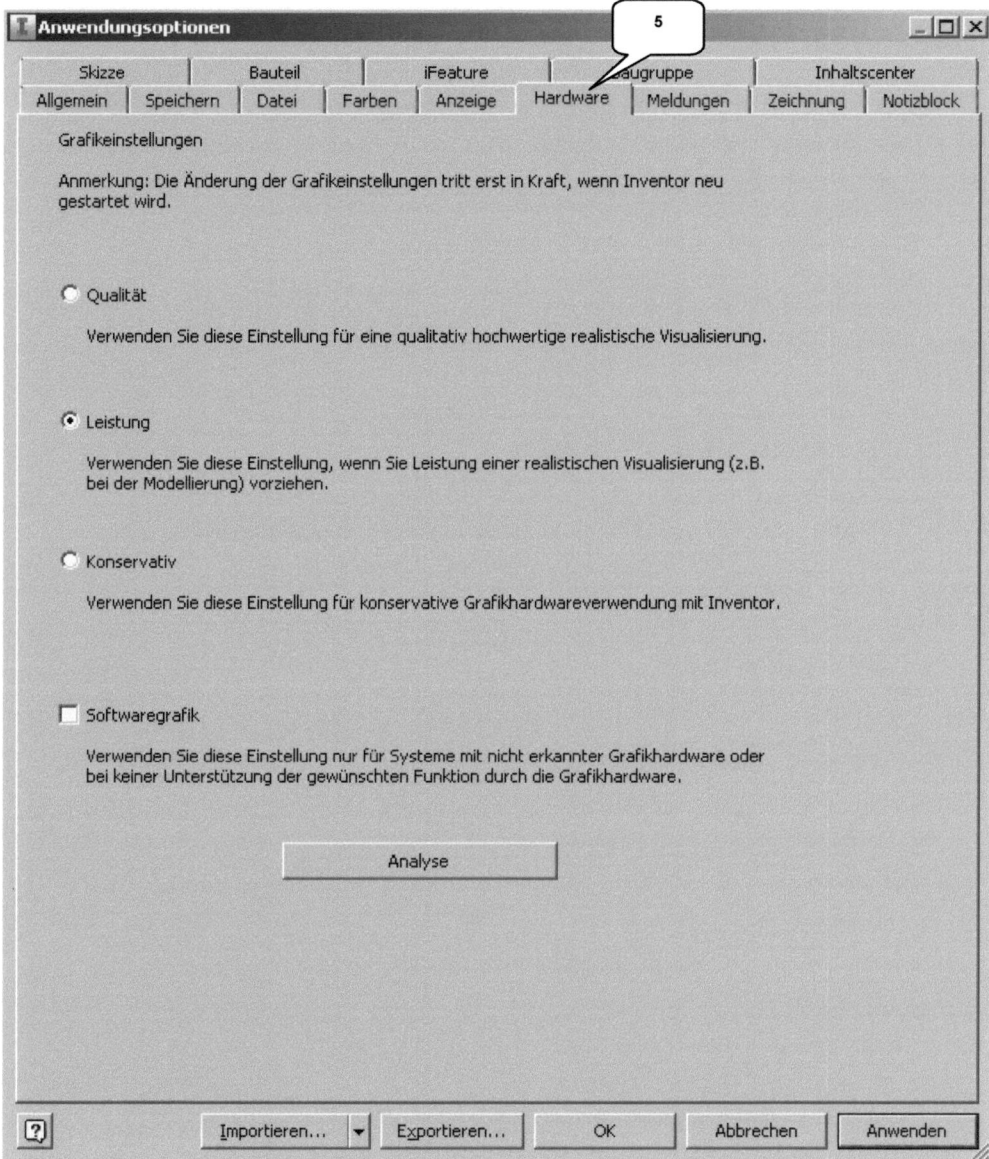

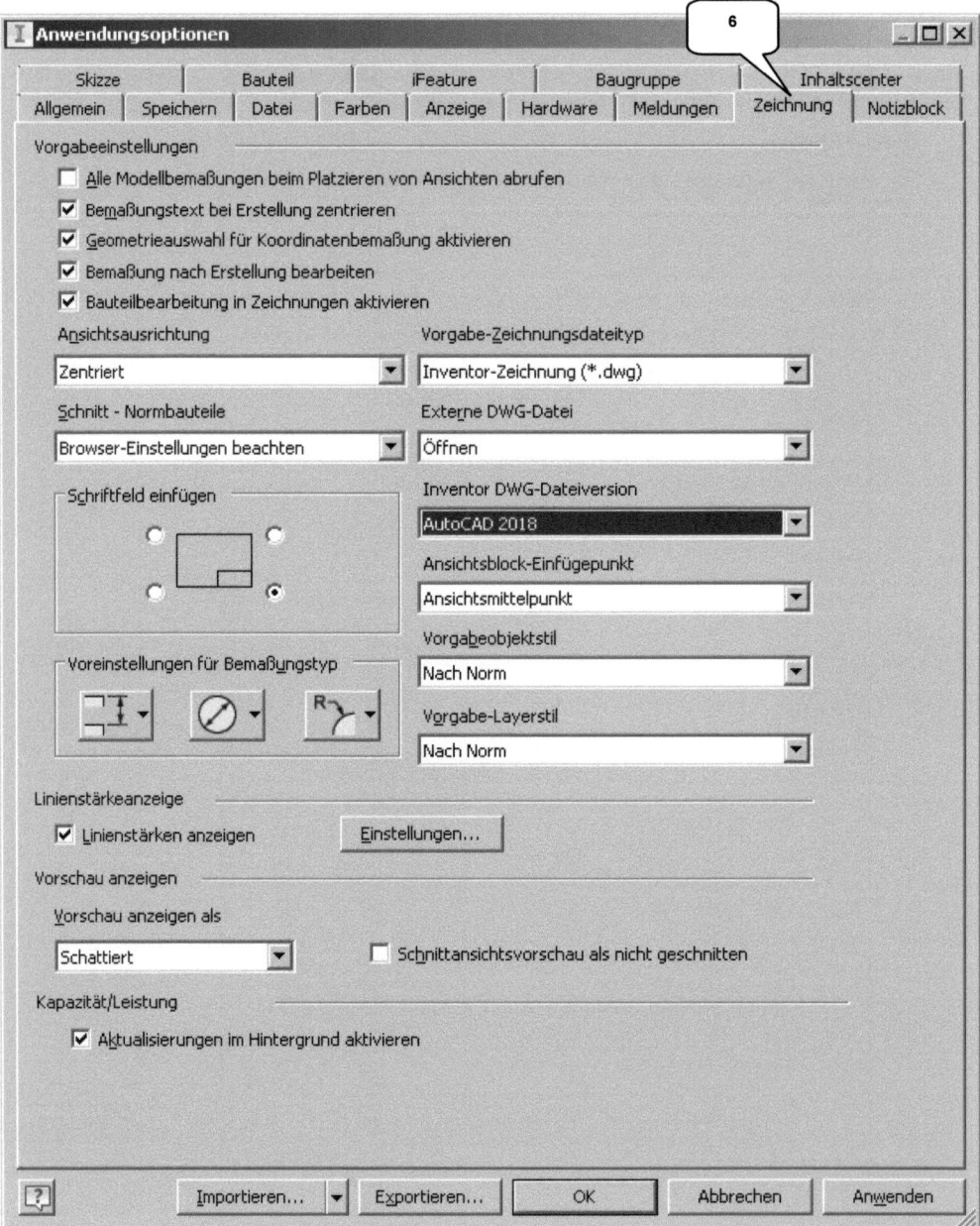

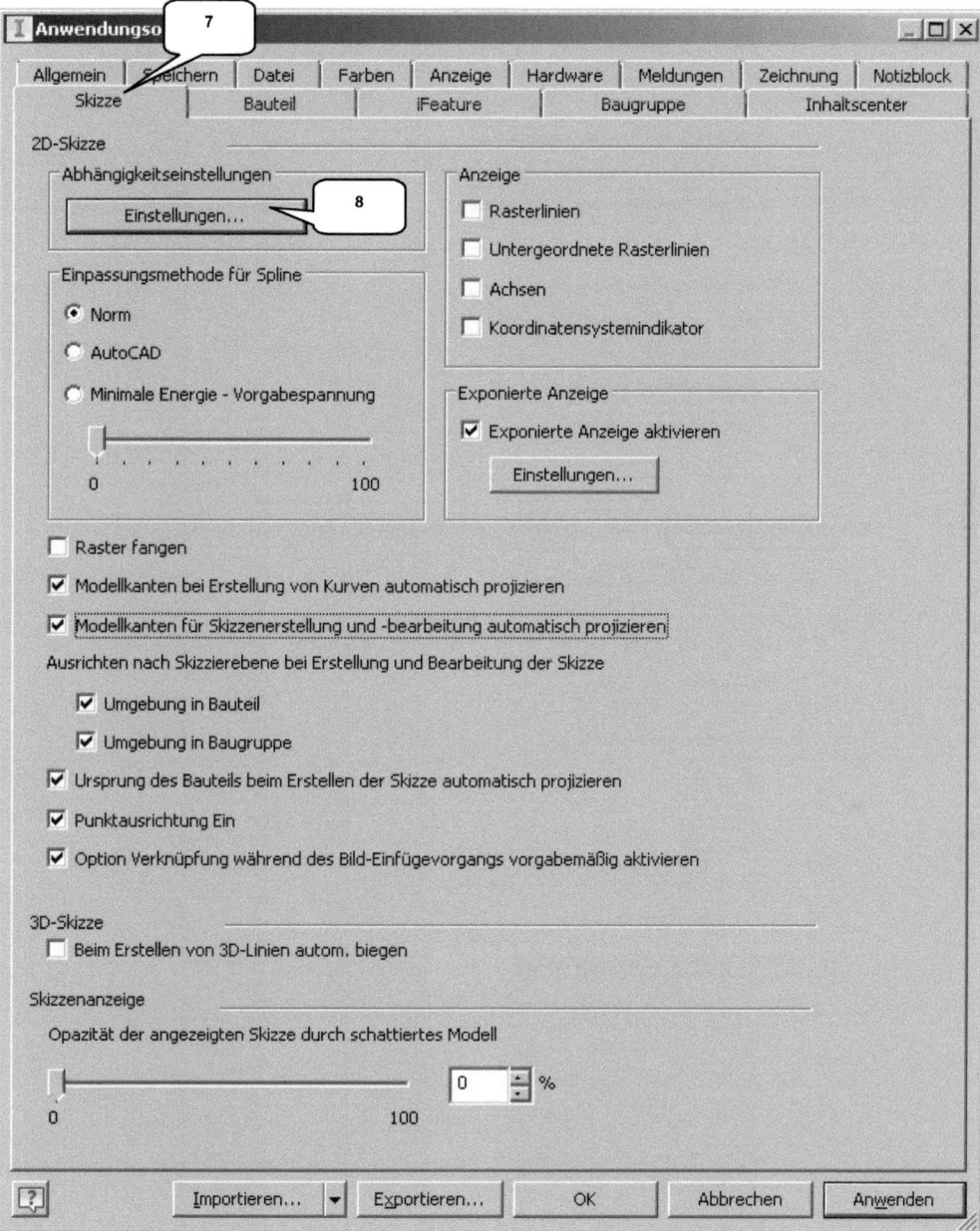

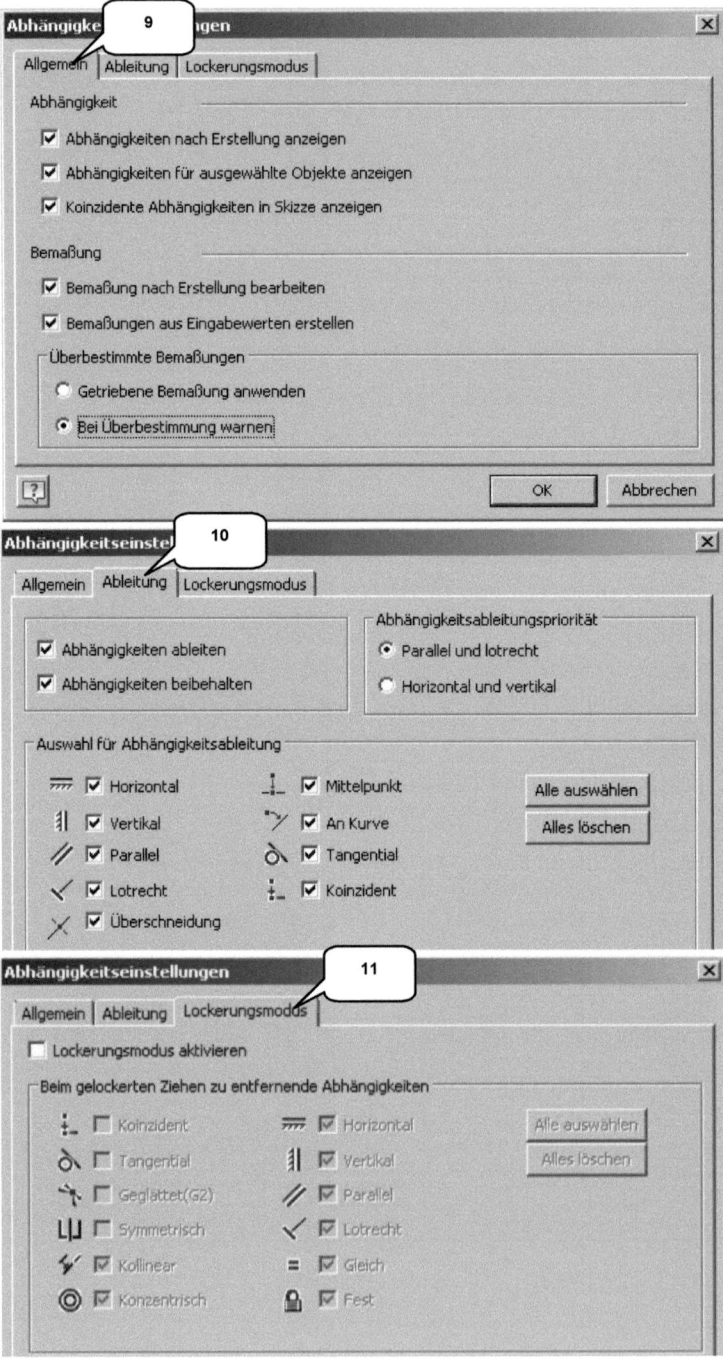

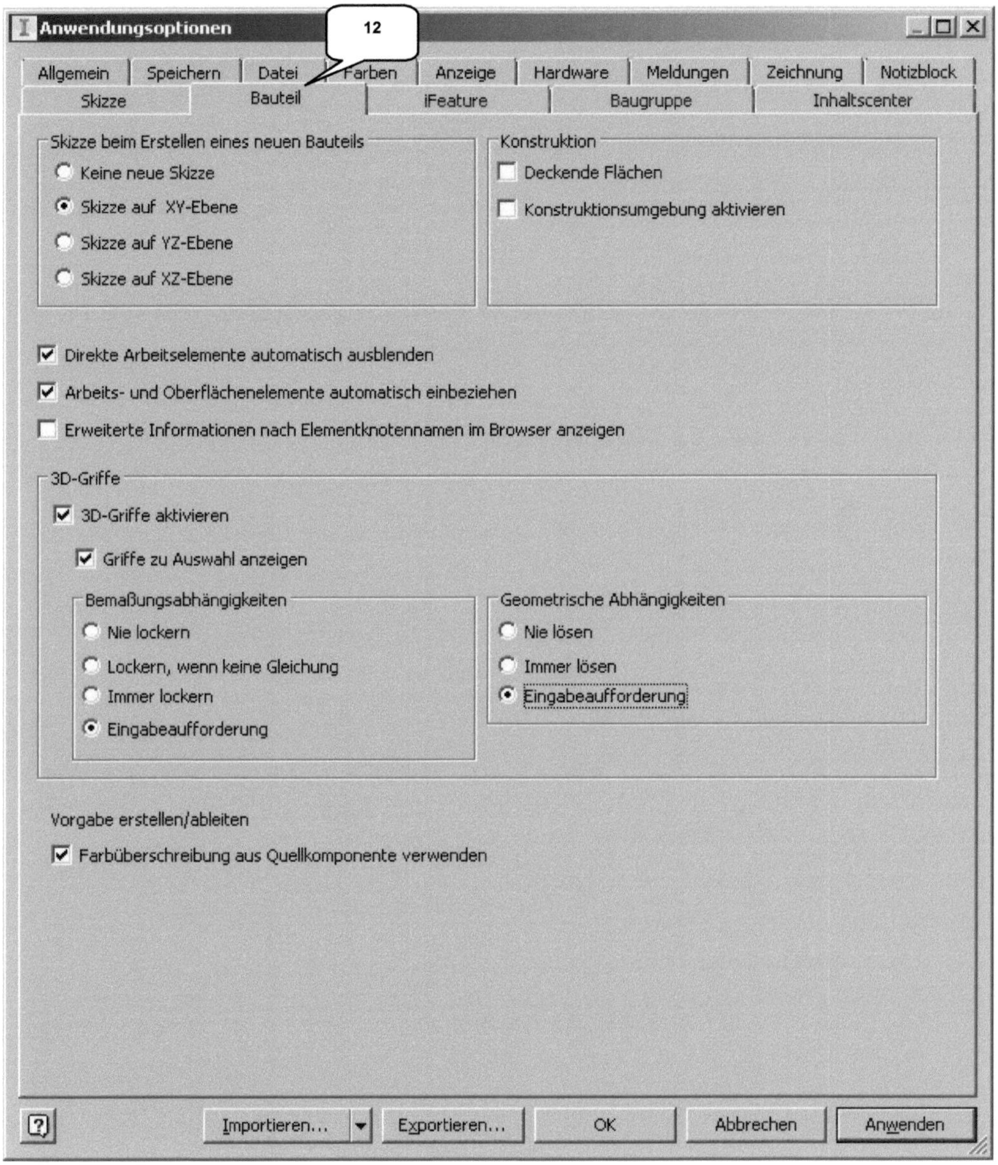
12
Anwendungsoptionen
Allgemein
Speichern
Datei
Farben
Anzeige
Hardware
Meldungen
Zeichnung
Notizblock
Skizze
Bauteil
iFeature
Baugruppe
Inhaltscenter
Skizze beim Erstellen eines neuen Bauteils
Keine neue Skizze
Skizze auf XY-Ebene
Skizze auf YZ-Ebene
Skizze auf XZ-Ebene
Konstruktion
Deckende Flächen
Konstruktionsumgebung aktivieren
Direkte Arbeitselemente automatisch ausblenden
Arbeits- und Oberflächenelemente automatisch einbeziehen
Erweiterte Informationen nach Elementknotennamen im Browser anzeigen
3D-Griffe
3D-Griffe aktivieren
Griffe zu Auswahl anzeigen
Bemaßungsabhängigkeiten
Nie lockern
Lockern, wenn keine Gleichung
Immer lockern
Eingabeaufforderung
Geometrische Abhängigkeiten
Nie lösen
Immer lösen
Eingabeaufforderung
Vorgabe erstellen/ableiten
Farbüberschreibung aus Quellkomponente verwenden
Importieren...
Exportieren...
OK
Abbrechen
Anwenden

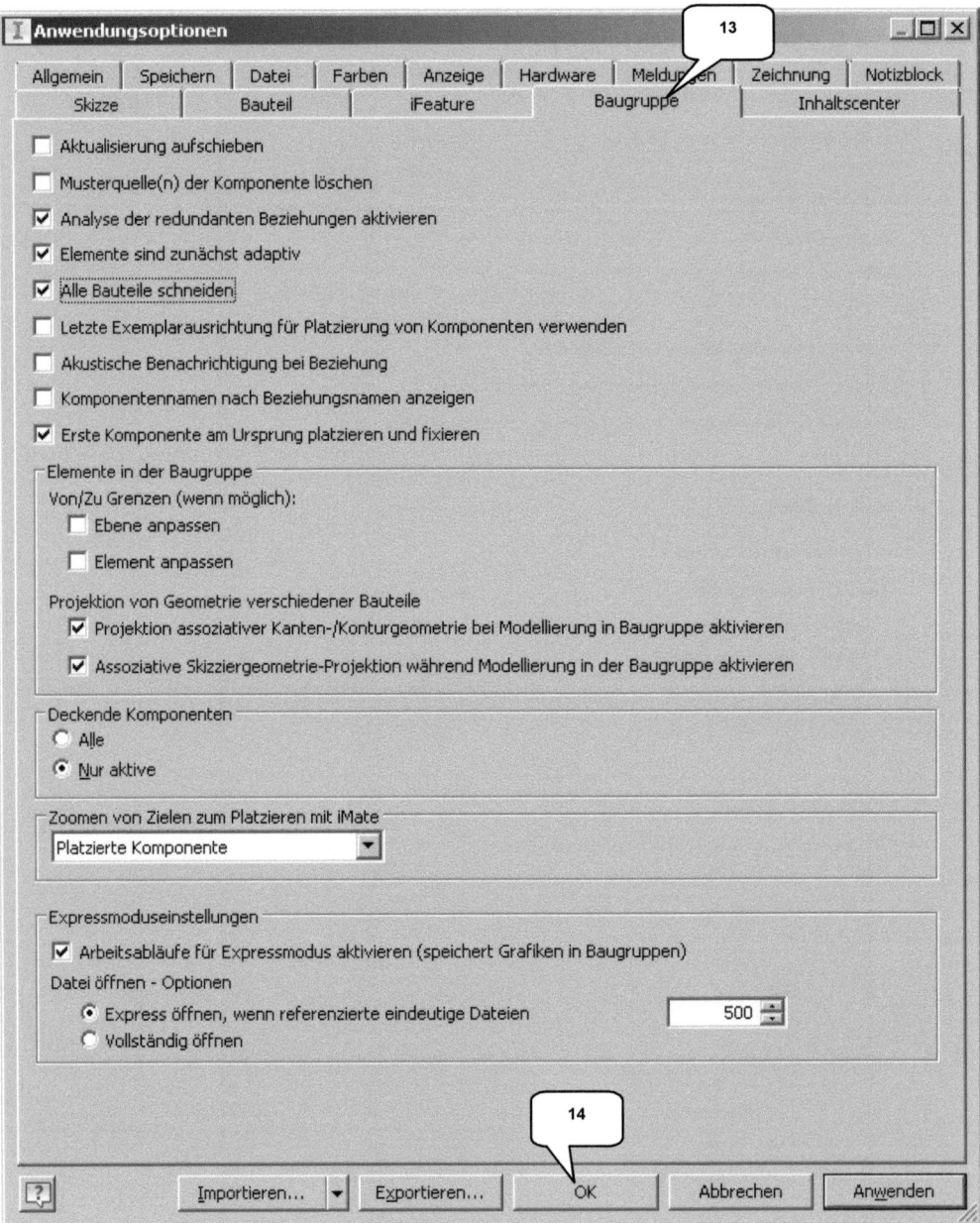

Anwendungsoptionen

13

| Allgemein | Speichern | Datei | Farben | Anzeige | Hardware | Meldungen | Zeichnung | Notizblock |
| Skizze | | Bauteil | | iFeature | | Baugruppe | | Inhaltscenter |

☐ Aktualisierung aufschieben

☐ Musterquelle(n) der Komponente löschen

☑ Analyse der redundanten Beziehungen aktivieren

☑ Elemente sind zunächst adaptiv

☑ Alle Bauteile schneiden

☐ Letzte Exemplarausrichtung für Platzierung von Komponenten verwenden

☐ Akustische Benachrichtigung bei Beziehung

☐ Komponentennamen nach Beziehungsnamen anzeigen

☑ Erste Komponente am Ursprung platzieren und fixieren

Elemente in der Baugruppe
Von/Zu Grenzen (wenn möglich):
☐ Ebene anpassen

☐ Element anpassen

Projektion von Geometrie verschiedener Bauteile
☑ Projektion assoziativer Kanten-/Konturgeometrie bei Modellierung in Baugruppe aktivieren

☑ Assoziative Skizziergeometrie-Projektion während Modellierung in der Baugruppe aktivieren

Deckende Komponenten
○ Alle
◉ Nur aktive

Zoomen von Zielen zum Platzieren mit iMate
Platzierte Komponente ▼

Expressmoduseinstellungen
☑ Arbeitsabläufe für Expressmodus aktivieren (speichert Grafiken in Baugruppen)
Datei öffnen - Optionen
◉ Express öffnen, wenn referenzierte eindeutige Dateien   500 ⬍
○ Vollständig öffnen

14

| ? | Importieren... ▼ | Exportieren... | OK | Abbrechen | Anwenden |

5   Aktivierung des Einzelbenutzerprojekts

Inventor® arbeitet grundsätzlich in Projekten, was die Koordination zusammenhängender Dateien und Einstellungen vereinfacht. Eine Projektdatei (*.ipj) sichert alle Informationen und Querverweise eines Projekts. Das ist wichtig, wenn später komplexe Baugruppen archiviert oder von einem PC auf einen anderen übertragen werden sollen.

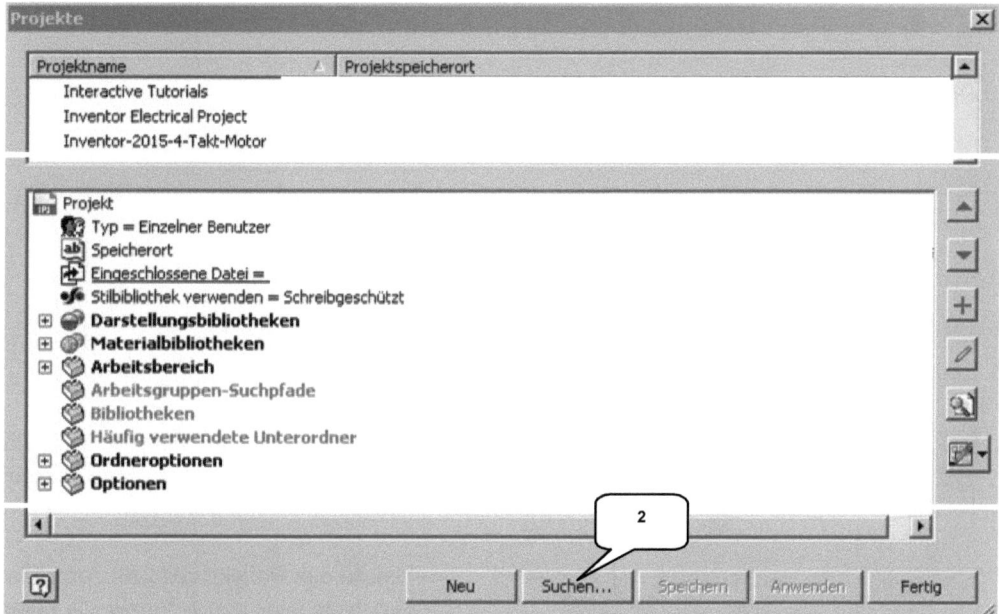

Starten Sie im Register *Erste Schritte* (Befehlsgruppe *Starten*) den Befehl 🗂 Projekte (1). Mit der Option *Suchen* (2) soll in Ihrem Projektordner die Projektdatei *Übung-Konstruktion-2019.ipj* (3) aktiviert werden, welche sich bereits bei den extrahierten Dateien befindet.

Das neue Projekt wird automatisch aktiviert, was durch ein kleines ✓ **Häkchen** in der entsprechenden Zeile des Projektfensters (4) signalisiert wird. Auch bei der späteren Arbeit mit dem Programm, sollte das jeweils aktive Projekt nach Programmstart stets kontrolliert werden.

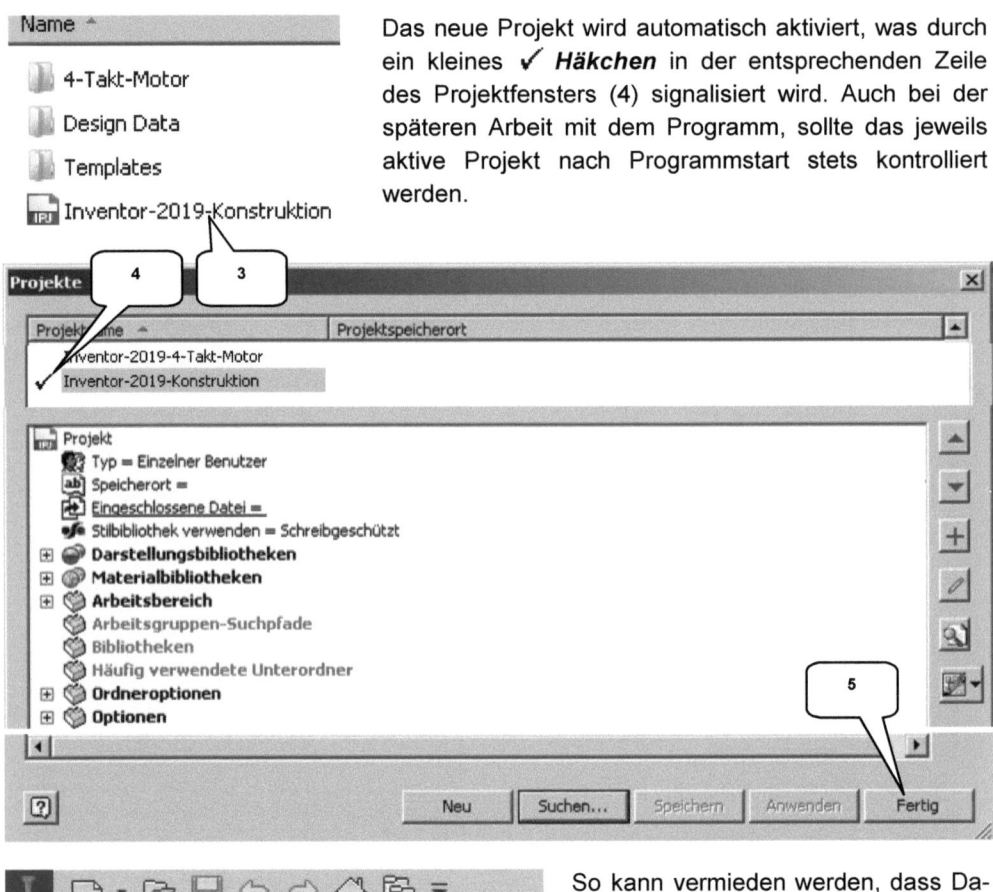

So kann vermieden werden, dass Dateien unbeabsichtigt einem anderen Projekt zugeordnet werden.

Wurde das Projekt[1] aktiviert, kann das Befehlsfenster durch **Fertig** (5) beendet werden um die Baugruppe **4-Takt-Motor.iam** (7) zu 🖿 öffnen (6), welche sich im Downloadordner befindet.

---

[1] Die Kontrolle des korrekt aktivierten Projektes sollte bei jeder Arbeit mit dem Programm vorgenommen werden. Es hilft dabei, ein strukturiertes Arbeiten mit dem Programm zu garantieren.

6   Komplettierung des Kurbeltriebs

6.1   Theoretische Grundlagen zum Zahnriemenantrieb

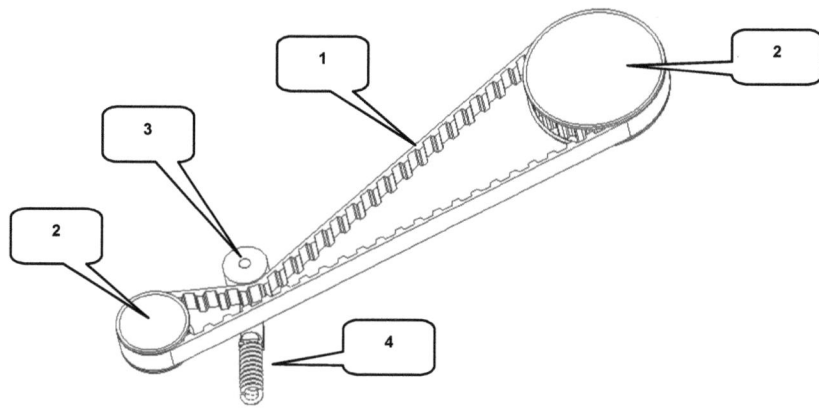

Um die Nockenwelle des 4-Takt-Motors antreiben zu können, sollen Nocken- und Kurbel-welle über einen Zahnriemenantrieb miteinander verbunden werden. Zahnriemenantriebe kommen sehr häufig zum Einsatz, weil sie bedingt durch ihren Aufbau besonders geräusch-arm während des Betriebs sind. Der Riemen (1) verbindet die Zahnräder (2) der Wellen mit-einander und wird zusätzlich durch eine Spannrolle (3) und eine Feder (4) gespannt.

6.2   Konstruktion eines Zahnriemenantriebes
6.2.1   Befehlsgrundlagen ZAHNRIEMEN-GENERATOR

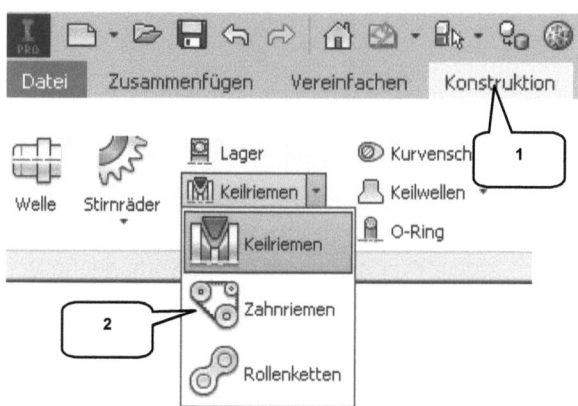

Um Zahnriemenantriebe berechnen und konstruieren zu können, muss im Register **Konstruktion** (1) der ☝ Zahnriemen-Generator (2) ak-tiviert werden. Nachdem der ge-wünschte Zahnriementyp ausge-wählt wurde, kann dieser dimensio-niert, positioniert und mit den ge-wünschten Riemenscheiben verse-hen werden. Der gesamte Riemen-trieb kann berechnet werden, was zu seiner Konstruktion allerdings nicht zwingend vorausgesetzt wird.

6.2.1.1 Register KONSTRUKTION

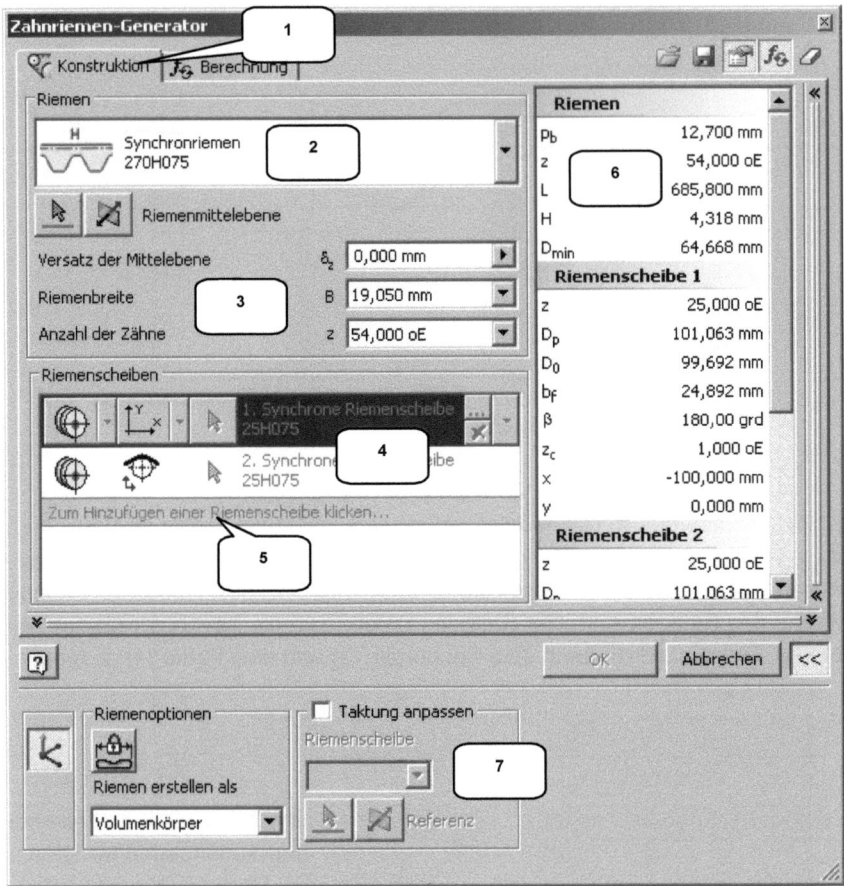

INHALT

Im Register **Konstruktion** kann ein Zahnriementyp aus dem Inhaltscenter ausgewählt und anschließend bearbeitet werden. Riemenscheiben und Spannrollen können ergänzt und bearbeitet werden. Die Konstellation kann als Vorlage exportiert werden und vorhandene Vorlagen können importiert werden.

1) Register: Konstruktion/ Berechnung

2) Riementyp auswählen

3) Riemenmittelebene, Versatz der Mittelebene, Riemenbreite und Anzahl der Zähne

4) Riemenscheiben/ Spannrollen bearbeiten

5) Riemenscheiben/ Spannrollen hinzufügen

6) Berechnungsergebnisse

7) Riementrieb als Skizze, Volumenkörper oder detailliert darstellen

6.2.1.2 Register BERECHNUNG

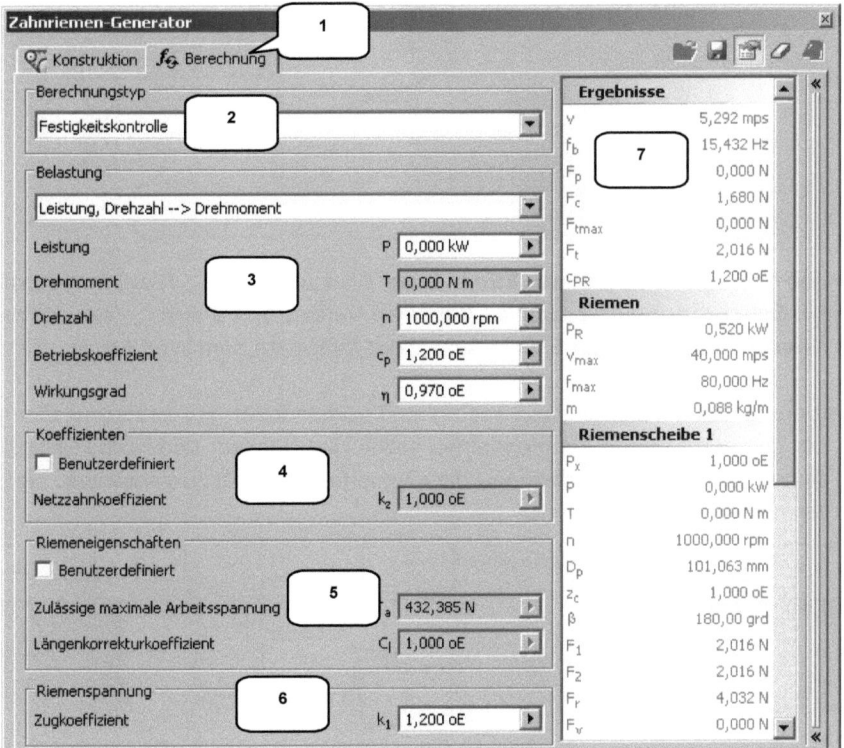

Im Register **Berechnung** kann der Riemenantrieb zur Dimensionierung oder zu Kontrollzwecken berechnet werden.

OPTIONEN

1) Register: Konstruktion/ Berechnung
2) Berechnungstyp
3) Belastung
4) Koeffizienten

5) Riemeneigenschaften
6) Riemenspannung
7) Berechnungsergebnisse

6.2.2 Zahnriemenantrieb zwischen Nocken-und Kurbelwelle erzeugen

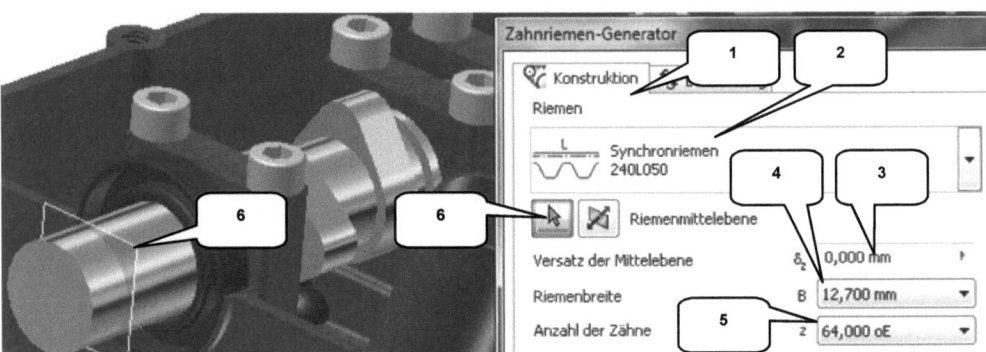

Wählen Sie im Register ⛏ *Konstruktion* (1) per Klick auf das ⌣ *Riemensymbol* (2) den Riementyp *Synchronriemen L*, wählen Sie einen Versatz von *0 mm* (3) eine Riemenbreite von *12,7 mm* (4) und definieren Sie die Anzahl der Zähne mit dem Wert *64* (5).

Die Platzierung des Riemenantriebs soll anhand vorhandener geometrischer Elemente erfolgen. Für den vorliegenden Riemenantrieb sollen hier Nocken- und Kurbelwelle als Referenzen dienen. Als ⌕ *Referenzebene* ist die markierte Ebene (6) zu verwenden, welche sich auf der Nockenwelle befindet.

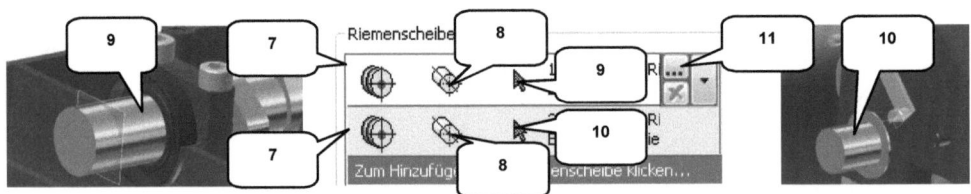

Im Auswahlfeld *Riemenscheiben* sollten bereits zwei Riemenscheiben voreingestellt sein. Achten Sie darauf, dass in beiden Zeilen jeweils die Optionen ⊕ Komponente *Komponente* (7) und ⊗ Feste Position *Feste Position über ausgewählte Geometrie* (8) aktiviert sind[2].

---

[2] Sollten andere als die geforderten Optionen aktiviert sein, müssen diese korrigiert werden.

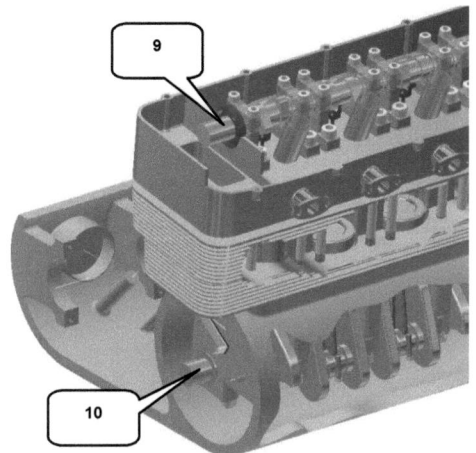

Weisen Sie der ersten Riemenscheibe die Zylinderfläche der Nockenwelle (9) zu und der zweiten Riemenscheibe die Zylinderfläche der Kurbelwelle (10)[3].

Klicken Sie auf die Zeile des ersten Riemenrades und öffnen Sie dort die ⊡ *Eigenschaften* (11). Aktivieren Sie die *Benutzerdefinierte Größe* (12) und übernehmen Sie alle Einstellungen und Werte der folgenden Abbildung. Beenden Sie den Befehl abschließend durch ⟨ OK ⟩ *OK*.

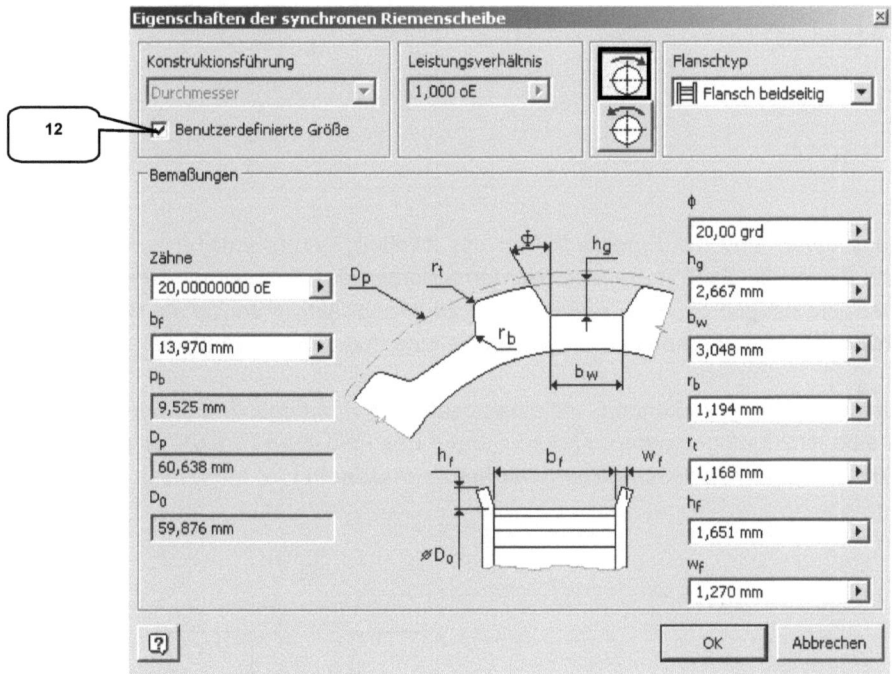

[3] Sollte die Auswahl der Riemenscheiben-Referenzen nicht möglich sein (der ↖ *Pfeil* würde dann grau hinterlegt sein und sich nicht aktivieren lassen), dann aktivieren Sie zuerst die Option ⊕ Vorhanden *Vorhanden*, wählen danach die Referenzen aus und kehren anschließend wieder zur Option ⊕ Komponente *Komponente* zurück.

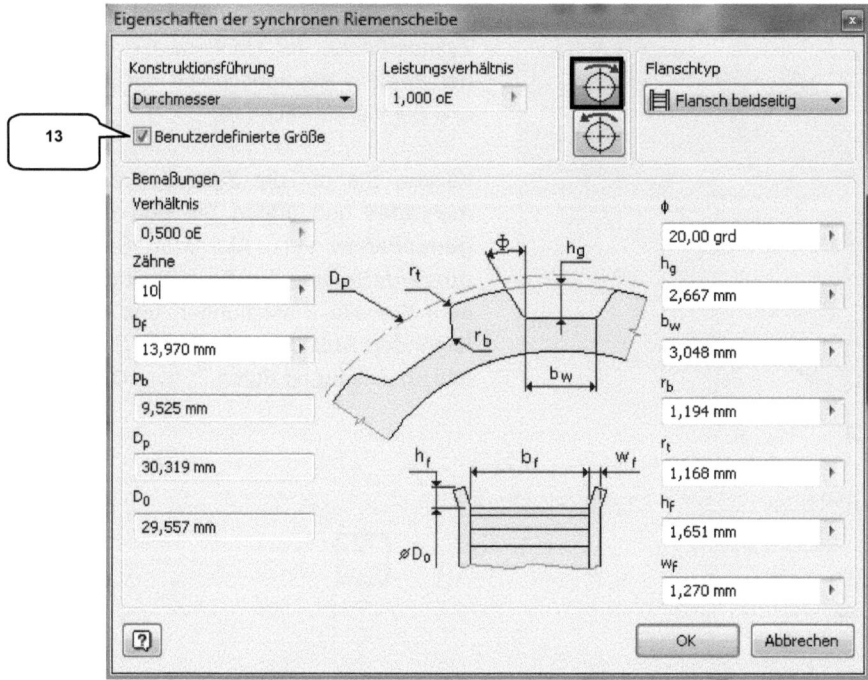

Im Anschluss daran sind die **Eigenschaften** der zweiten Riemenscheibe zu bearbeiten. Hierfür muss die zweite Zeile im Bereich **Riemenscheiben** des Zahnriemen-Generators aktiviert werden, um danach die ⋯ **Eigenschaften** zu öffnen. Aktivieren Sie die **Benutzerdefinierte Größe** (13) und übernehmen Sie die Einstellungen der oberen Abbildung.

Um den Riemen spannen zu können, soll eine zusätzliche Spannrolle in Form einer flachen Riemenscheibe hinzugefügt werden. Klicken Sie auf das Feld **Zum Hinzufügen einer Riemenscheibe ...** (14) um die **Flache Riemenscheibe (metrisch)** (15) auswählen zu können.

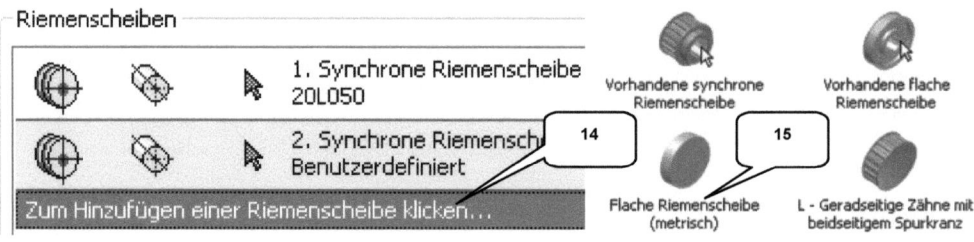

Aktivieren Sie in der neuen Zeile die Optionen ⊕ Komponente **Komponente** (16) sowie ℜ **Richtungsorientierte verschiebbare Position** (17) und als ▶ **Richtungsreferenz** die Ebene (18) am Bauteil **Führung-Spannrolle-Zahnriemen**.

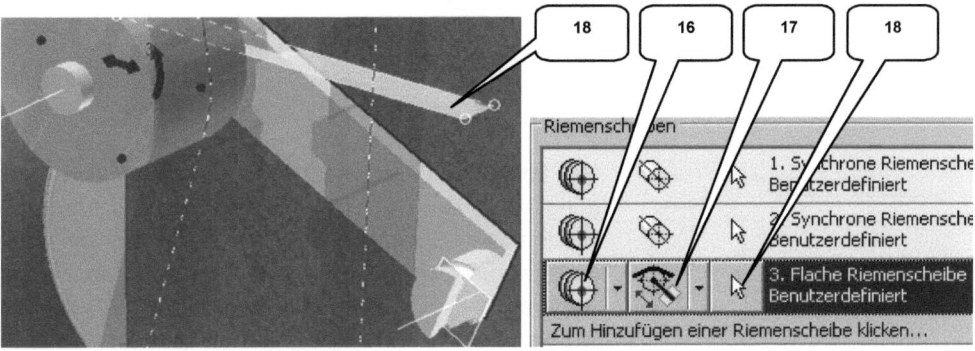

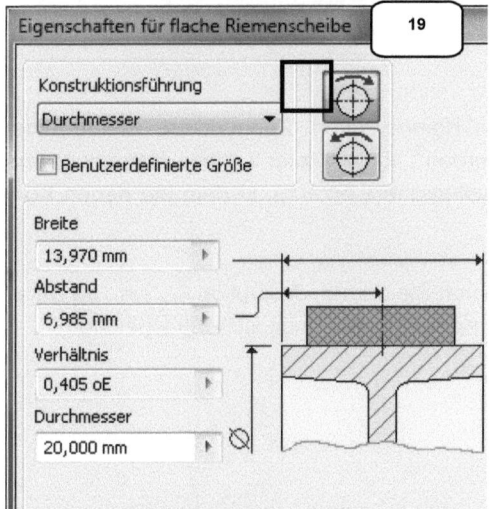

Die Option ℜ **Richtungsorientierte verschiebbare Position** gibt der Riemenscheibe die Möglichkeit, sich auf einer definierten Ebene frei bewegen zu können. Hierdurch kann die Position der Riemenscheibe auf der Ebene frei verschoben, die korrekte Zahnriemenlänge berechnet und der Zahnriemenantrieb erzeugt werden[4].

Öffnen Sie die [...] **Eigenschaften** der flachen Riemenscheibe und übernehmen Sie die Vorgaben der nebenstehenden Abbildung (19).

Derzeit verläuft der Zahnriemen noch links neben der Spannrolle (20), was aufgrund der konstruktiven Eigenschaften des Zahnriemens (außen glatt, innen gezahnt) natürlich falsch wäre. Klicken Sie zur Korrektur auf den **gebogenen Pfeil** (21) der Spannrolle. Der Verlauf des Zahnriemens müsste jetzt korrigiert worden sein (22).

---

[4] Zahnriemenantriebe unterliegen festen Berechnungsvorschriften. Um dem Programm zu ermöglichen, die Riemenlänge unter Beachtung aller Parameter korrekt errechnen zu können, ist es notwendig, eine der drei Riemenscheiben mit einem zusätzlichen Freiheitsgrad zu versehen: Er ermöglicht eine Korrektur der Riemenlänge.

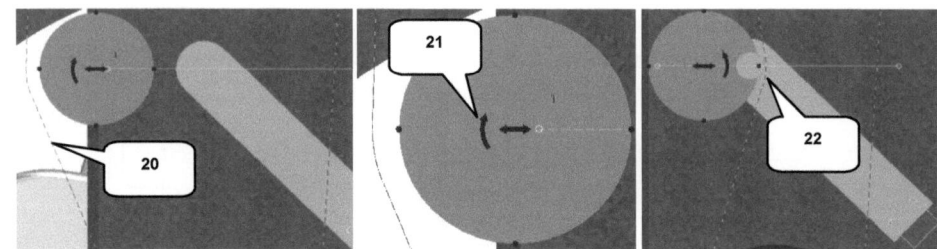

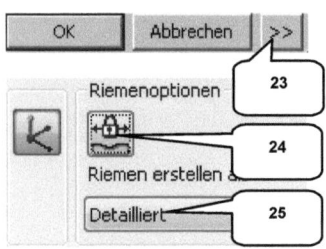

Das korrigierte Ergebnis ist in der oberen rechten Abbildung zu sehen. Der Riementrieb kann jetzt berechnet werden. **>> Erweitern** Sie das Befehlsfenster (23), deaktivieren Sie im unteren Bereich des Zahnriemen-Generators die **Riemenlängensperre** (24) und stellen Sie die Option **Detailliert** (25) ein. Wechseln Sie ins Register *Berechnung* **Berechnung**, beginnen Sie dort mit dem **Berechnen** **Berechnen** und bestätigen Sie mit **OK** **OK**. [5]

Die Abfrage nach dem Speicherort der neuen Komponenten (Zahnriemen, Riemenräder, Spannrolle) kann mit **OK** **OK** bestätigt werden[6]. Ein weiterer Ordner **Konstruktions-Assistent** wird automatisch innerhalb des Projektordners erzeugt, in dem die neuen Komponenten gesichert werden.

Speichern Sie die gesamte Baugruppe und achten Sie darauf, die Option **Ja für alle** **Ja für alle** zu aktivieren, denn nur so werden die neuen Komponenten auch sicher gespeichert.

---

[5] Sollte während der Berechnung des Riemenantriebs eine Fehlermeldung angezeigt werden, bestätigen Sie sie einfach. Leider reagiert das Programm auf kleine Abweichungen oft sehr sensibel, was der erfolgreichen Konstruktion allerdings keine großen Probleme bereiten wird.

[6] Soll der Zahnriemenantrieb später bearbeitet werden, so muss (am besten im Browser) mit der **rechten Maustaste** darauf geklickt und im Kontextmenü die Option **Mit Konstruktions-Assistent bearbeiten** ausgewählt werden. Um den kompletten Zahnriemenantrieb aus der Baugruppe zu löschen, muss im Kontextmenü die Option **Konstruktions-Assistent-Komponente löschen** ausgewählt werden. Dieses Vorgehen funktioniert bei allen Elementen des Registers **Konstruktion**, die über Programm-Generatoren erstellt wurden.

6.2.3 Befehlsgrundlagen ZUGFEDER-KOMPONENTEN-GENERATOR

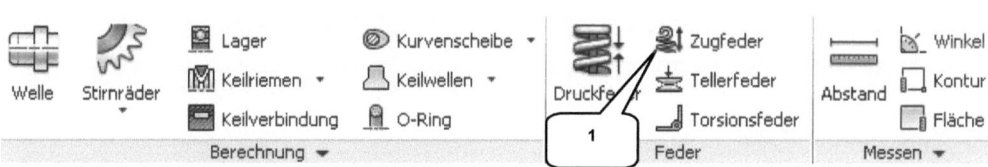

Sollen Zugfedern konstruiert und berechnet werden, so muss der Befehl ⚜ **Zugfeder-Komponenten-Generator** (1) gestartet werden. Zugfedern können während der Konstruktionsphase leider nicht auf bereits vorhandene geometrische Elemente der Baugruppe bezogen werden, weshalb sie zur Positionierung nach ihrer Generierung mit Abhängigkeiten versehen werden müssen.

6.2.3.1 Register KONSTRUKTION

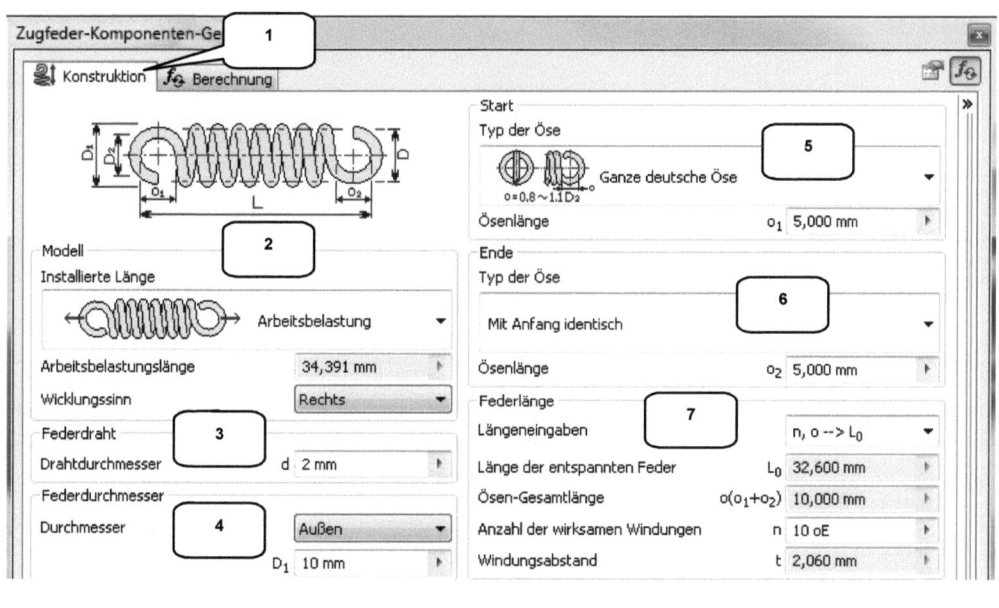

INHALT

Im Register **Konstruktion** können Federform, Drahtdurchmesser, Typ der Öse und Federlänge definiert werden.

1) Register: Konstruktion/ Berechnung

2) Darzustellende Belastung

3) Durchmesser Federdraht

4) Durchmesser Feder

5) Typ der ersten Öse

6) Typ der zweiten Öse

7) Federlänge

6.2.3.2 Register BERECHNUNG

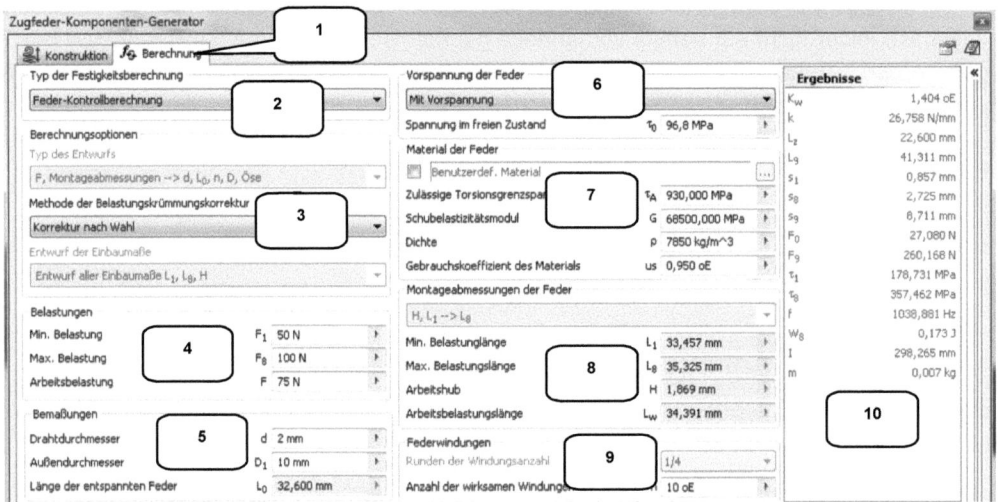

INHALT

Im Register **Berechnung** werden der Typ der Festigkeitsberechnung definiert (Zugfeder-entwurf, Feder-Kontrollberechnung, Berechnung der Arbeitskräfte), sowie Belastungen, Be-maßungen, Vorspannungen, Material, Windungen und Abmessungen festgelegt.

OPTIONEN

1) Register: Konstruktion/ Berechnung

2) Typ der Festigkeitsberechnung

3) Berechnungsoptionen

4) Belastungen

5) Bemaßungen

6) Vorspannung der Feder

7) Federmaterial

8) Montageabmessungen der Feder

9) Federwindungen

10) Berechnungsergebnisse

6.2.4 Spannrolle des Zahnriemens mit einer Zugfeder beaufschlagen

Während der Konstruktion des Riemenantriebes wurde die Position des Riemenspanners bereits berücksichtigt. Die hierfür benötigte Spannkraft soll durch eine einfache Zugfeder aufgebracht werden. Sie soll den Riemenspanner gegen den Zahnriemen drücken und damit einen konstant gespannten Riementrieb gewährleisten. Auch für die Zugfeder wurden bereits konstruktive Maßnahmen zur Befestigung vorgenommen. Verwendet werden soll eine Spiralfeder mit geschlossenen Ösen an beiden Seiten der Feder.

Übernehmen Sie die Vorgaben der Register **Konstruktion** (1) und **Berechnung** (2) aus den folgenden Abbildungen und starten Sie anschließend die Berechnung der Feder (3). Wurde sie **vollständig** berechnet, so kann sie einmal frei im Zeichenbereich abgelegt werden.

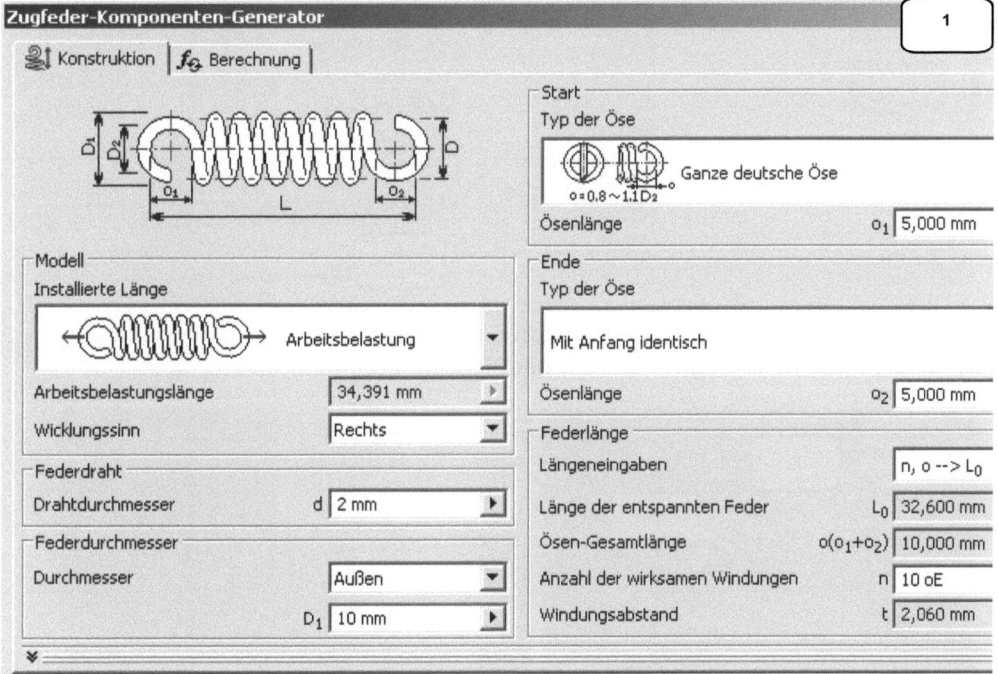

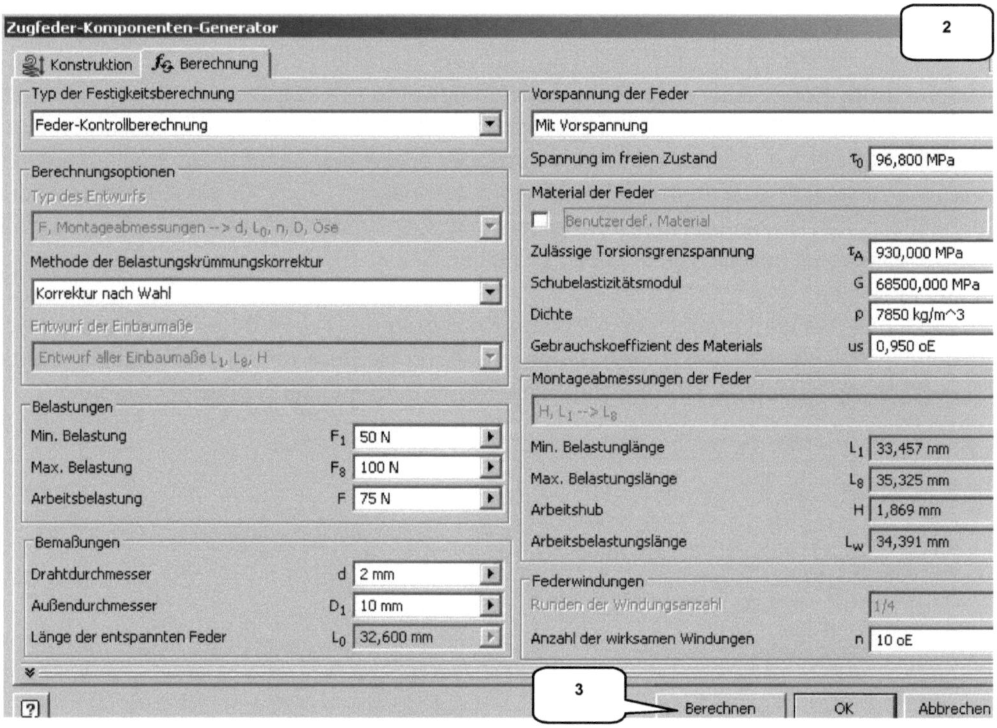

Zugfeder-Komponenten-Generator

2

Konstruktion | *fₓ* Berechnung

Typ der Festigkeitsberechnung

Feder-Kontrollberechnung

Berechnungsoptionen

Typ des Entwurfs

F, Montageabmessungen --> d, L₀, n, D, Öse

Methode der Belastungskrümmungskorrektur

Korrektur nach Wahl

Entwurf der Einbaumaße

Entwurf aller Einbaumaße L₁, L₈, H

Belastungen

Min. Belastung	F_1	50 N
Max. Belastung	F_8	100 N
Arbeitsbelastung	F	75 N

Bemaßungen

Drahtdurchmesser	d	2 mm
Außendurchmesser	D_1	10 mm
Länge der entspannten Feder	L_0	32,600 mm

Vorspannung der Feder

Mit Vorspannung

| Spannung im freien Zustand | τ_0 | 96,800 MPa |

Material der Feder

Benutzerdef. Material

Zulässige Torsionsgrenzspannung	τ_A	930,000 MPa
Schubelastizitätsmodul	G	68500,000 MPa
Dichte	ρ	7850 kg/m^3
Gebrauchskoeffizient des Materials	us	0,950 oE

Montageabmessungen der Feder

H, L₁ --> L₈

Min. Belastunglänge	L_1	33,457 mm
Max. Belastungslänge	L_8	35,325 mm
Arbeitshub	H	1,869 mm
Arbeitsbelastungslänge	L_W	34,391 mm

Federwindungen

| Runden der Windungsanzahl | | 1/4 |
| Anzahl der wirksamen Windungen | n | 10 oE |

3

[?] Berechnen | OK | Abbrechen

Zur Positionierung der Feder sind insgesamt drei Abhängigkeiten zu verwenden (Befehl ⊡ *Abhängig machen* im Register *Zusammenfügen*).

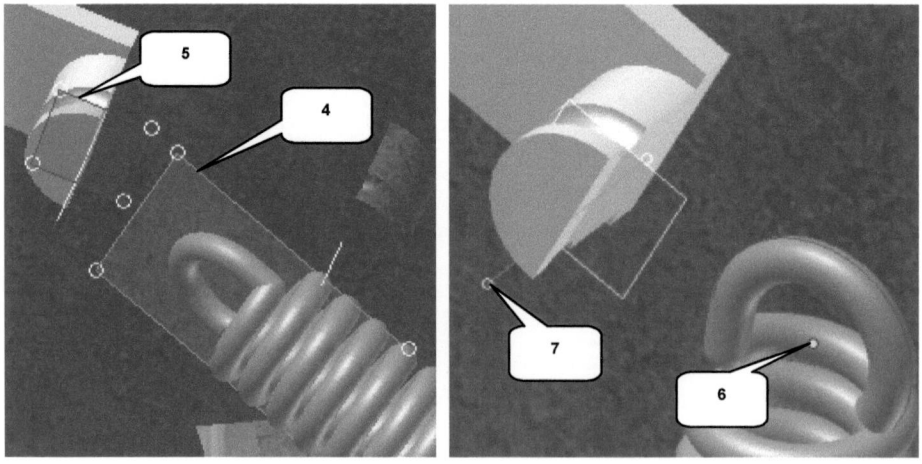

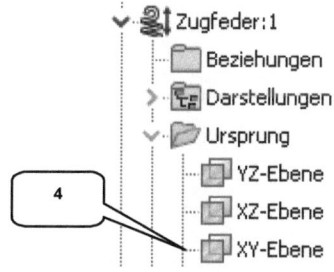

Verbinden Sie zuallererst die **XY-Ebene** der Zugfeder (4) mit der markierten **Arbeitsebene** des Bauteils **Führung-Spannrolle-Zahnriemen** (5). Danach sind die **Mittelpunkte** der Federösen (6) und (8) mit den markierten **Achsen** (7) und (9) zu verbinden (Bild (10) zeigt die Feder in ihrer Zielposition). **Speichern** Sie die gesamte Baugruppe im Anschluss daran und achten Sie darauf, im Befehlsfenster **Speichern** die Option `Ja für alle` **Ja für alle** zu aktivieren.

6.3 Konstruktion einer Druckfeder
6.3.1 Erzeugen einer geschnitten dargestellten Ansicht

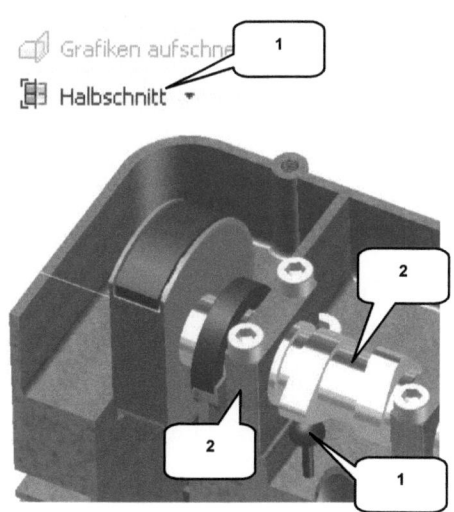

Auch zwischen den **Ventilen** (1) und dem **Zylinderkopf** (2) sollen zusätzliche Spiralfeder erzeugt werden. In diesem Fall sind es Druckfedern welche die Ventile konstant gegen die Nockenwelle pressen. Zur besseren Ansicht ist die Baugruppe geschnitten darzustellen. Wechseln Sie hierfür ins Register **Ansicht**, starten Sie den Befehl **Halbschnitt** (1) in der Befehlsgruppe **Darstellung** und wählen Sie die markierte Seitenfläche (2) des Nockenwellenhalters als Referenzfläche. Bestätigen Sie die Auswahl mit **OK** und kehren Sie ins Register **Konstruktion** zurück.

6.3.2 Befehlsgrundlagen DRUCKFEDER-GENERATOR

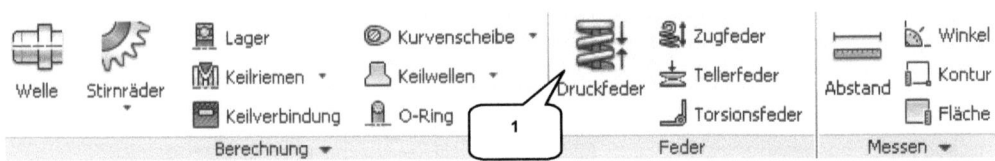

Sollen Druckfedern konstruiert und berechnet werden so kann der Befehl ▤ **Druckfeder-Generator** (1) verwendet werden. Im Gegensatz zum Zugfedern-Generator können Elemente aus dem Druckfeder-Generator bereits während ihrer Konstruktion aus dem Befehl heraus platziert und positioniert werden.

6.3.2.1 Register KONSTRUKTION

INHALT

Im Register **Konstruktion** kann die Druckfeder definiert und auf vorhandene geometrische Referenzen der Baugruppe bezogen werden. Weiterhin sind die physikalischen Eigenschaften, wie Federanfang, -ende, -länge und -durchmesser auszuwählen.

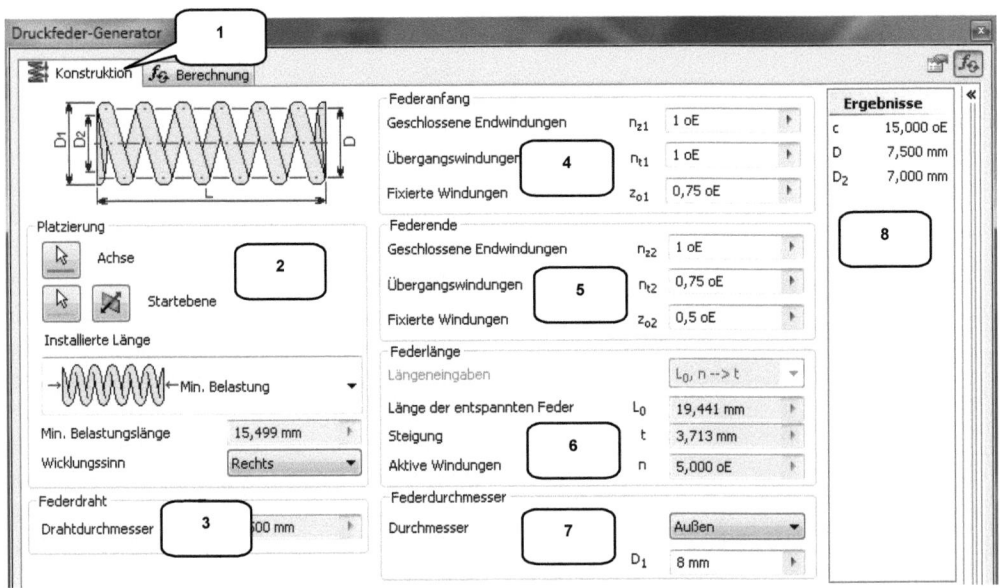

OPTIONEN

1) Register: Konstruktion/ Berechnung
2) Platzierung (Achse, Ebene), Federbelastung
3) Federdrahtdurchmesser
4) Federanfang

5) Federende
6) Federlänge
7) Federdurchmesser
8) Berechnungsergebnisse

6.3.2.2   Register BERECHNUNG

INHALT

Im Register **Berechnung** werden Berechnungstyp, Berechnungsoptionen, Federmaterial und Federbelastung definiert.

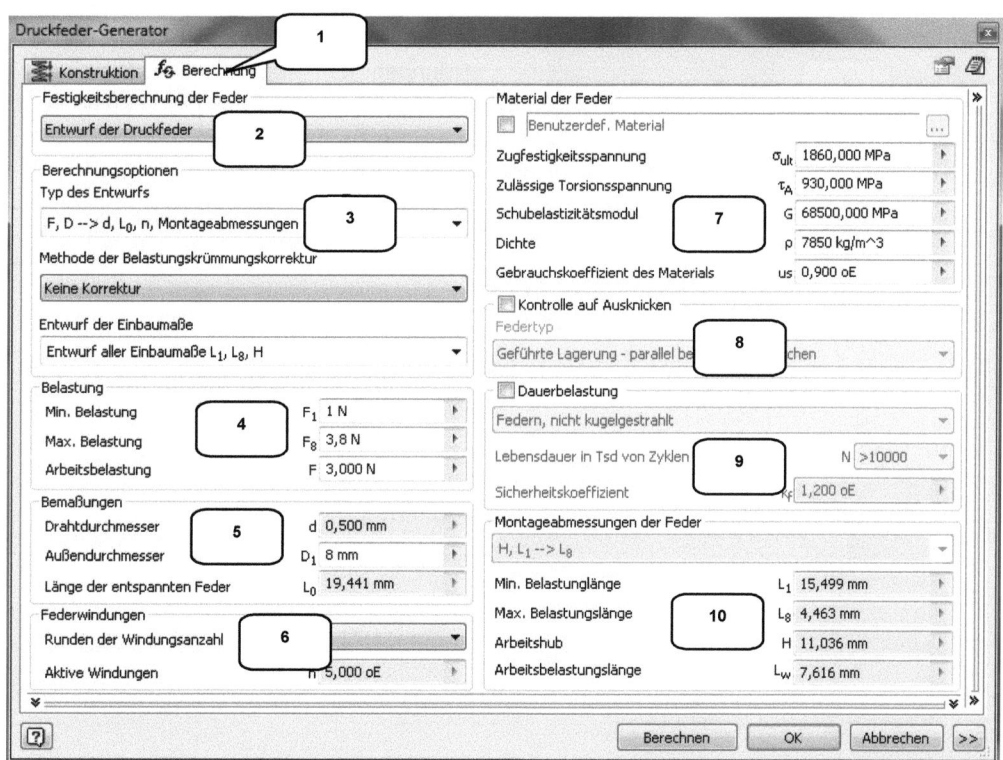

OPTIONEN

1) Register: Konstruktion/ Berechnung
2) Berechnungstyp
3) Berechnungsoptionen
4) Belastung
5) Bemaßungen

6) Windungen
7) Federmaterial
8) Kontrolle auf Ausknicken
9) Dauerbelastung
10) Montageabmessungen der Feder

6.3.3 Druckfeder zwischen Ventil und Zylinderkopf erzeugen

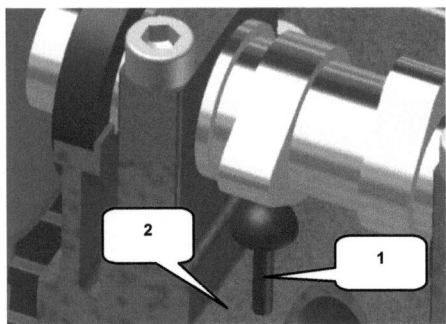

Im Register **Konstruktion** sollten zuerst die geometrischen Referenzen definiert werden: Als ⬛ **Achse** soll die Zylinderfläche des Ventils (1) und als ⬛ **Startebene** die Oberfläche des Zylinderkopfes (2) ausgewählt werden. Weiterhin sind alle Werte und Einstellungen der Register **Konstruktion** (3) und **Berechnung** (4) aus den folgenden Abbildungen zu übernehmen.

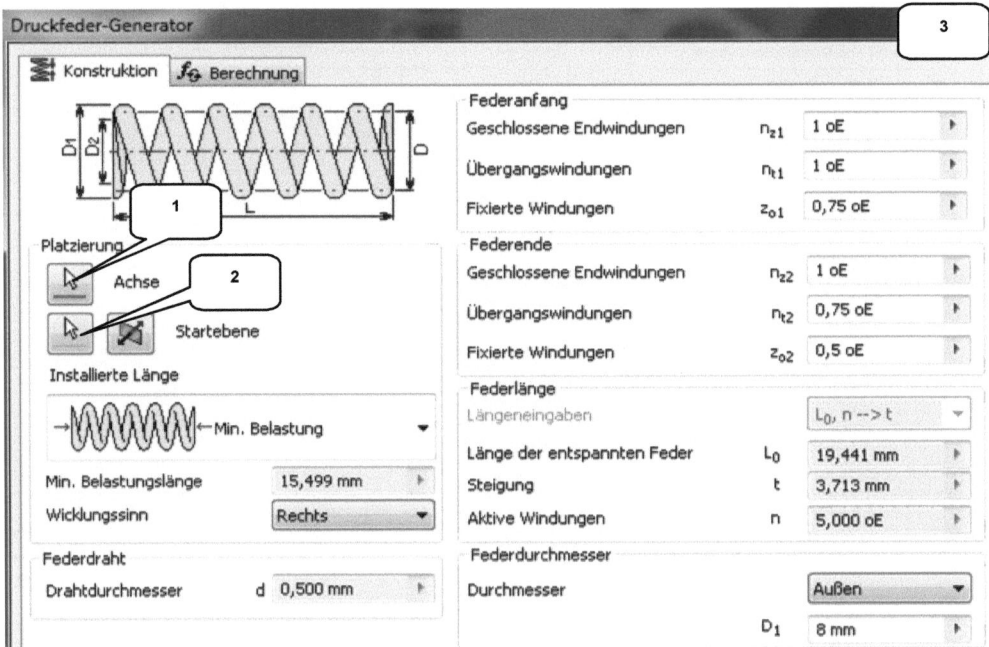

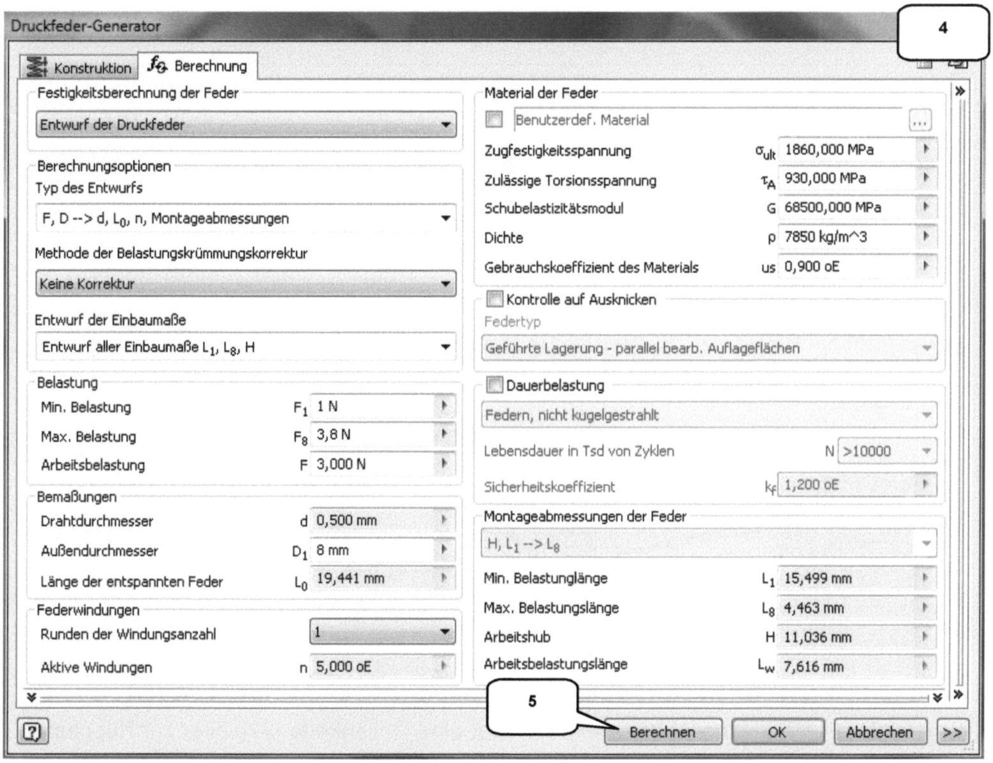

Druckfeder-Generator **4**

☰ Konstruktion ƒ☰ Berechnung

Festigkeitsberechnung der Feder

Entwurf der Druckfeder ▾

Berechnungsoptionen
Typ des Entwurfs

F, D --> d, L₀, n, Montageabmessungen ▾

Methode der Belastungskrümmungskorrektur

Keine Korrektur ▾

Entwurf der Einbaumaße

Entwurf aller Einbaumaße L_1, L_8, H ▾

Belastung

Min. Belastung	F_1	1 N
Max. Belastung	F_8	3,8 N
Arbeitsbelastung	F	3,000 N

Bemaßungen

Drahtdurchmesser	d	0,500 mm
Außendurchmesser	D_1	8 mm
Länge der entspannten Feder	L_0	19,441 mm

Federwindungen

Runden der Windungsanzahl		1
Aktive Windungen	n	5,000 oE

Material der Feder

☐ Benutzerdef. Material [...]

Zugfestigkeitsspannung	σ_{ult}	1860,000 MPa
Zulässige Torsionsspannung	τ_A	930,000 MPa
Schubelastizitätsmodul	G	68500,000 MPa
Dichte	ρ	7850 kg/m^3
Gebrauchskoeffizient des Materials	us	0,900 oE

☐ Kontrolle auf Ausknicken
Federtyp

Geführte Lagerung - parallel bearb. Auflageflächen ▾

☐ Dauerbelastung

Federn, nicht kugelgestrahlt ▾

Lebensdauer in Tsd von Zyklen	N	>10000
Sicherheitskoeffizient	k_f	1,200 oE

Montageabmessungen der Feder

H, L_1 --> L_8 ▾

Min. Belastunglänge	L_1	15,499 mm
Max. Belastungslänge	L_8	4,463 mm
Arbeitshub	H	11,036 mm
Arbeitsbelastungslänge	L_w	7,616 mm

5

[Berechnen]   [OK]   [Abbrechen]   [>>]

HINWEIS: Der Wert der *minimalen Belastungslänge* wird automatisch anhand der restlichen Eingaben berechnet und muss daher nicht vorgegeben werden.

Wurden alle Werte übertragen kann mit der [Berechnen] *Berechnung* (5) gestartet werden. Die Ergebnisse sind anschließend durch einen Klick auf [OK] *OK* zu übernehmen. Auch die Schnittdarstellung der Baugruppe kann wieder beendet werden (Register *Ansicht*, Befehl ⊞ Schnitt beenden *Schnitt beenden*).

Speichern Sie die Baugruppe abschließend und achten Sie im Befehlsfenster *Speichern* auf die aktivierte Option [Ja für alle] *Ja für alle*.

7 Getriebekonstruktion

7.1 Theoretische Grundlagen zum Getriebeaufbau

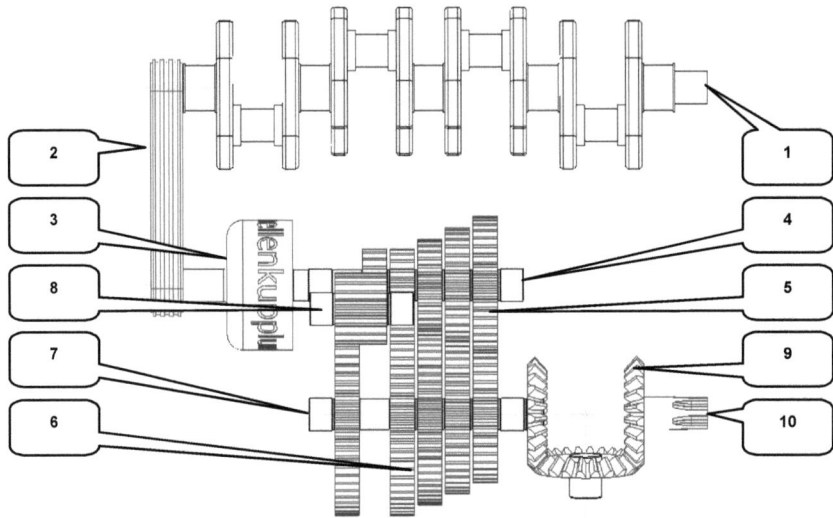

Der Kraftfluss wird von der Kurbelwelle (1) über eine Rollenkette (2) weiter zur Kupplung (3) geleitet, welche ihn dann an die Antriebswelle (4) weitergibt.

Im aktuellen Beispiel wird ein Ziehkeilgetriebe verwendet, bei dem alle Zahnradpaare ständig im Eingriff sind. Die Zahnräder (5) der Antriebswelle sind fest mit dieser verbunden. Die Zahnräder (6) der Abtriebswelle können sich allerdings frei auf ihr drehen.

Um den Kraftfluss eines Zahnradpaares auf die Abtriebswelle (7) übertragen zu können, wird sie mit einer konstruktiven Besonderheit versehen: Sie ist innen hohl und führt dort einen Keil. Er wird durch eine Rollenkette bewegt, welche axial durch die Welle verläuft. Je nach Position des Keils, werden Zahnrad und Abtriebswelle eines Ganges miteinander verbunden.

Beim Rückwärtsgang wird der Kraftfluss zusätzlich über die Rücklaufwelle (8) auf die Abtriebswelle übertragen, wobei sich die Drehrichtung ändert.

Von der Abtriebswelle verläuft der Kraftfluss weiter zum Kegelradgetriebe (9), und eine Keilwellenverbindung (10) bildet den formschlüssigen Übergang aus dem Getrieberaum heraus.

7.2   Lagerung der Wellen
7.2.1   Lagerhalterungen importieren

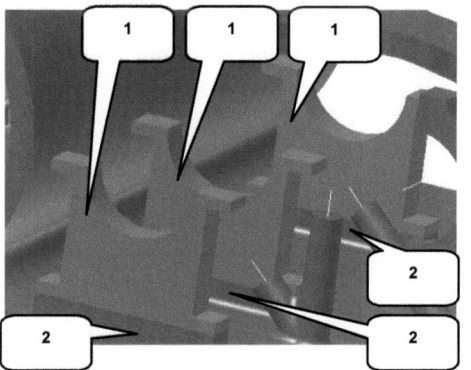

Platzieren Sie das Bauteil **Antriebswelle-Zwischenhalter.ipt** insgesamt drei Mal (1) in der Baugruppe (Komponente platzieren). Positionieren Sie die Zwischenhalter wie in der nebenstehenden Abbildung dargestellt passend   auf den Sockeln (2) des Gehäuses (Befehl Abhängig machen). Achten Sie darauf, dass die Kontaktflächen beider Bauteile bündig miteinander abschließen.

7.2.2   Befehlsgrundlagen LAGER-GENERATOR

Müssen Wälzlager berechnet und platziert werden, kann der Lager-Generator (1) verwendet werden. Wälzlager können hier dimensioniert und positioniert werden.

7.2.2.1   Register KONSTRUKTION

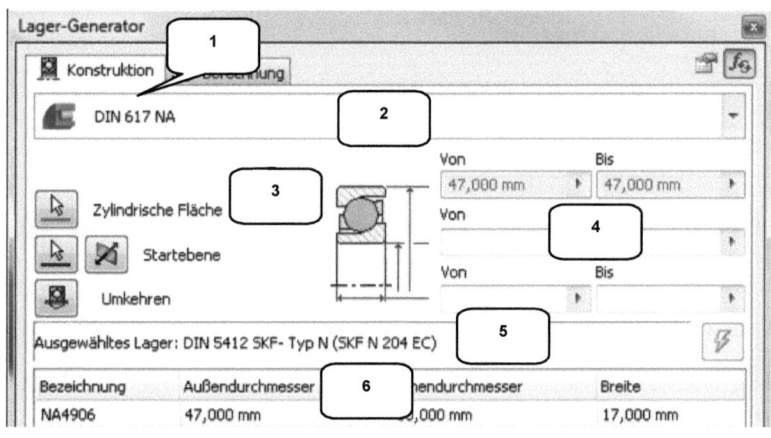

INHALT

Im Register **Konstruktion** werden Typ, Größe und Position eines Lagers definiert.

OPTIONEN

1) Register: Konstruktion/ Berechnung	4) Abmessungen
2) Lagertyp	5) Lager regenerieren
3) Platzierung	6) Verfügbare Lagergrößen

7.2.2.2 Register BERECHNUNG

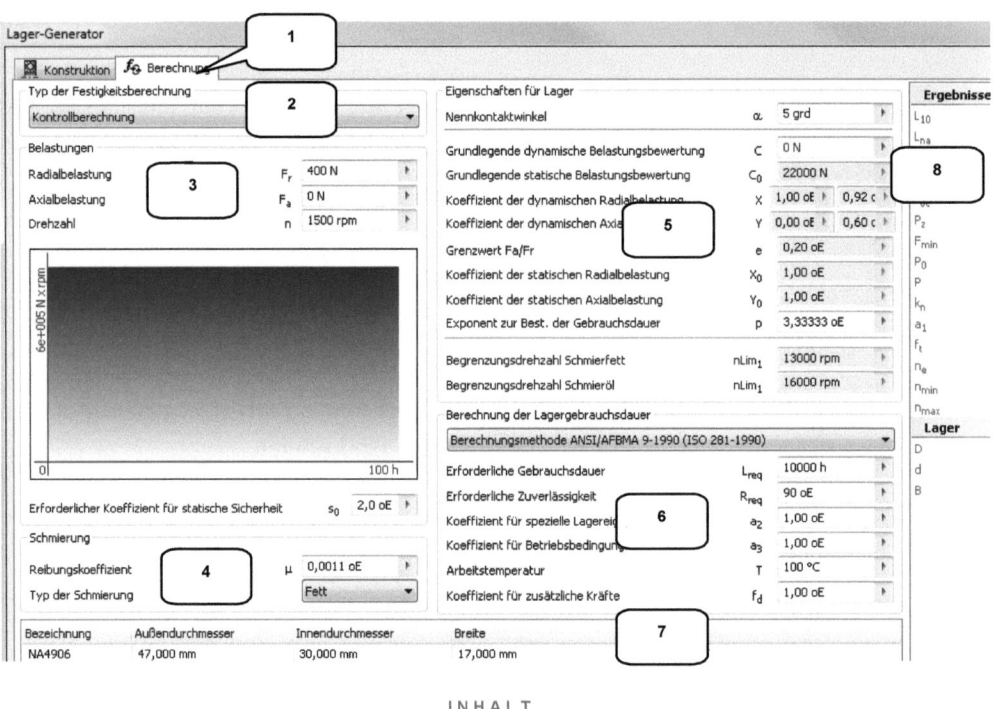

INHALT

Im Register **Berechnung** sind alle Parameter wie der Typ der Festigkeitsberechnung, Belastungen, Schmierung und Lebensdauer festzulegen.

OPTIONEN

1) Register: Konstruktion/ Berechnung	5) Eigenschaften des Lagers
2) Typ der Festigkeitsberechnung	6) Gebrauchsdauer
3) Belastungen	7) Verfügbare Lagergrößen
4) Schmierung	8) Berechnungsergebnisse

7.2.3 Erzeugen eines Zylinderrollenlagers

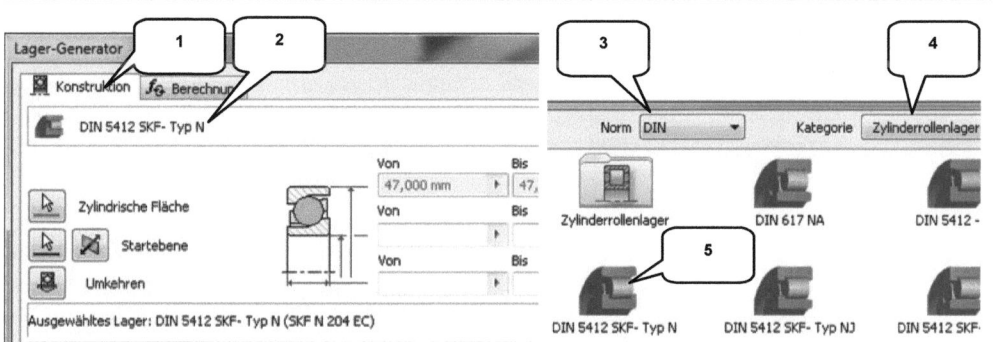

Eröffnen Sie im Register **Konstruktion** (1) das Auswahlmenü des **Lagertyps** (2) und wählen Sie darin die Norm **DIN** (3), aktivieren Sie die Kategorie **Zylinderrollenlager** (4) und wählen den Typ **DIN 5412 SKF – TYP N** (5).

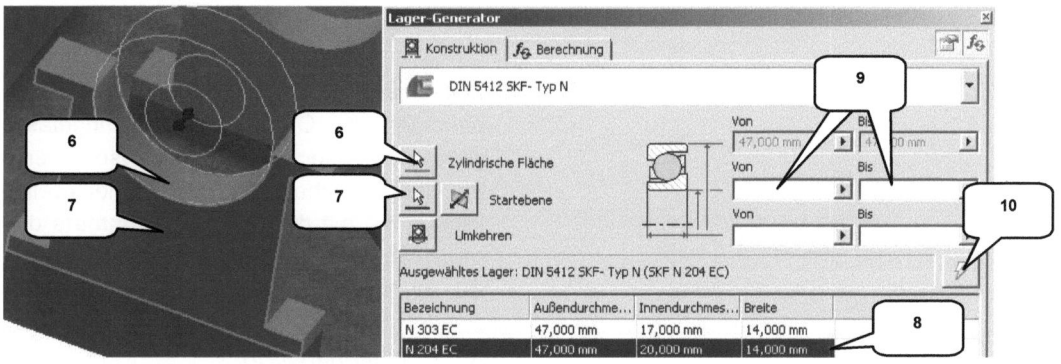

Als Referenz für die ▶ **zylindrische Fläche** (6) ist die markierte Zylinderfläche der Aussparung zu verwenden und als ▶ **Startebene** (7) die Stirnfläche des gleichen Führungselements. In der Tabelle im unteren Bereich des Befehlsfensters ist das Lager der zweiten Zeile (8) mit den Werten: N 204 EC[7], $D_{Außen}$: 47 mm, D_{Innen}: 20 mm, Breite: 14 mm zu aktivieren und der Befehl kann im Anschluss daran mit [OK] **OK** bestätigt werden.

Nach der Erstellung des ersten Zylinderrollenlagers sind fünf weitere, identische Lager zu erzeugen. Sie können als Kopien des ersten Lagers erstellt werden.

---

[7] Sollte das gesuchte Lager **N 204 EC** nicht in der Tabelle verfügbar sein, muss noch einmal kontrolliert werden, ob eventuell abweichende Randbedingungen für die Durchmesser ($D_{Außen}$, D_{Innen}) definiert wurden (9). Wenn ja, sind die Zellen zu bereinigen und die Tabelle muss ▨ **aktualisiert** werden (10).

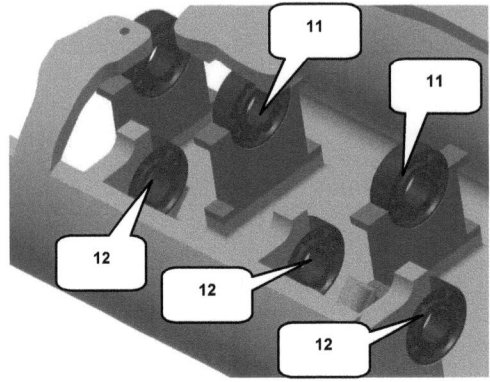

Klicken Sie mit der **rechten Maustaste** im Zeichenbereich auf das bereits vorhandene Lager und wählen Sie im Kontextmenü die Option **Kopieren**. Per **rechter Maustaste** und der Option **Einfügen** sind insgesamt 5 Kopien zu erstellen und frei abzulegen.

Verwenden Sie den Befehl ⊏▱ Abhängig machen um die Lager zu platzieren: Zwei Lager sind an den beiden Zwischenhalter (11) zu befestigen und drei Lager am Motorgehäuse (12).

7.2.4 Browser strukturieren

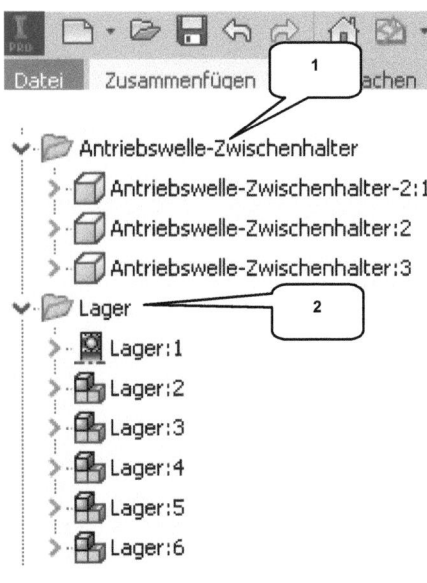

Zur besseren Übersicht sollen einige Komponenten in Ordnern zusammengefasst werden. Markieren Sie im Browser zuerst die drei Zwischenhalter der Antriebswelle, klicken Sie mit der **rechten Maustaste** darauf, wählen Sie im Kontextmenü die Option **Zu neuem Ordner hinzufügen** und verwenden Sie die Bezeichnung **Antriebswelle-Zwischenhalter** (1).

Wiederholen Sie diesen Schritt bei den sechs Zylinderrollenlagern und verwenden Sie die Ordner-Bezeichnung **Lager** (2).

Markieren Sie die Zylinderrollenlager anschließend und weisen Sie ihnen eine Farbe zu (z. B. **Blau-Wandfarbe-glänzend** (3)).

7.2.5 Importieren der oberen Lagerhalterungen

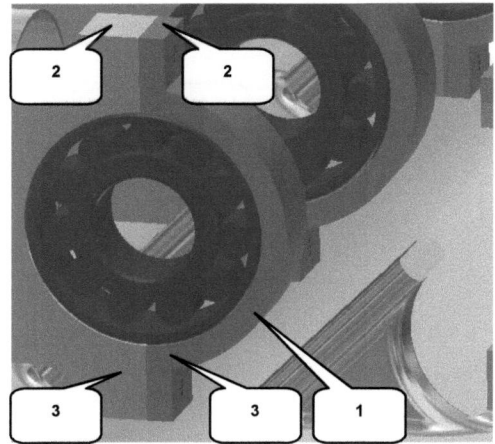

📌 **Platzieren** Sie das Bauteil ***Antriebs-Abtriebswelle-Halter.ipt*** (1) aus dem Projektordner und legen Sie es (einmal) frei in der Baugruppe ab. Setzen Sie zwei fluchtende 🔗 **Abhängigkeiten** (2, 3), um das neue Bauteil mit dem Motorgehäuse an der nebenstehend dargestellten Position zu befestigen und das Zylinderrollenlager damit zu fixieren.

Fügen Sie fünf weitere Halter in die Baugruppe ein, um auch die restlichen Zylinderrollenlager befestigen zu können.

7.2.6 Browser strukturieren

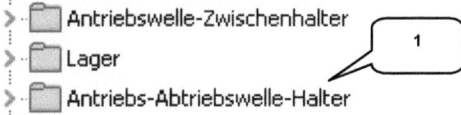

Markieren Sie im Browser die sechs zuletzt eingefügten Halter und erzeugen Sie daraus den Ordner ***Antriebs-Abtriebswelle-Halter*** (1).

7.3 Befestigung der Lagerhalterungen

Die Lagerhalterungen sind durch Schraubenverbindungen am Motorgehäuse bzw. am Zwischenhalter der Antriebswelle zu befestigen, wobei die dafür benötigten Bohrungen noch erzeugen werden müssen. Eine sehr komfortable Lösung bietet der ***Schraubenverbindungs-Generator***. Er ermöglicht es, in einem Arbeitsschritt Verbindungssysteme, bestehend aus Schrauben, Scheiben und Muttern zu generieren, wobei das Programm berechnet, welche Bohrungen dafür nötig sind und diese dabei automatisch in die Bauteile eingefügt.

7.3.1 Befehlsgrundlagen SCHRAUBENVERBINDUNGS-GENERATOR

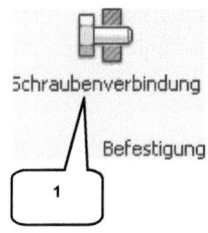

Mit dem 🔩 **Schraubenverbindungs-Generator** (1) können Schraubenverbindungen, bestehend aus Schraube, Scheibe und Mutter, erzeugt sowie Festigkeits-, Belastungs- und Ermüdungsberechnungen durchgeführt werden. Nach Auswahl des Schraubentyps und der gewünschten Größe, werden die benötigten Bohrungen/ Gewindebohrungen automatisch berechnet und vom Programm selbstständig in die Bauteile eingefügt.

7.3.1.1 Register KONSTRUKTION

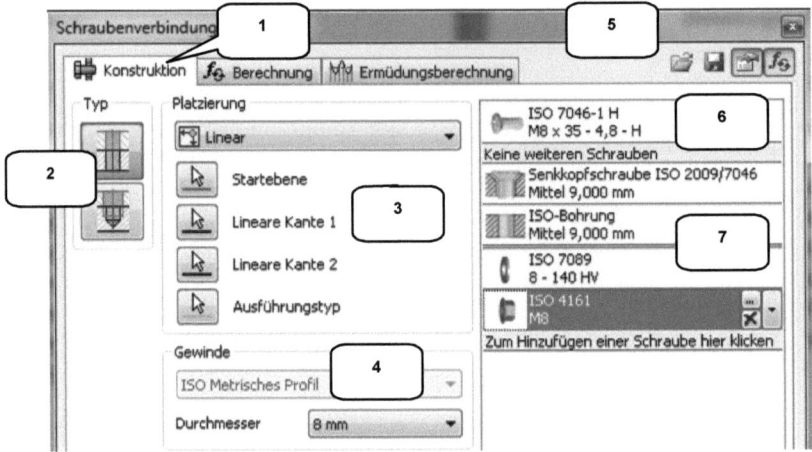

INHALT

Das Register **Konstruktion** dient zur Positionierung der Schraubenverbindung, zur Definition von Bohrungs- und Gewindetyp sowie zur Auswahl der zu montierenden Normteile.

OPTIONEN

1) Register: Konstruktion/ Berechnung/ Ermüdungsberechnung
2) Bohrungen durchgängig oder begrenzt erzeugen
3) Platzierungstyp (Linear, Konzentrisch, Auf Punkt, Nach Bohrung)

4) Gewindetyp
5) Einstellungen importieren/ exportieren, Berechnung, Dateibenennung
6) Komponenten einfügen
7) Vorschau in chronologischer Reihenfolge

7.3.1.2 Register BERECHNUNG

INHALT

Im Register **Berechnung**[8] kann die Schraubenverbindung auf ihre Belastbarkeit hin überprüft werden. Dabei stehen die folgenden grundsätzlichen Optionen zur Verfügung: Berechnung eines benötigten Schraubendurchmessers, Berechnung der benötigten Schraubenan-

---

[8] Um das Register **Berechnung** öffnen zu können, muss im Register **Konstruktion** die Option f_Θ **Berechnung** aktiviert worden sein.

zahl, Berechnung des notwendigen Schraubenmaterials oder eine Kontrollberechnung anhand einer Festigkeitsprüfung. Alle zur Berechnung benötigten Parameter (Kräfte, Momente, Materialien etc.) sind vor der Berechnung anzugeben.

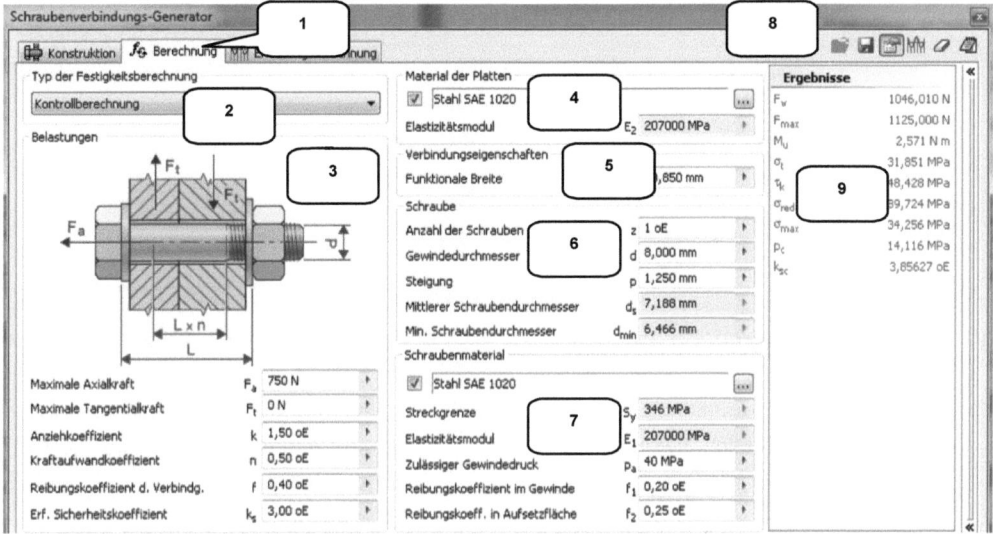

OPTIONEN

1) Register: Konstruktion/ Berechnung/ Ermüdungsberechnung
2) Typ der Festigkeitsberechnung
3) Belastungen
4) Plattenmaterial
5) Verbindungseigenschaften

6) Schraubeneigenschaften
7) Schraubenmaterial
8) Ermüdungsberechnung, Berechnung, Ergebnisdarstellung als *.html
9) Ergebnisdarstellung

7.3.1.3 Register ERMÜDUNGSBERECHNUNG

INHALT

Im Register *Ermüdungsprüfung*[9] können thermo-dynamische Belastungen berechnet werden, wobei die Kräfte schwankend, wiederkehrend, symmetrisch oder asymmetrisch beaufschlagt werden können.

---

[9] Um das Register *Ermüdungsberechnung* öffnen zu können, muss im Register *Konstruktion* die Option 𝕸 *Ermüdungsberechnung* aktiviert worden sein.

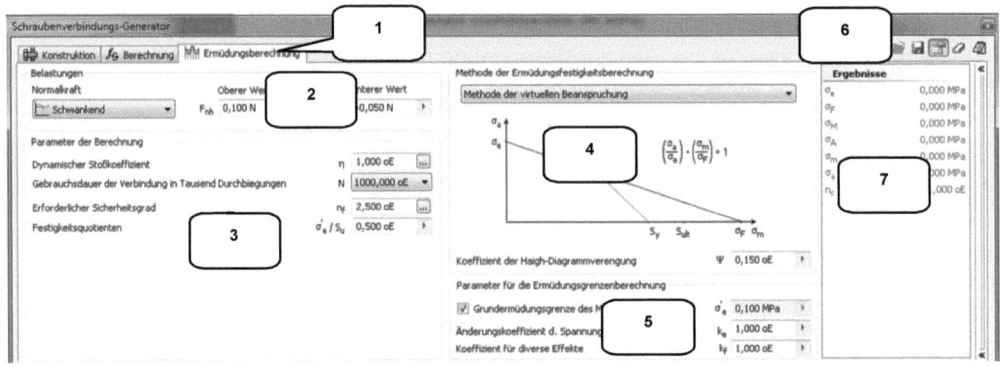

OPTIONEN

1) Register: Konstruktion/ Berechnung/
   Ermüdungsberechnung
2) Belastungsart (schwankend, wiederkehrend, asymmetrisch, symmetrisch
   umgekehrt)
3) Berechnungsparameter
4) Ermüdungsfestigkeitsberechnung

5) Parameter für die Ermüdungsgrenzen
6) Berechnungsvorlagen exportieren,
   Dateibenennung aktivieren/ deaktivieren, Berechnungsdaten zurücksetzen
   oder Ergebnisse als *.html darstellen
7) Ergebnisdarstellung

7.3.2 Lagerhalterungen der Antriebswelle miteinander verbinden

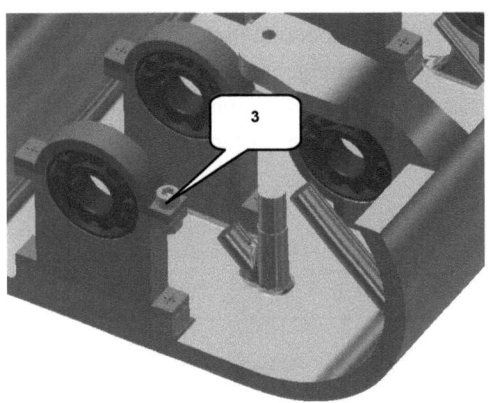

In der folgenden Übung sollen Schraubenverbindungen, bestehend aus Schrauben
und Muttern in die Baugruppe eingefügt
werden, wobei die zugehörigen Durchgangsbohrungen in den entsprechenden
Bauteilen vom Programm automatisch zu
erzeugen sind. Verwenden Sie dabei den
Verbindungstyp ▦ *Durch alle* (1) und als
Typ der Platzierung die Option ▦ Linear *Linear* (2).

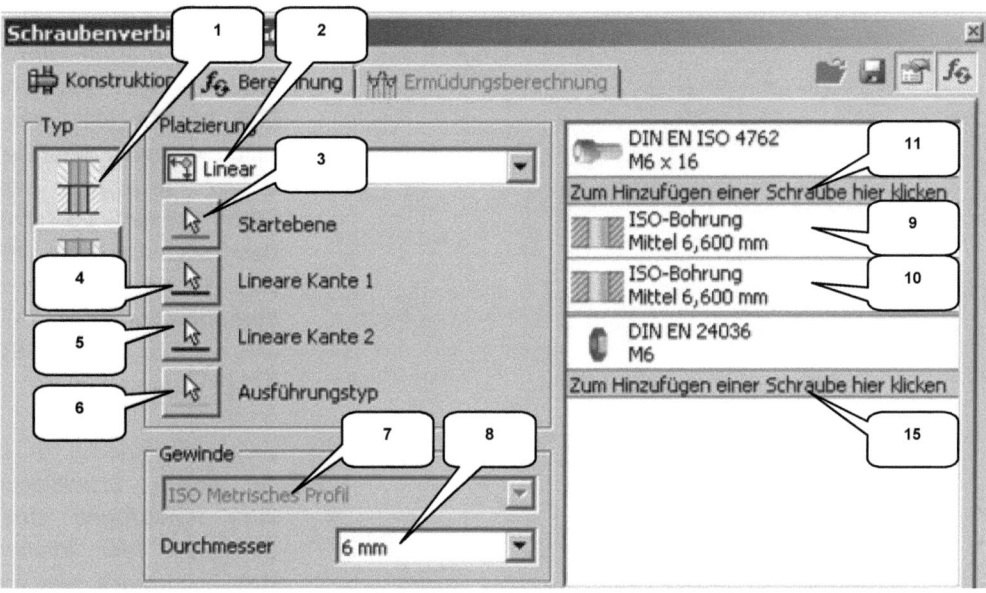

Als ⊵ **Startebene** (3) (Auflagefläche des Schraubenkopfes) dient die markierte Fläche des oberen Halters und als Referenzen für die ⊵ **linearen Kanten** (4) und (5) sind die jeweils markierten Kanten zu verwenden, wobei die Abstände **5 mm** und **7 mm** einzutragen sind. Als ⊵ **Ausführungstyp** (6) ist die markierte Fläche des unteren Halters zu wählen (sie dient als Auflagefläche für die Mutter).

Im Auswahlfeld **Gewinde** (7) sollte ein **ISO Metrisches Profil** mit dem Durchmesser **6 mm** (8) ausgewählt werden. Im rechten Bereich des Befehlsfensters werden die beiden Durchgangsbohrungen bereits angezeigt: Eine Bohrung für den oberen (9) und eine Bohrung für den unteren Halter (10).

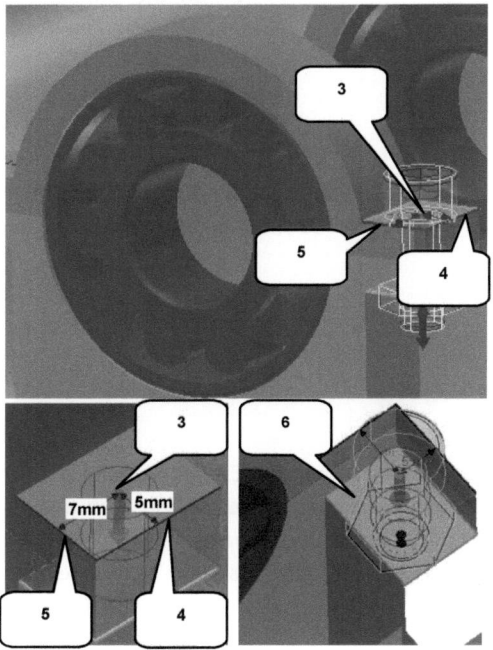

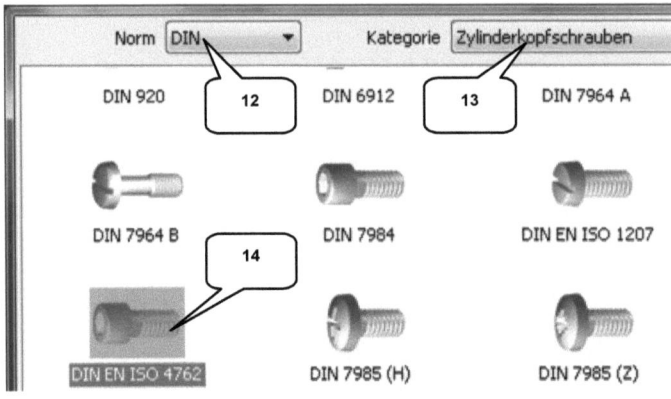

Per Klick auf die obere Schaltfläche *Zum Hinzufügen einer Schraube hier klicken* (11) öffnet sich ein neues Eingabefenster (eventuell erst beim zweiten Versuch). Darin sind die Norm *DIN* (12), die Kategorie *Zylinderkopfschrauben* (13) und der Typ *DIN EN ISO 4762* (14) auszuwählen.

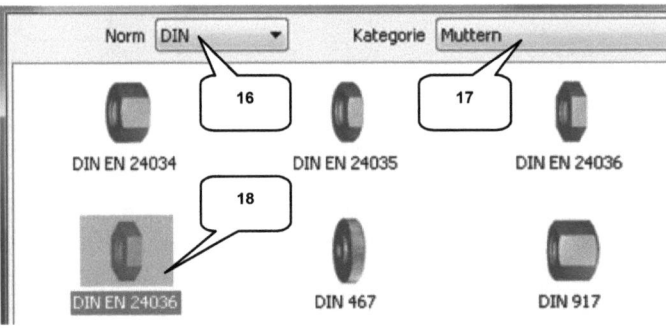

Wurde das erledigt, muss die untere Schaltfläche *Zum Hinzufügen einer Schraube hier klicken* (15) ausgewählt werden. Aktivieren Sie danach die Norm *DIN* (16), die Kategorie *Muttern* (17) und wählen Sie den Typ *DIN EN 24036* (18).

Die nun komplett zusammengestellte Konstellation der Schraubenverbindung soll exportiert werden, um sie auch für die restlichen Bohrungen verfügbar zu machen: sie wird damit als reproduzierbare XML-Datei gespeichert.

Aktivieren Sie die Option 💾 *Vorlage exportieren* (19). Im folgenden Eingabefenster wählen Sie den Speicherort Ihres Projekts, tragen als Dateinamen die Bezeichnung *Schraubenverbindung-M6* ein (Dateityp *Vorlagen (*.xml))* und ▭ Speichern ▭ *speichern* danach. Wird der Schraubenverbindungs-Generator abschließend mit ▭ OK ▭ *OK* bestätigt, berechnet und generiert das Programm die Schraubenverbindung.

Mithilfe der gespeicherten Vorlage können die folgenden Schraubenverbindungen jetzt wesentlich komfortabel erzeugt werden.

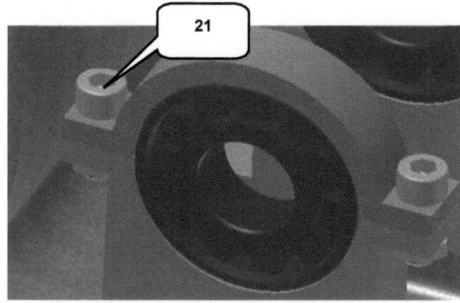

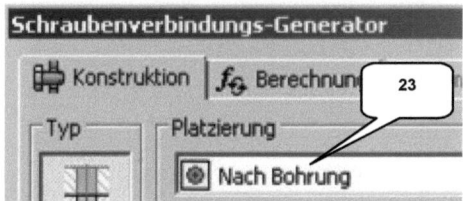

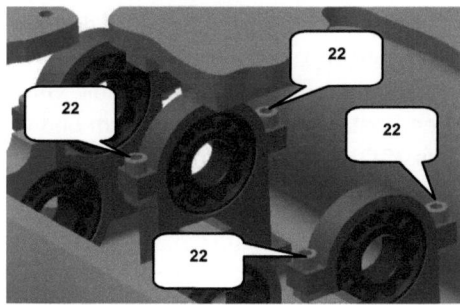

Starten Sie den **Schraubenverbin-dungs-Generator** erneut, klicken Sie auf 📂 **Vorlage importieren** (20) und wählen Sie die Vorlage **Schraubenverbindung-M6.xml**.

Das Programm importiert die Normteile aus der Vorlage und lediglich die Bohrungen sind noch zu positionieren. Verwenden Sie in den Bereichen **Typ** und **Platzierung** dieselben Einstellungen wie in der vorhergehenden Schraubenverbindung und platzieren Sie sie auf markierter Position (21).

Starten Sie den **Schraubenverbin-dungs-Generator**, öffnen Sie die Vorlage **Schraubverbindung-M6.xml** (20) und erzeugen Sie vier weitere Schraubenverbindungen[10], wie in der nebenstehenden Abbildung dargestellt (22). Aktivieren Sie den Platzierungstyp ⦿ **Nach Bohrung** (23) und wählen Sie als ⬚ **Referenz** für die vorhandene **Bohrung** die bereits in den Bauteilen vorhandenen Bohrungslöcher. Beenden Sie den Generator abschließend und **speichern** Sie die Baugruppe.

---

[10] Alle Bauteile **Antriebswelle-Zwischenhalter.ipt** und **Antriebs-Abtriebswelle-Halter.ipt** wurden durch den letzten Befehl automatisch mit Bohrungen versehen (aufgrund der identischen Quelldatei). Die Vorlage **Schraubverbindung-M6.xml** kann trotzdem verwendet werden, nur der Platzierungstyp ist auf ⦿ **Nach Bohrung** (23) zu ändern. Als ⬚ **Vorhandene Bohrung** ist die bereits erstellte Bohrung zu wählen. Die Auswahl der Referenzkanten entfällt damit.

7.3.3   Lagerhalterungen der Wellen am Motorgehäuse befestigen

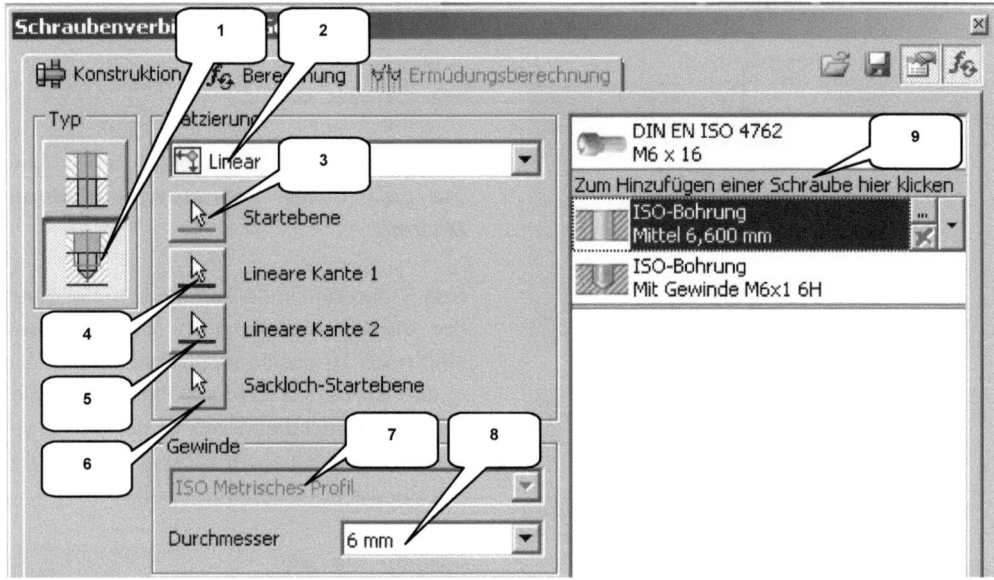

Starten Sie den 🖦 Schraubenverbindungs-Generator um auch zwischen den drei Zwischenhaltern und dem Motorgehäuse Schraubenverbindungen zu erzeugen. Verwenden Sie die Option 🔩 **Nicht durchgehend** (1), den Platzierungstyp 🔲Linear **Linear** (2), die **Startebene** (3), die beiden **linearen Kanten** (4, 5) mit den Abständen **5 mm** und **7 mm** und die **Sackloch-Startebene**[11] (6). Als Gewindetyp ist das **ISO Metrische Profil** (7) mit einem Nenndurchmesser von **6 mm** (8) zu verwenden. Klicken Sie danach auf die Schaltfläche **Zum Hinzufügen einer Schraube hier klicken** (9).

---

[11] Als **Sackloch-Startebene** (6) ist die markierte Fläche am Motorgehäuse zu wählen, auf welcher der Zwischenhalter montiert wurde.

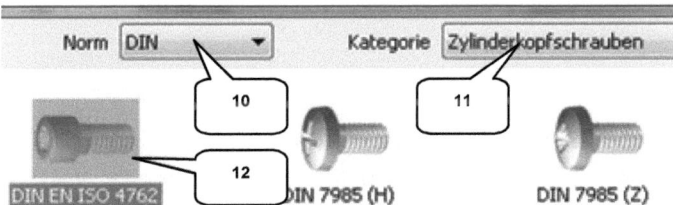

Im Auswahlfenster wählen Sie die Norm *DIN* (10), die Kategorie *Zylinderkopf-schrauben* (11) und den Typ *DIN EN ISO 4762* (12).

Bestätigen Sie die Eingaben durch [Anwenden] *Anwenden* und wiederholen Sie die letzten Arbeitsschritte bis alle in den folgenden Abbildungen markierten Schraubenverbindungen (insgesamt 12 Stück) vollständig erzeugt wurden.

Zur besseren Übersicht sollten alle Schraubenverbindungen im Browser in einem Ordner zusammengefasst werden und die Baugruppe ist danach zu *speichern* (Erstspeicherung der neuen Komponenten mit der Option *Ja für alle* bestätigen).

7.4   Konstruktion der Getriebewellen
7.4.1   Platzieren der Lamellenkupplung

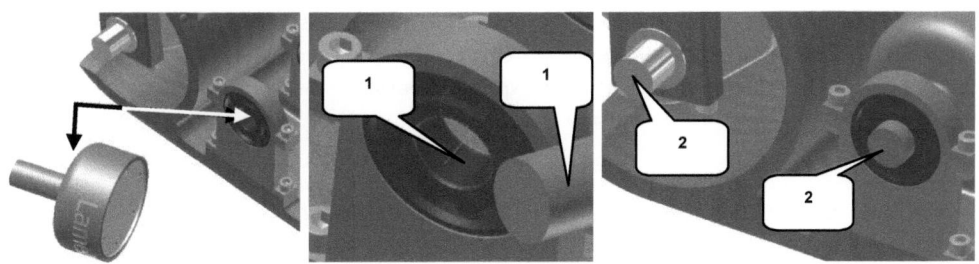

Importieren Sie das Bauteil *Kupplung.ipt* aus dem Projektordner in die Baugruppe und positionieren Sie es wie in den oberen Abbildungen dargestellt. Setzen Sie eine axiale Abhängigkeit zwischen den Längsachsen des markierten Lagers und der Kupplung (1) und eine fluchtende Abhängigkeit zwischen den Stirnflächen von Kupplung und Kurbelwelle (2).

7.4.2 Befehlsgrundlagen WELLEN-GENERATOR

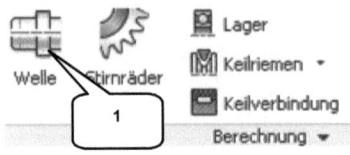

Mit dem ⊕ **Wellen-Generator** (1) können Achsen und Wellen berechnet und konstruiert werden. Sie können aus vollem oder hohlen Material konstruiert und zusätzlich um Bohrungen, Kerben oder Aussparungen ergänzt werden.

7.4.2.1 Register KONSTRUKTION

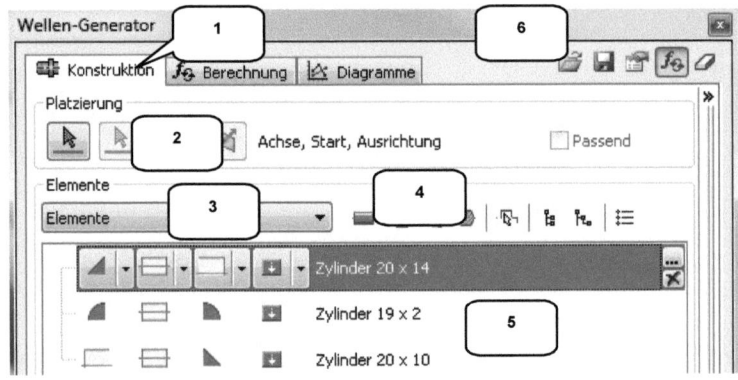

INHALT

Das Register **Konstruktion** ermöglicht die Platzierung anhand vorhandener geometrischer Elemente anderer Komponenten der Baugruppe und die Dimensionierung der einzelnen Wellenabschnitte. Sie kann mit Fasen, Rundungen, Rillen, Gewinden, Nuten, Bohrungen oder Kerben bestückt werden, wobei die einzelnen Wellenabschnitte zylindrisch, geschnitten, kegelig, polygonal oder nach eigenen Skizzenkonturen modelliert werden können. Die Daten einer Welle können importiert oder exportiert werden.

OPTIONEN

1) Register: Konstruktion/ Berechnung/ Diagramme
2) Platzierung
3) Neue Wellenabschnitte erzeugen/ vorhandene bearbeiten

4) Wellentyp
5) Wellenabschnitte auflisten
6) Berechnungen, Dateibenennung, Zurücksetzen der Berechnungswerte

7.4.2.2   Register BERECHNUNG

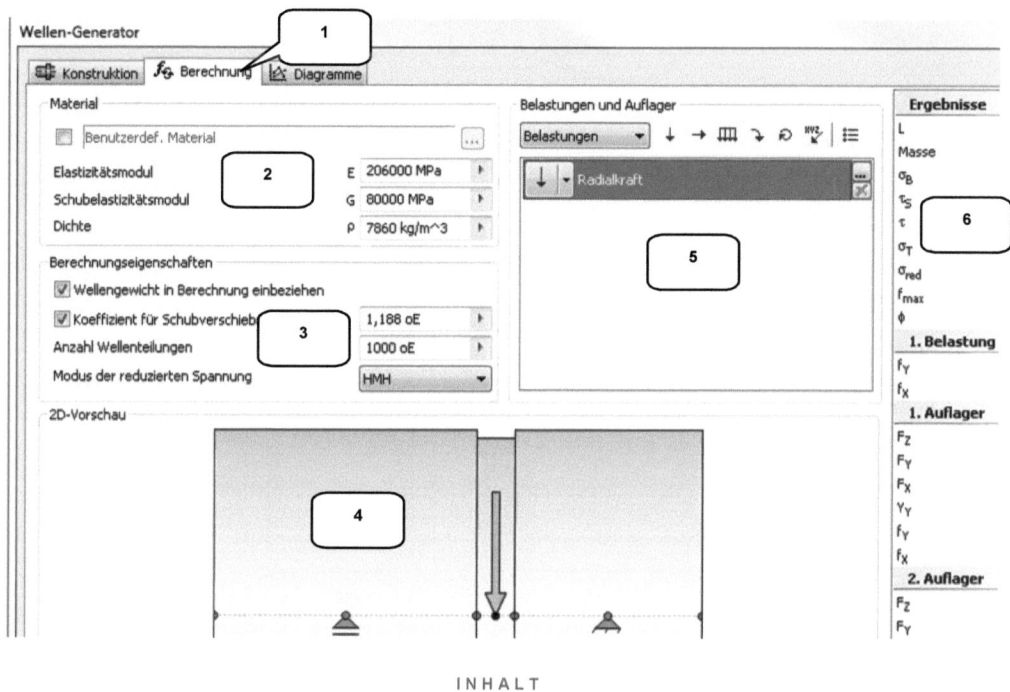

INHALT

Im Register **Berechnung** werden der Welle alle physikalischen Materialeigenschaften zugewiesen, Berechnungseigenschaften hinterlegt, Auflager (Fest-/ Loslager) definiert und Belastungsarten festgelegt. Diese können in Form von radialen oder axialen Kräften, als Streckenlasten bzw. Biege- und Drehmomenten beaufschlagt werden.

OPTIONEN

1) Register: Konstruktion/ Berechnung/ Diagramme
2) Material
3) Berechnungseigenschaften

4) Belastungsanalyse (2D-Vorschau)
5) Belastungen und Auflager
6) Berechnungsergebnisse

7.4.2.3   Register DIAGRAMME

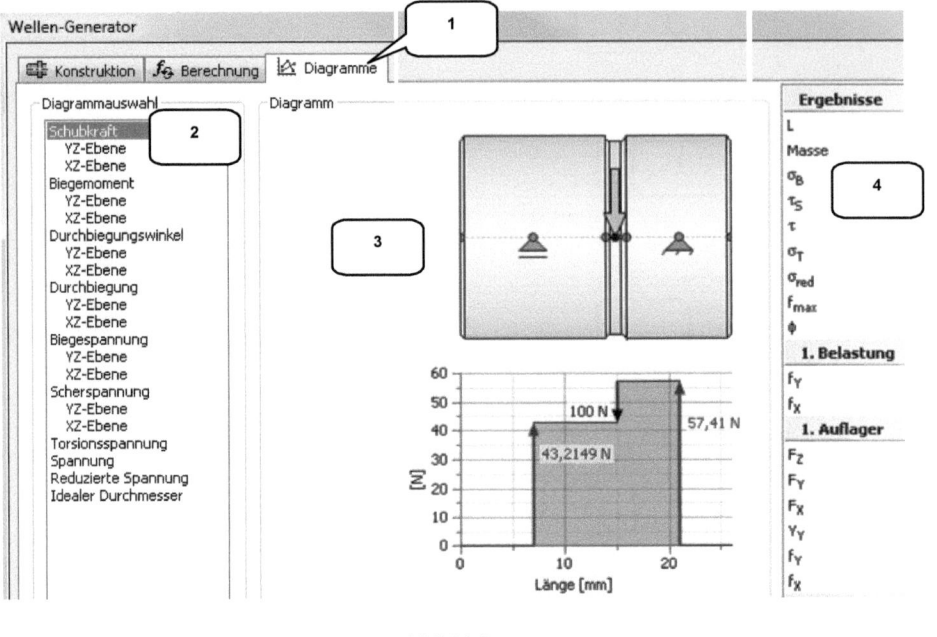

INHALT

Das Register **Diagramme** bietet, zusätzlich zur grafischen Vorschau der Wellenbelastung, ein Diagramm mit der grafischen Darstellung der Berechnungsergebnisse (Schubkraft, Biegemoment, Durchbiegung und Durchbiegewinkel, Biegespannung, Scherspannung, Torsionsspannung, reduzierte Spannung und idealer Durchmesser). Die einzelnen Berechnungsergebnisse werden als Diagramme im mittleren Bereich des Befehlsfensters angezeigt, sobald Sie im Bereich der Diagrammauswahl aktiviert wurden. In tabellarischer Form werden sie im Bereich der Ergebnisse aufgelistet.

OPTIONEN

1) Register: Konstruktion/ Berechnung/ Diagramme
2) Diagrammauswahl
3) Wellenbelastung, Diagramm
4) Berechnungsergebnisse

7.4.3   Konstruktion der Antriebswelle

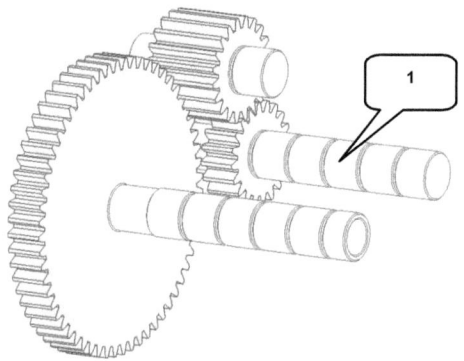

Zuerst ist die **Antriebswelle** (1) zu konstruieren: Sie wird fünf Zahnräder tragen (vier für die Vorwärtsgänge und eins für den Rückwärtsgang).

Sie ist fest mit der Kupplung verbunden und überträgt den Kraftfluss entweder über die Zahnräder direkt auf die Abtriebswelle (Vorwärtsgänge), oder im Rückwärtsgang über die Rücklaufwelle zur Abtriebswelle.

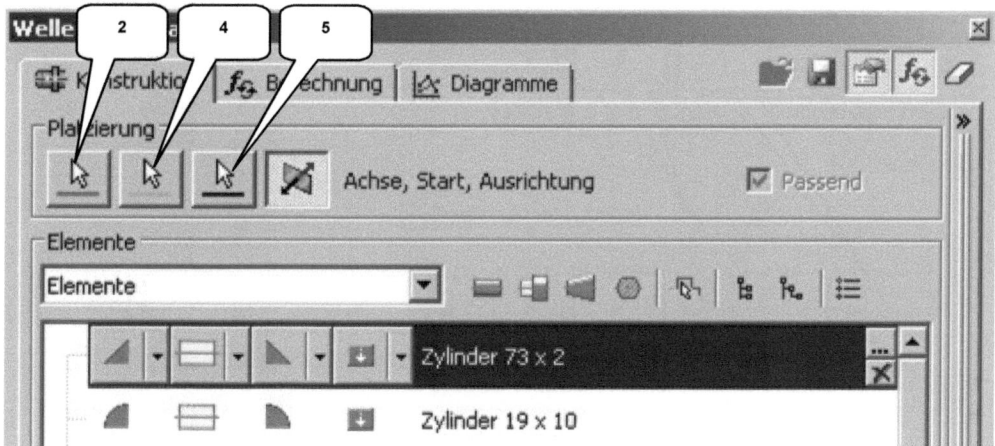

Nachdem der **Wellen-Generator** gestartet wurde hängt ein erster Wellenentwurf bereits frei am Mauszeiger. Vor der Dimensionierung sollte die Positionierung erfolgen. Als **Referenz** für die axiale Ausrichtung ist die Bohrungsfläche (2) des sich neben der Kupplung (3) befindlichen Lagers auszuwählen, als **Startfläche** die markierte Fläche der Kupplung (4) und als **Referenz** zur radialen Ausrichtung die markierte Oberfläche des Motorgehäuses (5).

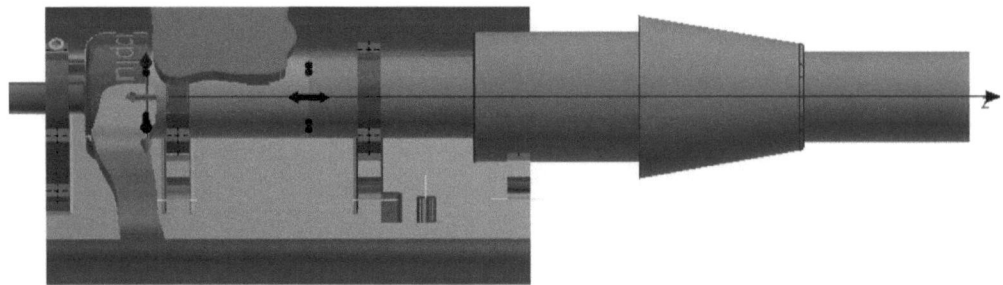

Die noch unbearbeitete Welle sollte jetzt positioniert worden sein und - wie in der oberen Abbildung zu sehen - in Richtung des Getrieberaums zeigen. Andernfalls (die Welle verläuft durch die Kupplung hindurch) müsste die Richtung mit der Option ⊠ **Seite umkehren** (6) korrigiert werden.

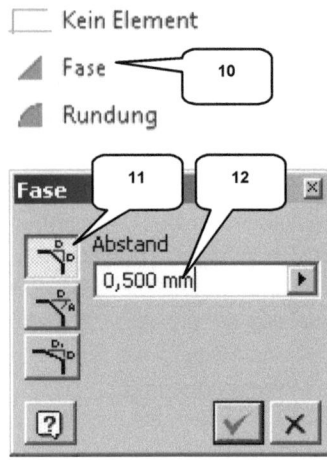

Um die Antriebswelle geometrisch an den Getrieberaum und die Wälzlager anzupassen, muss sie aus verschiedenen Abschnitten mit unterschiedlichen Längen und Durchmesser bestehen. Aktivieren Sie den Bereich **Elemente** (7) und löschen Sie alle vorhandenen Abschnitte bis auf den ersten, indem Sie auf die entsprechende Zeile klicken, um danach die Option ✗ **Löschen** (8) zu wählen (das ❷ **Hinweisfenster** kann mit ▭ **Ja** bestätigt werden). Sobald nur noch eine Zeile vorhanden ist, wird mit der Bearbeitung begonnen. Klicken Sie hierfür auf das kleine markierte Dreieck (9) auf der linken Seite der Zeile, wählen Sie die Option ◢ **Fase** (10), aktivieren Sie die Option **Abstand** (11) und tragen Sie den Wert **0,5 mm** (12) ein.

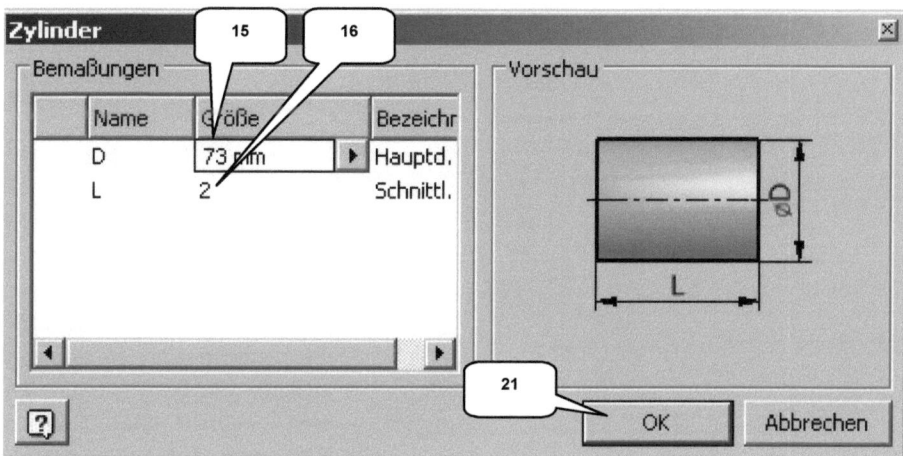

Erzeugen Sie auch auf der rechten Seite des Wellenabschnitts (13) eine ◢ *Fase* mit denselben Einstellungen. Jetzt können Durchmesser und Länge des Abschnitts definiert werden. Öffnen Sie dessen ▭ *Eigenschaften* (14) und tragen Sie den Durchmesser *D= 73 mm* (15) und die die Länge *L= 2 mm* (16) ein. ▭ *OK* (17) bestätigt die Eingaben.

Zurück im Hauptbefehl ist dann die Option ▭ *Zylinder einfügen* (18) zu wählen, um einen weiteren Wellenabschnitt zu generieren. Die zweite Fase des ersten Wellenabschnitts (19) sollte jetzt rot dargestellt werden (19), da das Programm die Fase aufgrund des identischen Durchmessers beider Abschnitte nicht erzeugen kann, was allerdings vorerst ignoriert werden kann.

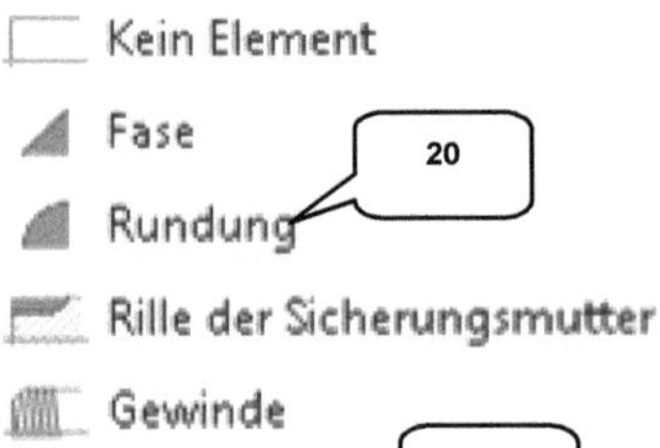

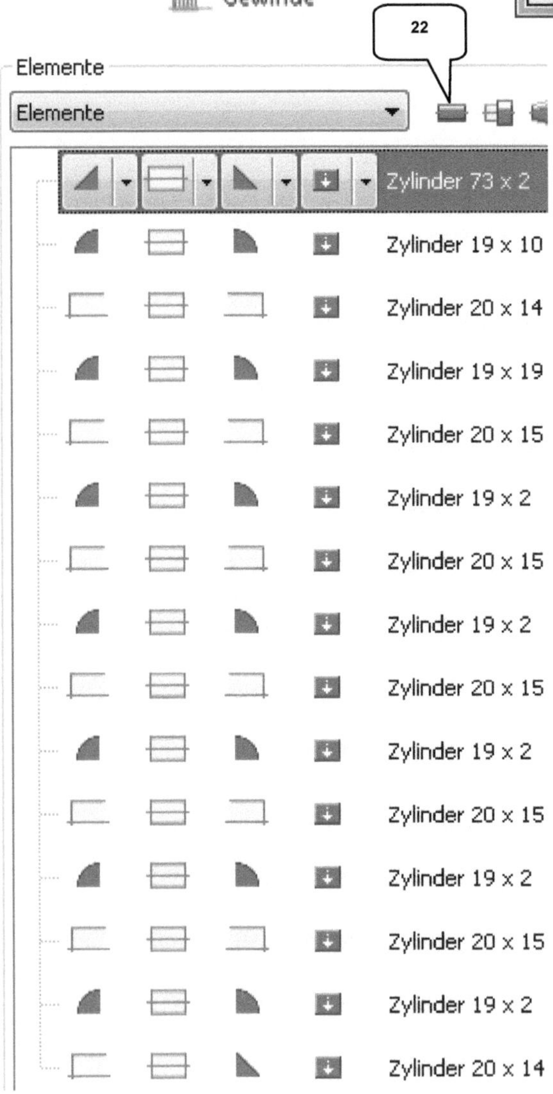

Kein Element

Fase

Rundung

Rille der Sicherungsmutter

Gewinde

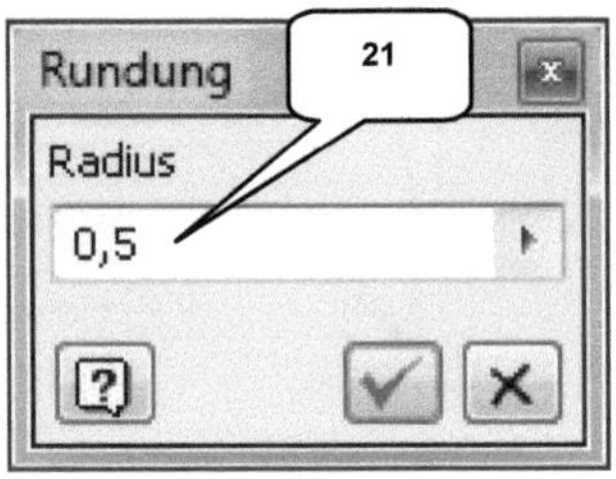

20

Rundung 21

Radius

0,5

?

Elemente 22

Elemente

				Zylinder 73 x 2
				Zylinder 19 x 10
				Zylinder 20 x 14
				Zylinder 19 x 19
				Zylinder 20 x 15
				Zylinder 19 x 2
				Zylinder 20 x 15
				Zylinder 19 x 2
				Zylinder 20 x 15
				Zylinder 19 x 2
				Zylinder 20 x 15
				Zylinder 19 x 2
				Zylinder 20 x 15
				Zylinder 19 x 2
				Zylinder 20 x 14

Ändern Sie in der zweiten Zeile den Durchmesser auf *D= 19 mm*, die Länge auf *L= 10 mm* und bearbeiten Sie die Wellenenden dieses Abschnitts. Sie sollen eine *Rundung* (20) mit einem Radius von *0,5 mm* (21) erhalten.

Erzeugen Sie weitere *13* **Wellenabschnitte** (22), bis insgesamt 15 Zeilen im Fenster *Elemente* vorhanden sind. Die jeweiligen Durchmesser und Längen sind der nebenstehenden Abbildung zu entnehmen. Einige Abschnitte sind mit *Rundungen* zu versehen, wobei ein jeweiliger Radius von *0,5 mm* zu verwenden ist. Der letzte Abschnitt erhält an dessen Ende eine *Fase* (Option *Abstand*, Wert *0,5 mm*). Nachdem alle Einstellungen übernommen wurden, kann der Befehl mit ⬚ OK *OK* bestätigt und beendet werden.

7.4.4 Befestigungsflansch der Antriebswelle mit Bohrungen versehen

Um die Antriebswelle mit der Lamellenkupplung verbinden zu können, müssen im Befesti-
gungsflansch der Welle (erster Wellenabschnitt: 73 x 2 mm) insgesamt sechs Bohrungen
erzeugt werden. Markieren Sie Kupplung (1) und Antriebswelle (2) und isolieren Sie beide
Komponenten (**rechte Maustaste** > ▓ **Isolieren**). Um die Sicht auf die Gewindebohrungen
der Kupplung freizugeben, kann der Antriebswelle temporär das Material **Glas** zugewiesen
werden. Doppelklicken Sie die Antriebswelle (2) um in ihren Baugruppenbereich zu gelangen. Doppelklicken Sie erneut darauf um in den Modellbereich zu gelangen.

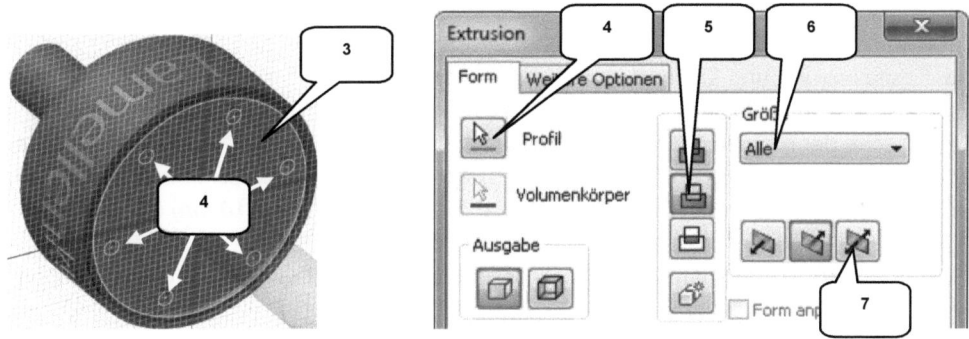

Im Bauteil **Welle.ipt** angelangt, ist auf der markierten Fläche (3) eine neue ✎ `2D-Skizze` zu
erzeugen. ✑ `Projizieren` Sie die sechs Bohrungen der Kupplung (4) in den Skizzenbereich
und beenden Sie die Skizze danach.

Zurück im Modellbereich ist der Befehl ▤ `Extrusion` zu starten und die sechs projizierten
Kreise (4) sind zu extrudieren. Verwenden Sie das Verfahren **Differenz** (5), die Größe **Alle**
(6) und die Richtung **Symmetrisch** (7). Bauteil- und Baugruppenbereich der Welle können
anschließend verlassen werden (2x auf ◄● `Zurück` klicken), um der Baugruppe im Baugruppenbereich die Farbe **Chrom-poliert-blau** zuzuweisen.

7.4.5 Schrauben aus dem Inhaltscenter importieren

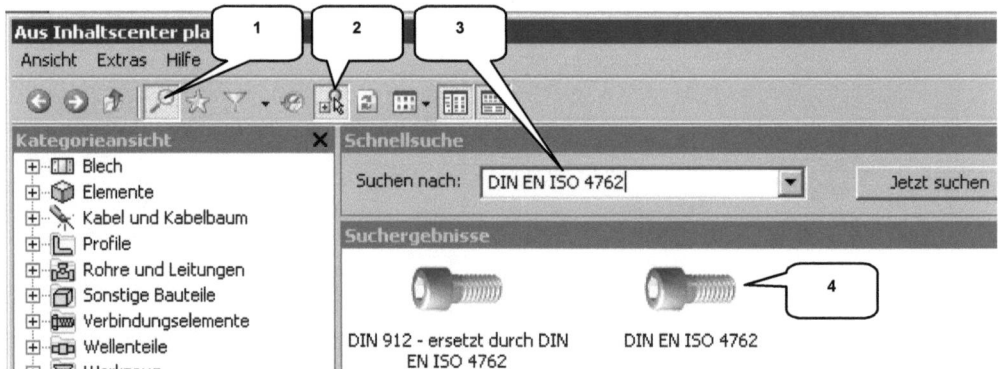

Die Verbindungsschrauben von Antriebswelle und Lamellenkupplung sind dem Inhaltscenter zu entnehmen. Starten Sie den Befehl 📥 **Aus Inhaltscenter platzieren** (Register **Zusammenfügen**), aktivieren Sie ggf. die beiden Optionen 🔍 **Suche** (1) und 🔩 **AutoDrop** (2), tragen Sie den Suchbegriff **DIN EN ISO 4762** (3) ein und doppelklicken Sie die in der oberen Abbildung markierte Schraube (4).

Zur Positionierung und Dimensionierung der Schraube ist eine konzentrische 🔩 **Referenz** (hier die **Gewindebohrungen** der Kupplung (5)) auszuwählen und als 🔩 **Startfläche** soll die Seitenfläche der Kupplung (6) angeklickt werden. Aktivieren Sie die Option ⚙ **Mehrere einfügen** (7) und doppelklicken Sie den **Pfeil** (8) am Ende der bereits schematisch dargestellten Schraube. Im folgenden Auswahlfenster ist die Schraubenlänge **10 mm** (9) zu wählen.

📥 **Bestätigen** (10) Sie den Befehl anschließend um ihn zu beenden und die Schrauben zu generieren.

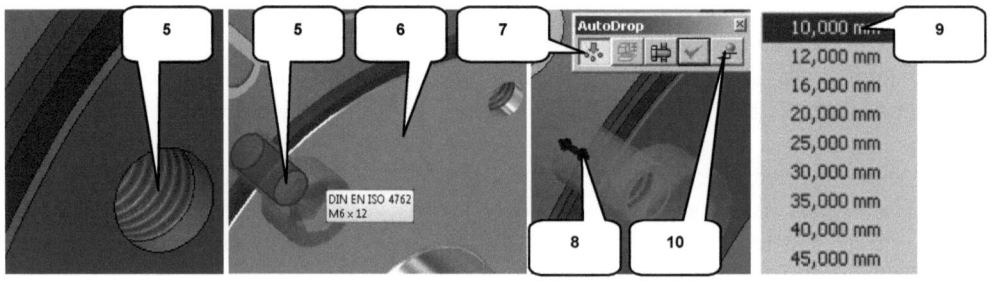

7.4.6 Abschließende Arbeiten an der Antriebswelle

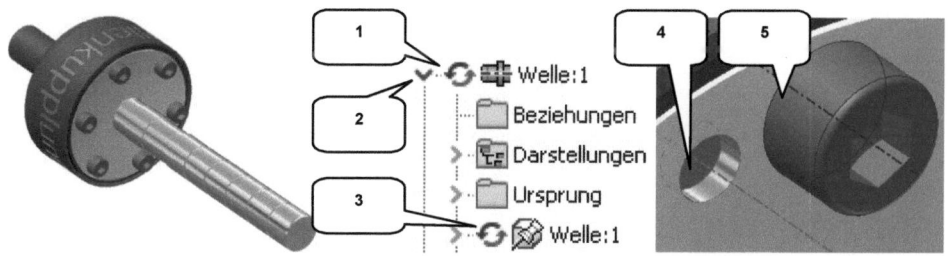

Durch die zuletzt in die Antriebswelle eingefügten Bohrungen, wird die Welle im Browser als **adaptiv** (1) gekennzeichnet. Um später einen reibungslosen Bewegungsablauf des gesamten Getriebes gewährleisten zu können, muss diese Adaptivität allerdings wieder deaktiviert und beide Komponenten (Kupplung, Antriebswelle) mit einer neuen Abhängigkeit aneinander gebunden werden. Klappen Sie im Browser die Baugruppe **Welle.iam** (2) auf und deaktivieren Sie beim Bauteil **Welle.ipt** (3) die **Adaptivität** (**rechte Maustaste** > **Adaptiv**). Die Kupplung muss jetzt bei gedrückter linker Maustaste etwas gedreht werden, bis Schrauben und Bohrungen der Welle nicht mehr auf derselben Position sitzen (4). Beide Bauteile sollen mit einer axialen **Abhängigkeit** verbunden werden. Hierfür sind die Achse der Bohrung (4) und die Achse der Schraube (5) miteinander zu verbinden.

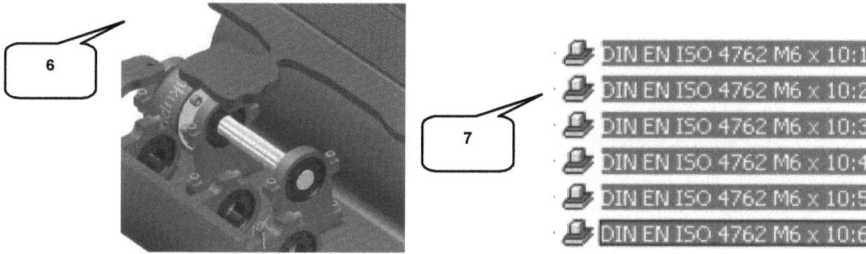

Klicken Sie danach mit der **rechten Maustaste** auf einen beliebigen Punkt im Hintergrund des Zeichenbereiches (6) und wählen Sie Option **Isolieren rückgängig**[12], um alle anderen Komponenten wieder einzublenden. Markieren Sie anschließend die neuen Schrauben im Browser (7) und wählen Sie im Kontextmenü der rechten Maustaste die Option **Ordner** mit der Bezeichnung **Schrauben**.

---

[12] Sollte die Option **Isolieren rückgängig** nicht verfügbar sein, wurde eventuell zwischenzeitlich gespeichert. Dann müssen die ausgeblendeten Komponenten manuell wieder sichtbar gemacht werden. Hierfür sind alle im Browser grau dargestellten Objekte zu markieren und mit der Option **Sichtbarkeit** der **rechten Maustaste** wieder einzublenden (Nicht das Bauteil **Motorradrahmen.ipt** einblenden!).

7.4.7 Importieren der Halterungen für die Rücklaufwelle

Fügen Sie das Bauteil **Rücklaufwelle-Halter.ipt** in die Baugruppe ein und legen Sie es zweimal darin ab. Positionieren Sie die beiden Bauteile, wie in der oberen Abbildung dargestellt, bündig an den dafür vorgesehenen Absätzen im oberen Bereich des Getrieberaumes (1, 2).

Starten Sie den ⬆ Schraubenverbindungs-Generator um die beiden Halter mit dem Motorgehäuse zu verschrauben. Wählen Sie die Option ⬇ **Nicht durchgehend**, den Platzierungstyp 🔲 Linear **Linear**, die markierte **Startebene** (3), als ⬈ **Referenzen** die beiden **linearen Kanten** (4, 5) mit den jeweiligen Abständen **5 mm** und **7 mm,** sowie die markierte **Sackloch-Startebene** (6). Verwenden Sie den Gewindetyp **ISO Metrisches Profil** und den Durchmesser **6 mm**. Klicken Sie danach auf die Schaltfläche **Zum Hinzufügen einer Schraube hier klicken** um die **Zylinderkopfschraube DIN EN ISO 4762** zu platzieren.

Insgesamt sind vier Schraubenverbindungen einzufügen. **Speichern** Sie die Baugruppe und achten Sie darauf, die Option **Ja, für alle** zu aktivieren.

7.4.8 Konstruktion der Rücklaufwelle

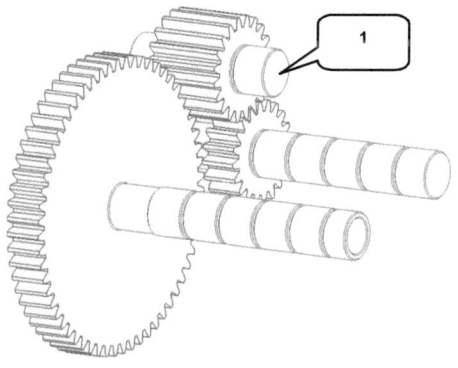

Die **Rücklaufwelle** (1) ist sehr kurz und trägt nur ein einziges Zahnrad: das Rücklaufrad. Der Kraftfluss wird von den Zahnrädern der Antriebswelle auf die Rücklaufwelle übertragen und von dieser weiter zur Abtriebswelle. Dabei wird die Drehrichtung der Abtriebswelle umgekehrt.

Starten Sie den ⊞ **Wellen-Generator** und ✗ *löschen* Sie alle vorhandenen Abschnitte bis auf den ersten. Erzeugen Sie danach vier neue ▭ **Abschnitte** (2) und übernehmen Sie alle Durchmesser und Längen aus der nebenstehenden Abbildung. Alle ◢ **Rundungen** sind mit einem Radius von **0,5 mm** und alle ◢ **Fasen** mit der Option **Abstand** (**0,5 mm**) zu versehen. Beenden Sie den Befehl mit ▭ OK **OK** und legen Sie die Welle frei im Zeichenbereich ab.

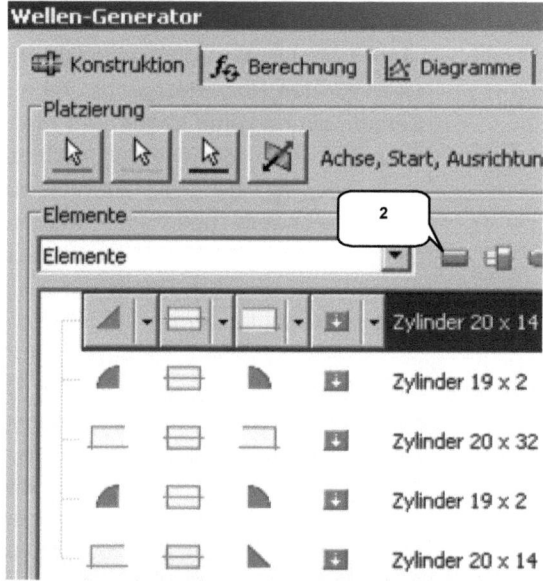

Erzeugen Sie zur Positionierung der Welle eine axiale ◰ **Abhängigkeit** zwischen Welle (3) und Halter (4) und eine fluchtende ◰ **Abhängigkeit** zwischen den beiden markierten Flächen (5) und (6).

Weisen Sie der Rücklaufwelle abschließend die Farbe **Chrompoliert-blau** zu und **speichern** Sie sie die Baugruppe.

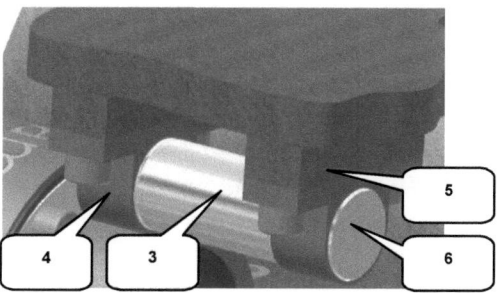

7.4.9   Konstruktion der Abtriebswelle

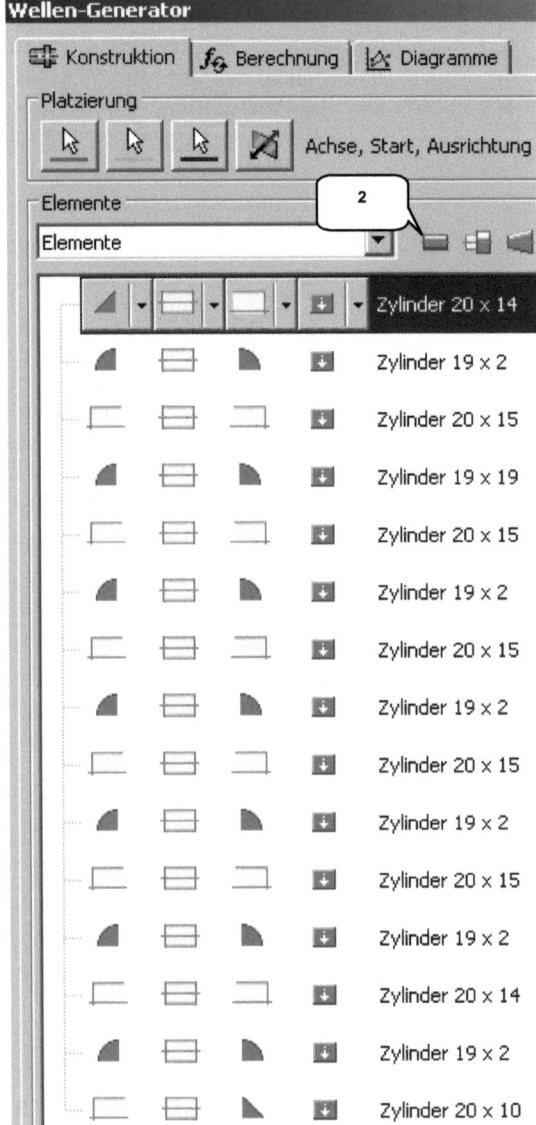

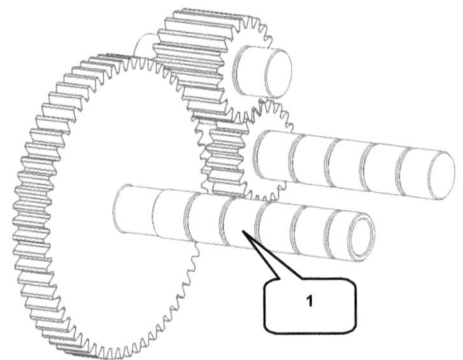

Die **Abtriebswelle** (1) wird fünf Zahnräder (vier für die Vorwärtsgänge und einen für den Rückwärtsgang) und außerdem ein Kegelrad tragen. Der Kraftfluss kann entweder von der Antriebswelle oder von der Rücklaufwelle auf die Abtriebswelle übertragen werden. Sie muss als Hohlwelle konstruiert werden, weil eine Schaltkette durch sie hindurch verlaufen wird.

Starten Sie den 🔲 **Wellen-Generator** und ✖ **löschen** Sie alle vorhandenen Abschnitte bis auf den ersten. Erzeugen Sie danach 14 weitere 🔲 **Abschnitte** (2), wobei die jeweiligen Durchmesser und Längen der nebenstehenden Abbildung zu entnehmen sind. Alle ◢ **Rundungen** sind mit einem Radius von **0,5 mm** und alle ◢ **Fasen** mit der Option **Abstand** und einem Wert **0,5 mm** zu gestalten. Wechseln Sie im Feld **Elemente** zur Option **Hohlräume Links** (3), um eine Durchgangsbohrung zu erzeugen.

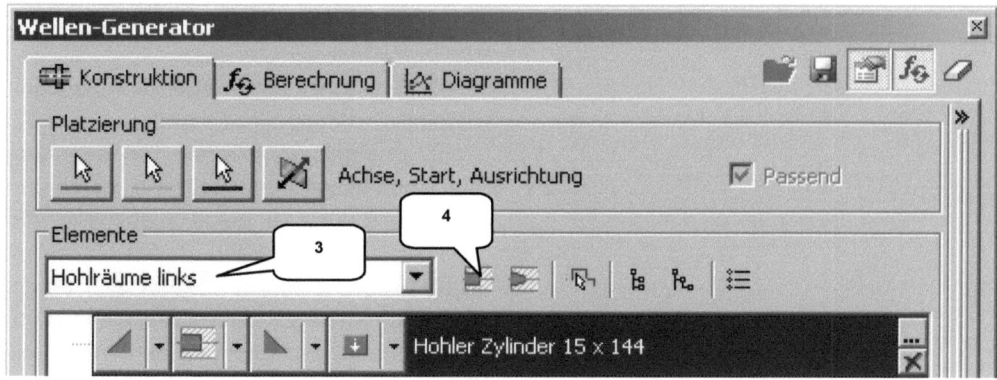

Wählen Sie die Option ▓ *Inneren Zylinder einfügen* (4) und erzeugen Sie eine Bohrung mit einem Durchmesser *D= 15 mm* und einer Länge *L= 144 mm*. Fügen Sie diesem Element zwei ◢ *Fasen* (Option *Abstand*, Wert *0,5 mm*) hinzu und bestätigen Sie den Befehl mit ▭ᴏᴋ *OK*. Die Welle kann jetzt frei im Zeichenbereich abgelegt werden.

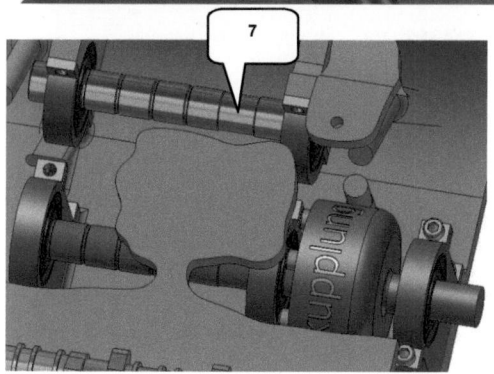

Positionieren Sie die Welle (5) mit einer axialen ▐ Abhängigkeit im Lager (6), und achten Sie dabei auf die korrekte Position des Wellenabschnitts *19 × 19 mm* (7) (Welle ggf. vorher ausrichten). Setzen Sie eine fluchtende ▐ Abhängigkeit zwischen der Stirnseite der Welle (8) und der Seitenfläche des Lagers (9), weisen Sie ihr die Farbe *Chrom-poliert-blau* zu und **speichern** Sie die Baugruppe abschließend.

7.5 Konstruktion der Zahnradpaare

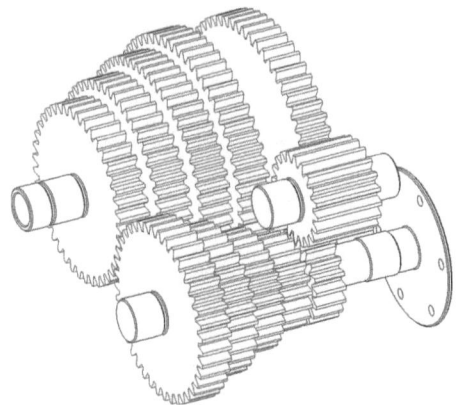

Bei einem *Ziehkeilgetriebe* sind die Zahnradpaare ständig im Eingriff und werden nicht voneinander getrennt. Die Zahnräder der Antriebswelle sind fest mit ihr verbunden, die Zahnräder der Abtriebswelle können frei auf ihr gedreht werden. Durch die Abtriebswelle hindurch verläuft eine Schaltkette mit einem Ziehkeil. Wird dieser unter ein Zahnrad geschoben, so aktiviert er eine Sperre, verbindet damit Zahnrad und Abtriebswelle und ermöglicht den Kraftfluss.

7.5.1 Befehlsgrundlagen STIRNRÄDER-GENERATOR

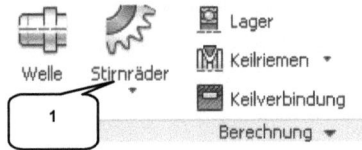

Der ✍ **Stirnräder-Generator** (1) ermöglicht die Konstruktion von Stirnradpaaren, wobei alle Randbedingungen frei definiert und die Zahnräder in der Baugruppe positioniert werden können.

7.5.1.1 Register KONSTRUKTION

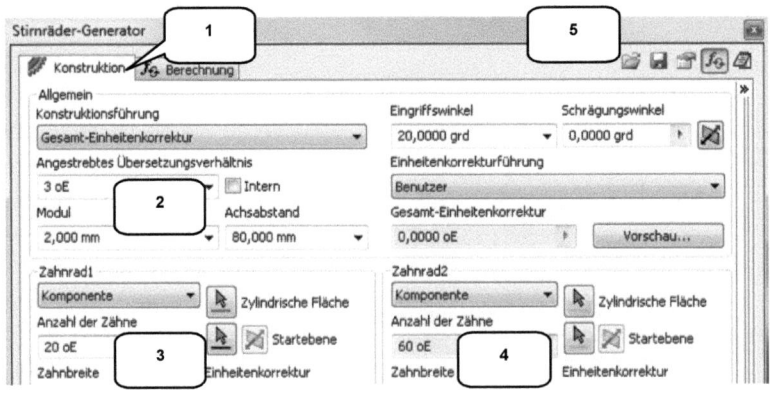

Im Register *Konstruktion* werden Berechnungstyp, Übersetzungsverhältnis, Achsabstand, Eingriffswinkel und geometrische Abmessungen der Stirnräder festgelegt.

OPTIONEN

1) Register: Konstruktion/ Berechnung
2) Berechnungstyp, Übersetzungsverhältnis, Modul, Achsabstand, Eingriffswinkel, Schrägungswinkel

3) Geometrie 1. Stirnrad
4) Geometrie 2. Stirnrad
5) Berechnungswerte importieren/ exportieren, Berechnungseinstellungen

7.5.1.2 Register BERECHNUNG

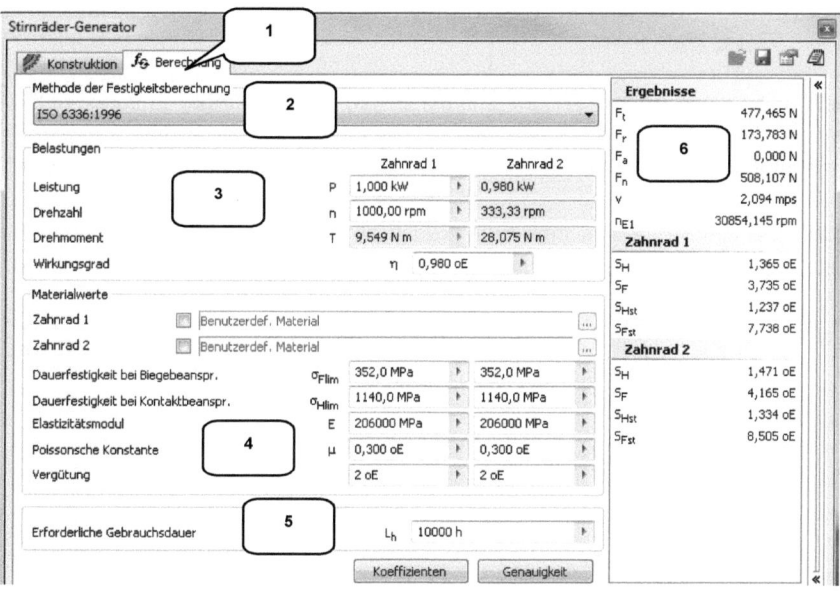

INHALT

Der Register **Berechnung** ermöglicht eine Auswahl der Methode der Festigkeitsberechnung sowie die Definition von Material, Gebrauchsdauer und Belastung.

OPTIONEN

1) Register: Konstruktion/ Berechnung
2) Methode der Festigkeitsberechnung
3) Belastungen

4) Materialauswahl
5) Gebrauchsdauer
6) Berechnungsergebnisse

7.5.2 Konstruktion des Zahnradpaares für den ersten Gang

Zur besseren Darstellung sollten die drei Wellen (1) im Browser markiert und danach isoliert werden (*rechte Maustaste* > ▦ *Isolieren*).

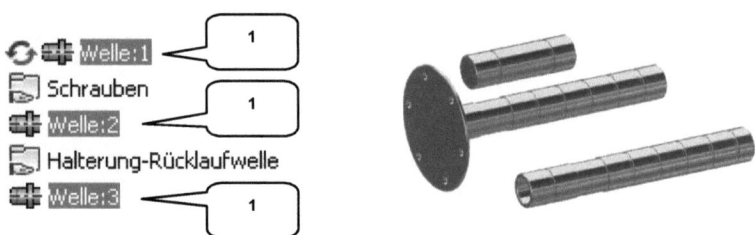

Das Zahnradpaar des ersten Ganges soll mit einem Übersetzungsverhältnis von *3:1* betrieben werden. Das bedeutet, dass sich die Drehzahl der Kurbelwelle nur zu einem Drittel von der Antriebs- auf die Abtriebswelle überträgt. Das Drehmoment hingegen verdreifacht sich.

Die Anzahl der Zähne für das treibende Rad (Zahnrad 1) soll *20*, für das getriebene Rad (Zahnrad 2) *60* betragen. Beide Stirnräder sind mit einer Breite von *15 mm* zu konstruieren.

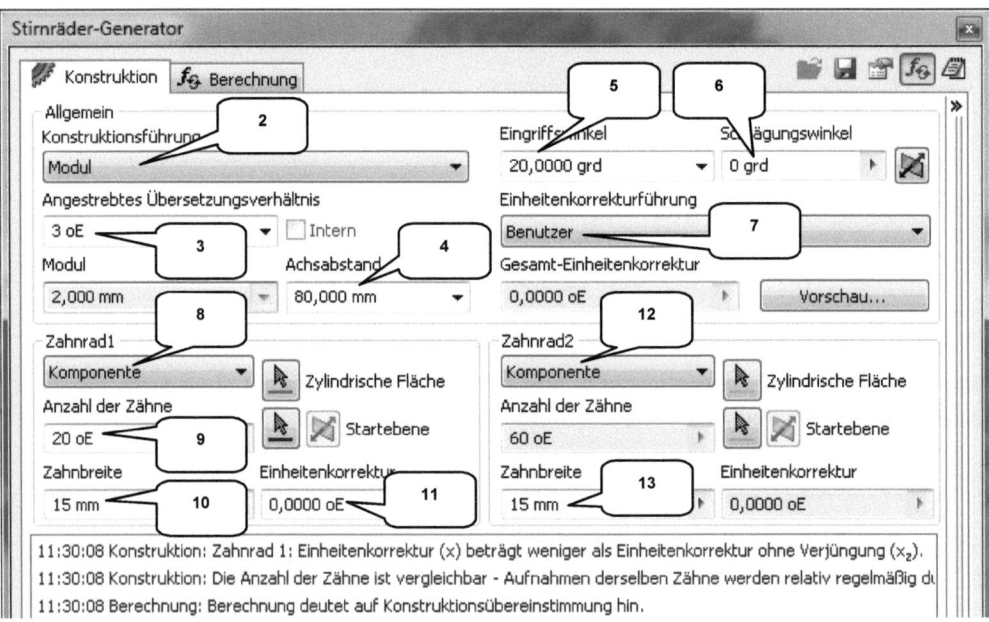

Übernehmen Sie die Einstellungen in folgender Reihenfolge:

- ***Konstruktionsführung***: Modul (2) *
- ***Übersetzungsverhältnis***[13]: 3:1 (3)
- ***Achsabstand***: 80 mm (4)
- ***Eingriffswinkel***: 20° (5)
- ***Schrägungswinkel***: 0° (6)
- ***Einheitenkorrektur***: Benutzer (7)
- ***Zahnrad 1-Option***: Komponente (8)
- ***Zahnrad 1-Anzahl der Zähne***: 20 (9)
- ***Zahnrad 1-Zahnbreite***: 15 mm (10)
- ***Zahnrad 1-Einheitenkorrektur***: 0 (11)
- ***Zahnrad 2-Option: Komponente*** (12)
- ***Zahnrad 2-Zahnbreite***: 15 mm (13)
- Berechnen ***Berechnen***

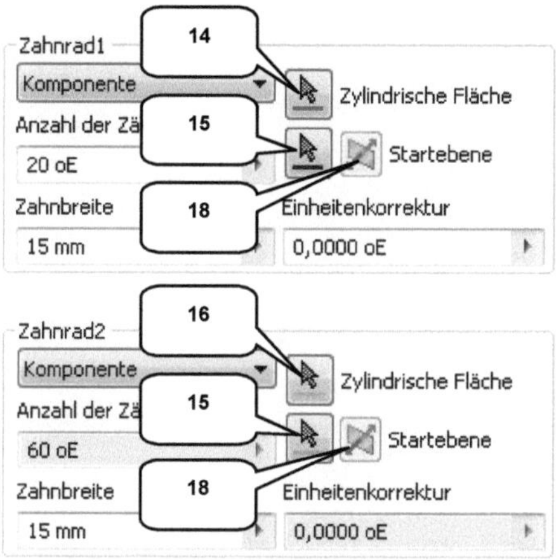

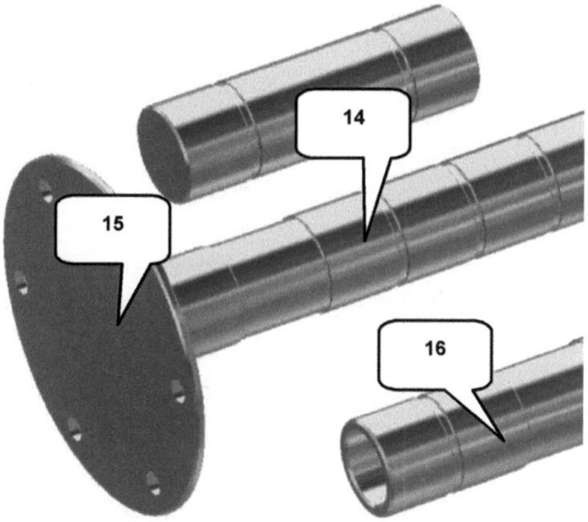

Nachdem die Werte berechnet wurden, können die ***Referenzen*** zur Positionierung[14] der Zahnräder definiert werden. Verwenden Sie die oben markierten zylindrischen Flächen (14, 16) und die Startebene (15).

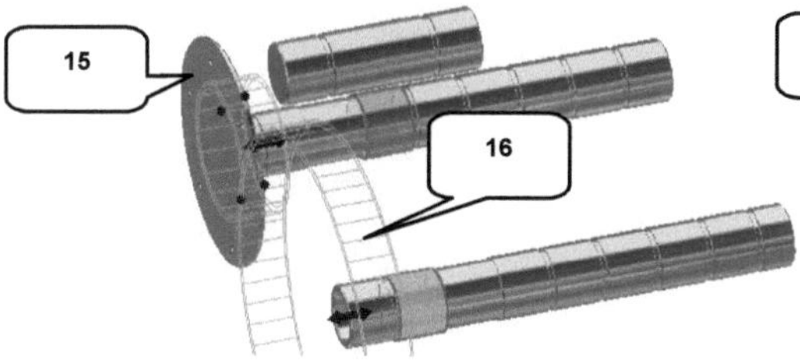

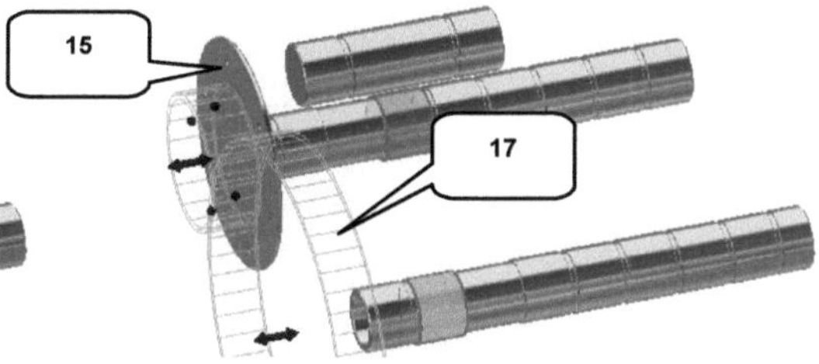

[13] Sollte das Eingabefeld ***Angestrebtes Übersetzungsverhältnis*** (3) nach Aktivierung der Konstruktionsführung ***Modul*** (2) grau hinterlegt sein, wechseln Sie kurz zur Option Konstruktionsführung ***Modul und Anzahl der Zähne*** (2) und dann wieder zurück zu ***Modul***.

[14] Achten Sie darauf, dass das Zahnradpaar, rechts neben der Startfläche (15) angeordnet wird (16). Sollte dies nicht der Fall sein (17), muss die Option ***Seite umkehren*** (18) zur Korrektur verwendet werden (für jedes Zahnrad einzeln).

Der Befehl kann jetzt mit [OK] **OK** bestätigt werden und das Zahnradpaar wird berechnet. Die neu generierte Unterbaugruppe **Stirnräder.iam** (19) sollte im Browser automatisch als 🖳 **flexibel** (20) gekennzeichnet worden sein werden. Wenn nicht, muss es manuell nachgeholt werden (**rechte Maustaste > Flexibel**).

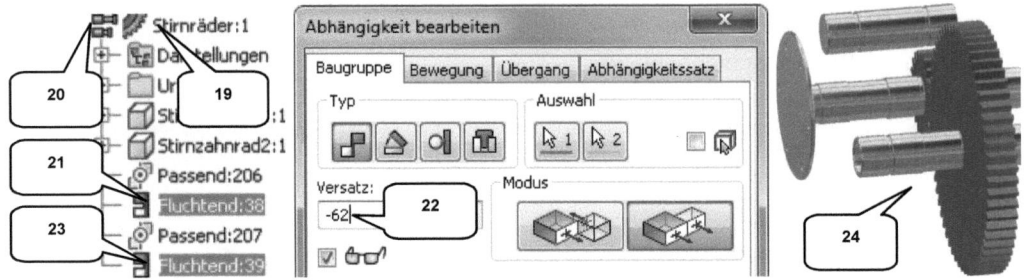

Überprüfen Sie die Beweglichkeit der Zahnradpaarung, indem eines der Zahnräder bei gedrückter linker Maustaste gedreht wird: das zweite sollte sich ebenfalls drehen.

Axiale Abhängigkeiten zwischen den Zahnrädern und den Wellen wurden bereits erzeugt, die genauen Positionierungen allerdings müssen noch erfolgen.

Erweitern Sie hierfür die Unterbaugruppe **Stirnräder.iam** (19) im Browser. Um die Abstände der Stirnräder zu den Seitenflächen zu definieren, sind die vorhandenen Abhängigkeiten zu bearbeiten. Starten Sie mit der Bearbeitung der ersten Abhängigkeit 🗐 **Fluchtend** (21) (**rechte Maustaste > Bearbeiten**) und ändern Sie deren Versatzwert auf **-62 mm** (22).

Im Ergebnis sollte das Zahnrad jetzt in Richtung der Achsmitte verschoben werden (24). Übernehmen Sie diesen Versatz auch für das zweite Zahnrad (23) unter Verwendung desselben Versatzwertes **-62 mm** (22). Beide Zahnräder sollten sich danach auf derselben Höhe befinden[15].

7.5.3 Konstruktion der Zahnradpaare der restlichen Vorwärtsgänge

Die Konstruktion der Zahnradpaare der restlichen 3 Vorwärtsgänge gleicht der der ersten. Wiederholen Sie die vorherige Befehlskette und übernehmen Sie die Werte und Einstellungen aus den folgenden Abbildungen. Das Zahnradpaar des zweiten Ganges (1) wird mit einem Übersetzungsverhältnis von **2:1** (2), bei **30** Zähnen (3) für das erste Zahnrad konstruiert.

---

[15] Sollten die Zahnräder fälschlicherweise außerhalb der Wellen positioniert worden sein, müssen die Versatzwerte auf einen positiven Wert korrigiert werden (+62 mm).

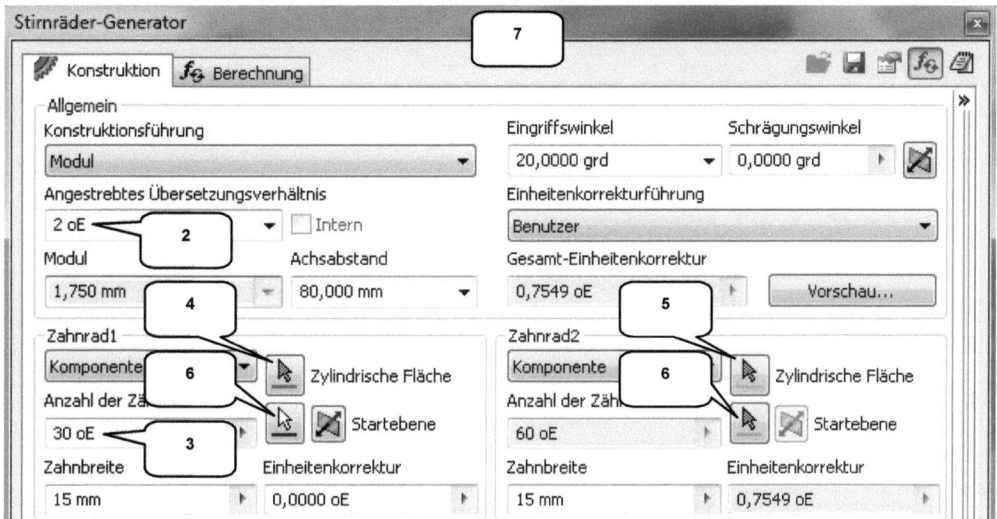

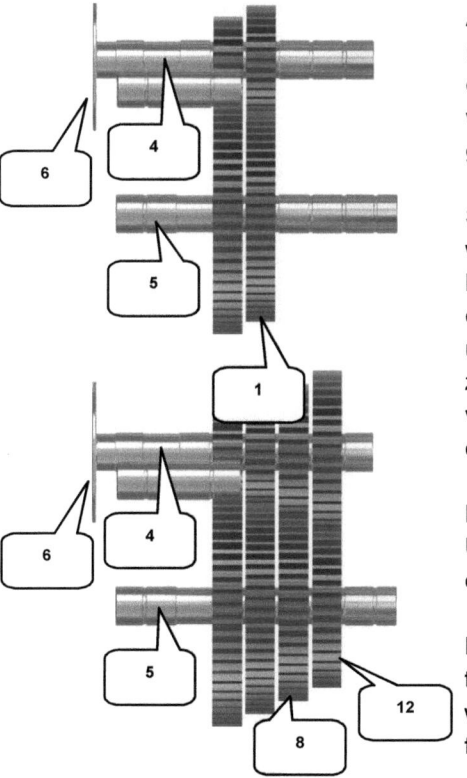

Als ↖ **Referenzen** für die **zylindrischen Flächen** (4) und (5) und die ↖ **Startebene** (6) können dieselben geometrischen Elemente wie beim ersten Zahnradpaar verwendet werden. Die restlichen Werte und Einstellungen sind der oberen Abbildung (7) zu entnehmen.

Sobald das Zahnradpaar berechnet und positioniert wurde, muss auch hier die Position auf den beiden Wellen korrigiert werden. Hierfür sind im Browser die zuletzt erzeugte Unterbaugruppe **Stirnräder.iam** zu erweitern und die darin enthaltenen fluchtenden Abhängigkeiten zu bearbeiten. Verwenden Sie diesmal einen Versatz von **-79 mm** und kontrollieren Sie abschließend erneut die Beweglichkeit des Zahnradpaares.

Das Zahnradpaar des dritten Ganges (8) soll mit einem Übersetzungsverhältnis von **1,5:1** (9) bei 33 Zähnen des ersten Zahnrades (10) versehen werden.

Der Versatzwert der Zahnräder von der Ursprungsposition (3) aus, soll anschließend auf **-96 mm** geändert werden. Alle restlichen Werte und Einstellungen sind der folgenden Abbildung (11) zu entnehmen.

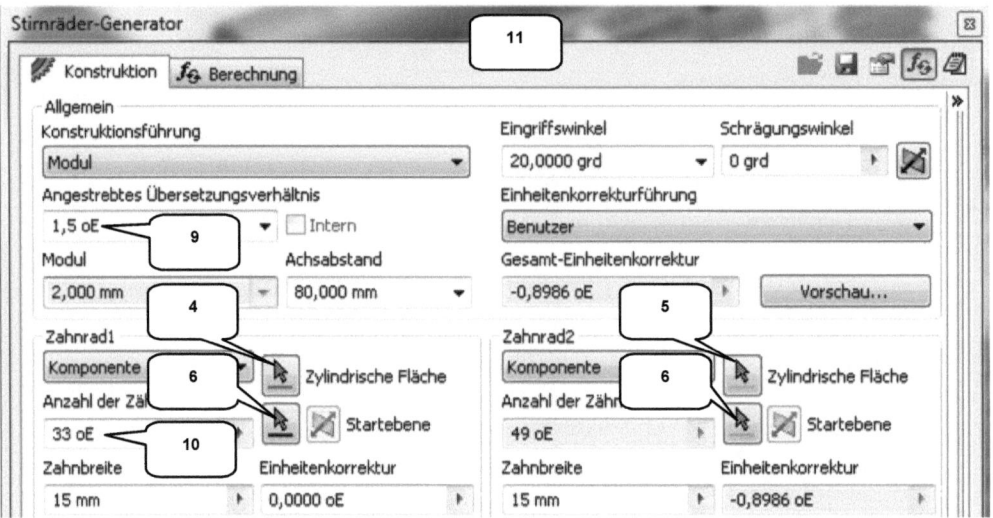

Zum Schluss kann das Zahnradpaar des vierten Ganges (12) erzeugt werden. Das Übersetzungsverhältnis dieses Ganges wird mit *1:1* (13) festgelegt, weshalb dieser Gang auch als Direktgang bezeichnet werden kann. Das erste Zahnrad soll *40* Zähne erhalten (14) und die restlichen Werte und Einstellungen sind Abbildung (15) zu entnehmen.

Wurde die Konstruktion des Zahnradpaares abgeschlossen, ist der Versatz der Zahnräder zur Startebene (3) auf *-113 mm* zu korrigieren. Prüfen Sie abschließend, ob beide Zahnräder sich drehen lassen. *Speichern* Sie die Baugruppe danach.

7.5.4 Importieren der Zahnräder für den Rückwärtsgang

Der Rückwärtsgang stellt in seiner Konstruktion eine Besonderheit dar: Um die Drehrichtung der Abtriebswelle zu ändern, muss der Kraftfluss über die Rücklaufwelle geleitet werden. Da mit dem Stirnräder-Generator leider nur Zahnradpaare (also immer nur 2 Zahnräder zeitgleich) konstruiert werden können, sollen stattdessen vorgefertigte Zahnräder montiert werden.

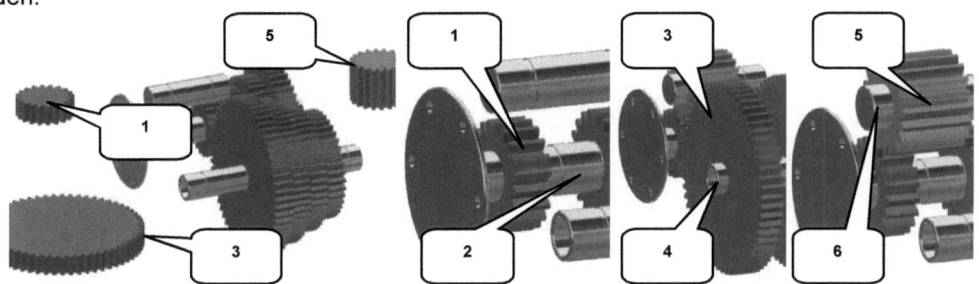

Platzieren Sie die Bauteile *Rückwärtsgang-Stirnzahnrad1.ipt*, *Rückwärtsgang-Stirnzahnrad2.ipt* und *Rückwärtsgang-Stirnzahnrad3.ipt* aus dem Projektordner, legen Sie sie jeweils einmal in der Baugruppe frei ab und setzen Sie anschließend drei axiale **Abhängigkeiten**. Stirnzahnrad1 (1) soll auf der Antriebswelle (2) befestigt werden, Stirnzahnrad2 (3) soll auf der Abtriebswelle (4) befestigt werden und Stirnzahnrad3 (5) auf der kurzen Rücklaufwelle (6).

Alle drei Zahnräder sind im Anschluss daran mit einer fluchtenden **Abhängigkeit** zur markierten Seitenfläche der Antriebswelle (7) zu positionieren.

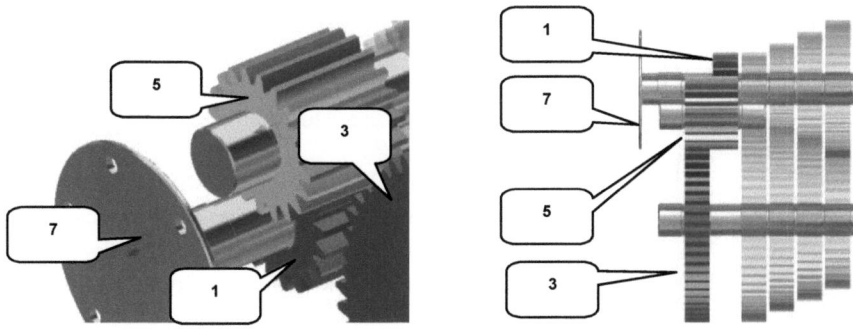

Das Zahnrad auf der Antriebswelle (1) soll einen Versatz von *-45 mm* zur Seitenfläche (7) erhalten, die beiden Zahnräder (3, 5) sind jeweils mit einem Versatz von *-28 mm* anzuordnen. *Speichern* Sie die Baugruppe danach.

7.5.5 Wellen und Zahnräder mit Bewegungsabhängigkeiten versehen

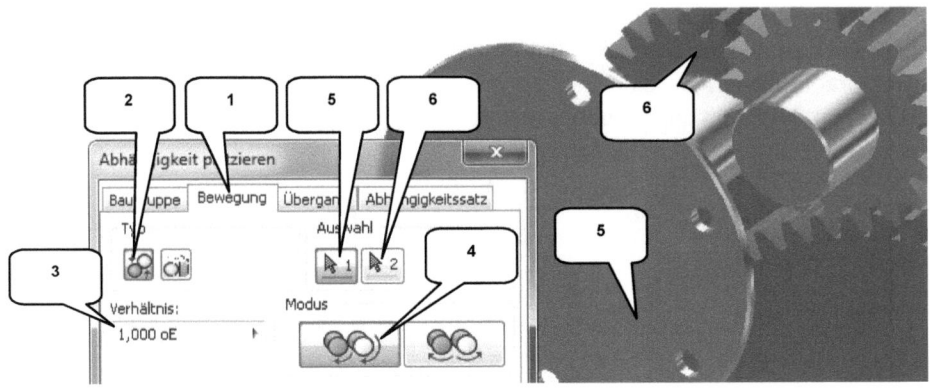

Nachdem alle Stirnräder in die Baugruppe eingefügt wurden, sollen Bewegungsabhängigkeiten ihre Drehbewegungen synchronisieren. Im ersten Schritt sind die Zahnräder der Antriebswelle mit dieser fest zu verbinden, was mit Bewegungsabhängigkeiten zwischen den Zahnrädern und der Antriebswelle erreicht werden soll.

Starten Sie den Befehl ⬚ **Abhängig machen** (Befehlsgruppe *Zusammenfügen*) und wechseln Sie darin zum Register *Bewegung* (1). Aktivieren Sie den Typ 🔄 *Drehung* (2), wählen Sie ein Verhältnis von *1:1* (3) und den Modus 🔄 *Vorwärts* (4). Als *Auswahl 1* soll die markierte Fläche der Antriebswelle (5) gewählt werden, als *Auswahl 2* die Stirnfläche des markierten Zahnrades (6). Bestätigen Sie den Befehl mit ⬚ Anwenden *Anwenden* und wiederholen Sie die Befehlskette bei den restlichen vier Zahnrädern der Antriebswelle (7...10).

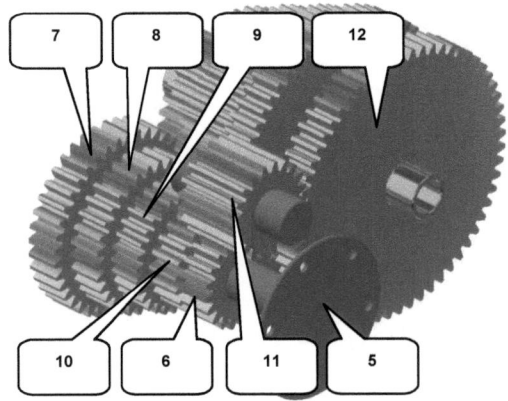

Drehen Sie die Welle (5) anschließend bei gedrückter linker Maustaste: Die Zahnräder darauf sollten sich analog dazu bewegen.

Um die Zahnräder des Rückwärtsgangs voneinander abhängig zu machen, sind sie zur besseren Ansicht zu isolieren. Markieren Sie die drei Zahnräder (6), (11) und (12) und isolieren Sie sie (*rechte Maustaste* > 🔲 *Isolieren*).

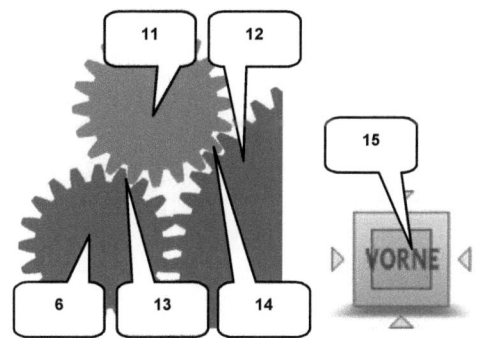

Wechseln Sie am *ViewCube* zur Ansicht *VORNE* (15), zoomen Sie die Schnittstelle der beiden kleinen Zahnräder (Position 13) sehr nah heran und drehen Sie die Zahnräder, bis die Zähne der Zahnräder (6) und (11) kollisionsfrei ineinandergreifen. Drehen Sie anschließend das Zahnrad (12), bis auch dessen Zähne kollisionsfrei mit denen des Zahnrades (11) der Rücklaufwelle ineinandergreifen (14).

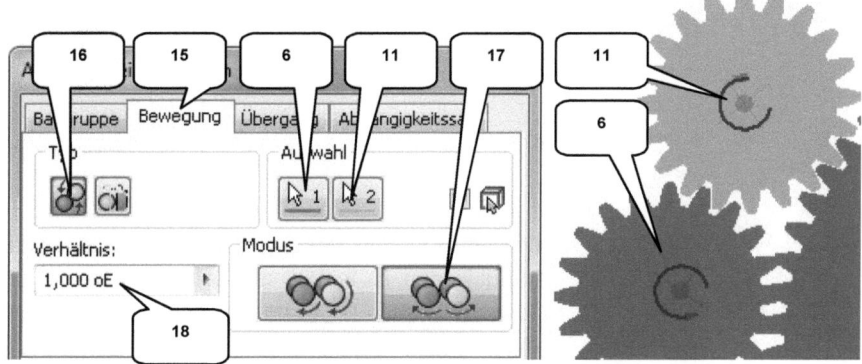

Starten Sie jetzt den Befehl **Abhängig machen** (Register *Bewegung* (15)) und verbinden Sie die beiden Zahnräder (6) und (11) miteinander (Typ **Drehung** (16), Modus **Rückwärts** (17), Übersetzungsverhältnis *1:1* (18)).

Bestätigen Sie die Eingaben mit der Option Anwenden *Anwenden*.

Setzen Sie eine weitere Bewegungsabhängigkeit zwischen den Zahnrädern (11) und (12). Verwenden Sie den Typ **Drehung** (19), den Modus **Rückwärts** (20), ein Übersetzungsverhältnis von *3:1* (21) und bestätigen Sie die Eingaben mit OK *OK*.

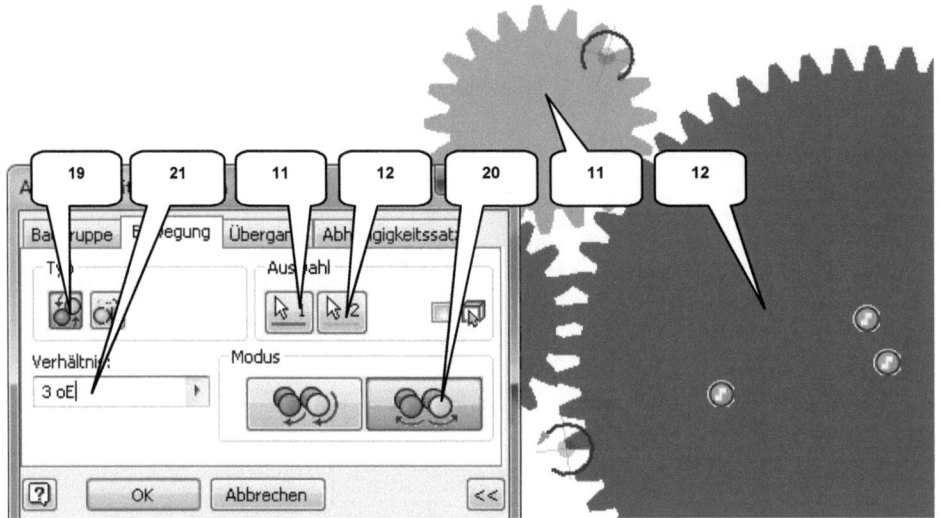

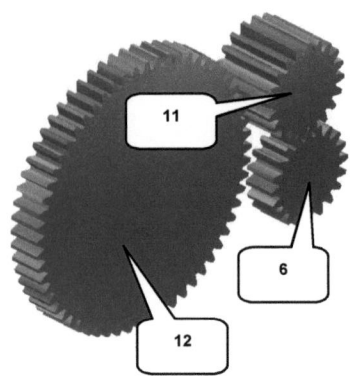

Drehen Sie eines der Zahnräder um die Bewegungsab-hängigkeiten zu testen: die Zahnradpaare (6) und (11) sowie (11) und (12) sollten jeweils kollisionsfrei ineinan-dergreifen.

Die nicht sichtbaren restlichen Komponenten der Bau-gruppe können jetzt wieder eingeblendet werden: Mar-kieren Sie hierfür im Browser alle grau dargestellten Komponentennamen (nicht das Bauteil **Motorradrah-men.ipt**), klicken Sie mit der **rechten Maustaste** darauf und wählen Sie die Option **Sichtbarkeit**.

Markieren Sie im Browser alle Stirnräder und weisen Sie ihnen die Farbe **Chrom-poliert-schwarz** zu.

Zum Schluss soll jetzt auch die Abtriebswelle an die Drehbewegung der Zahnräder gekop-pelt werden, was ebenfalls mit einer Bewegungsabhängigkeit umzusetzen ist.

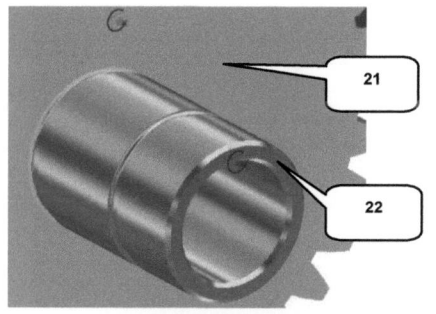

Starten Sie im Register **Bewegung** den Befehl ⬡ Abhängig machen

Aktivieren Sie den Typ ⬡ **Drehung**, den Modus ⬡ **Vorwärts**, und geben Sie ein Übersetzungsverhältnis von **1:1** ein. Als ⬡ **Referenz** der **Auswahl 1** ist die Seitenfläche des markierenden Zahnrades (21) und als ⬡ **Referenz** der **Auswahl 2** die Ringfläche der Abtriebswelle (22) zu verwenden.

Speichern Sie die gesamte Baugruppe erneut.

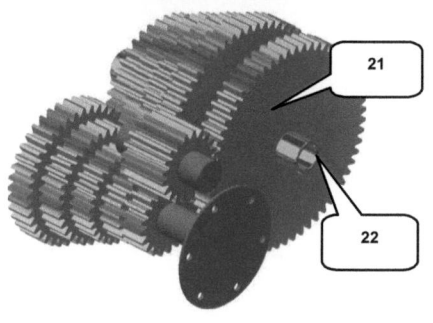

7.6 Konstruktion des Kegelradgetriebes

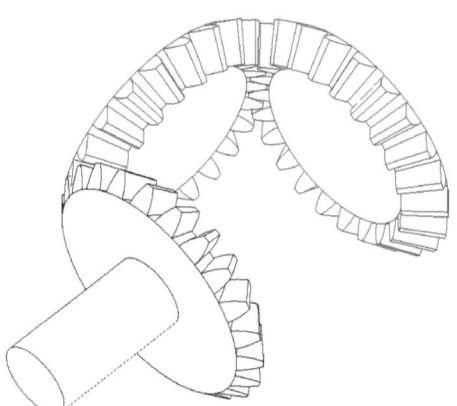

Durch die Abtriebswelle verläuft eine Rollenkette, welche den Ziehkeil bewegt. Diese Konstruktion erfordert genügend Platz an den Seiten der Welle, um die Kette, welche durch Kettenräder geführt wird, in die Welle hinein- und wieder hinausbewegen zu können. An einem Ende der Welle soll daher ein zusätzliches Kegelradgetriebe (bestehend aus drei jeweils um 90° zueinander geneigten Kegelrädern) konstruiert werden.

Weil die gewünschte Konstellation, bestehend aus drei Kegelrädern, vom Programm nicht umgesetzt werden kann, muss das dritte Kegelrad später zusätzlich aus dem Projektordner hinzugefügt werden.

7.6.1 Welle und Lager zur Platzierung der Kegelräder erzeugen

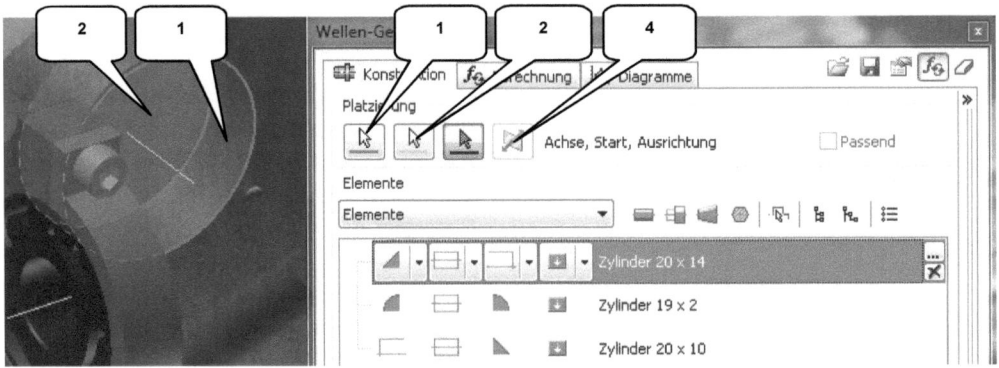

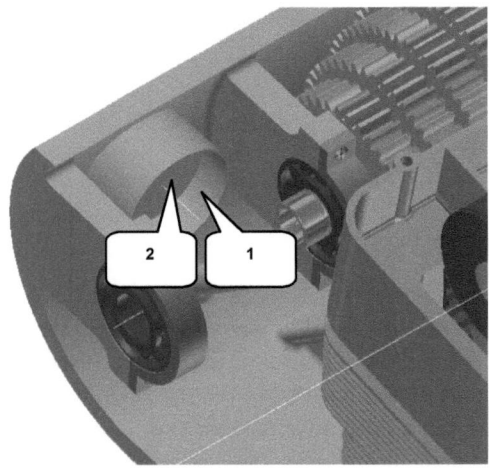

Bevor das Kegelradgetriebe konstruiert werden kann, muss die Baugruppe um eine weitere Welle und ein zusätzliches Wälzlager ergänzt werden.

Starten Sie den ⊞ **Wellen-Generator**. Verwenden Sie als ↘ *Referenz* für die *zylindrische Fläche* die markierte Zylinderfläche (1) im Motorgehäuse und als ↘ *Referenz* für die *planare Startfläche* die markierte Fläche (2) im hinteren Teil des Getrieberaumes (Bauteil *Motorgehaeuse.ipt*).

Erstellen Sie eine Welle aus drei Abschnitten und ergänzen Sie diese um zwei Fasen und zwei Rundungen.

Die beiden ◢ *Fasen* sind mit der Option *Abstand* und einem Wert *0,5 mm* zu erstellen, die beiden ◢ *Rundungen* mit einem jeweiligen Radius *0,5 mm*.

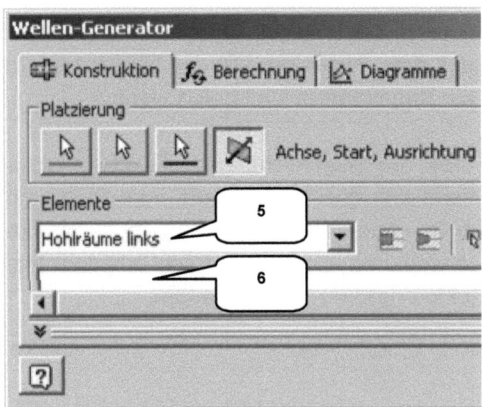

Achten Sie auf die Ausrichtung der Welle: Sie muss, von der Startebene aus, in Richtung Getriebeinnenraum zeigen (3) (eine Korrektur wäre ggf. mit der Option ⤫ *Seite umkehren* (4) möglich).

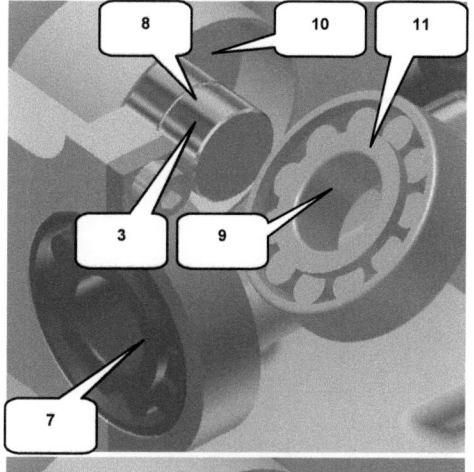

Stellen Sie sicher, dass in der Option *Hohl-räume links* (5) <u>keine</u> Durchgangsbohrung mehr aktiviert ist (6).

Bestätigen Sie den Befehl und weisen Sie der Welle die Farbe *Chrom-poliert-blau* zu.

Um die Welle zu führen, muss ein neues Wälzlager eingefügt werden. Markieren Sie das vorhandene Lager (7), kopieren Sie es und fügen Sie es ein weiteres Mal in die Baugruppe ein (*rechte Maustaste > Kopieren* und *rechte Maustaste > Einfügen*).

Setzen Sie zwei ◻ *Abhängigkeiten*, um das neue Lager zu positionieren. Verbinden Sie hierfür die Achsen der beiden Zylinderflächen (8) und (9) von Welle und Lager und die Flächen (10) und (11) von Lager und Getrieberaum. Das gewünschte Ergebnis ist in Abbildung (12) zu sehen.

Weisen Sie dem Lager die Farbe *Blau* zu und **speichern** Sie die Baugruppe abschließend.

7.6.2 Befehlsgrundlagen KEGELRÄDER-GENERATOR

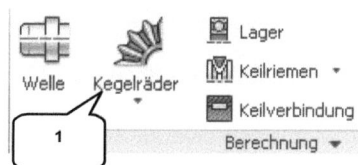

Der Kegelräder-Generator (1) ist prinzipiell mit dem Stirnräder-Generator vergleichbar, weil die Vorgehensweise bei der Berechnung ähnlich ist. Nur liegen die Kegelräder nicht parallel zueinander, sondern sind in einem zu definierendem Winkel zueinander angeordnet.

7.6.2.1   Register KONSTRUKTION

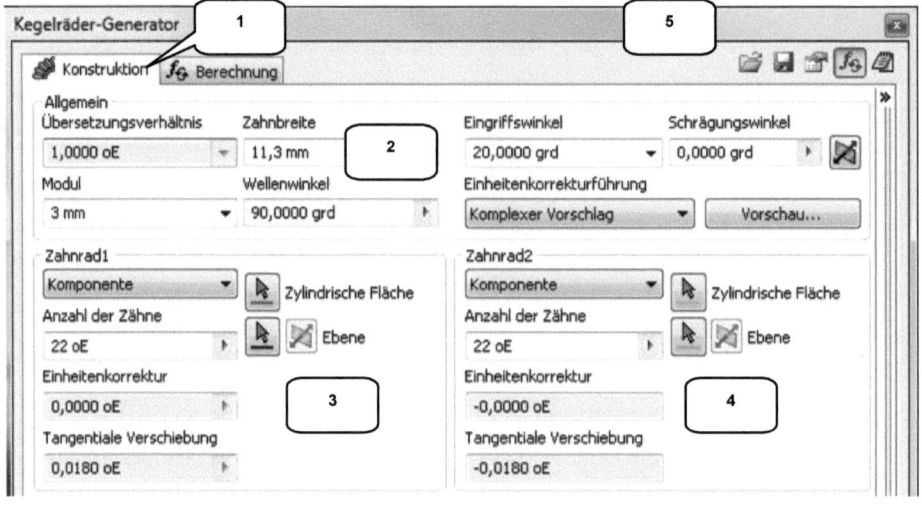

INHALT

Im Register **Konstruktion** werden alle Randbedingungen definiert und ggf. Vorgaben zur Positionierung der Kegelräder in der Baugruppe festgelegt.

OPTIONEN

1) Register: Konstruktion/ Berechnung
2) Allgemeine Grundeinstellungen
3) Geometrie Kegelrad 1
4) Geometrie Kegelrad 2

5) Berechnungswerte, Berechnung aktivieren/ deaktivieren, Dateibenennung aktivieren, Berechnungswerte zurücksetzen

7.6.2.2   Register BERECHNUNG

INHALT

Im Register **Berechnung** können die Methode der Festigkeitsberechnung, Belastungen der Kegelräder, Materialwerte und die erforderliche Gebrauchsdauer definiert werden. Als Berechnungsmethoden stehen die Optionen nach Bach, nach Merrit und diverse Kombinationen aus ANSI, DIN, ISO und CSN zur Verfügung.

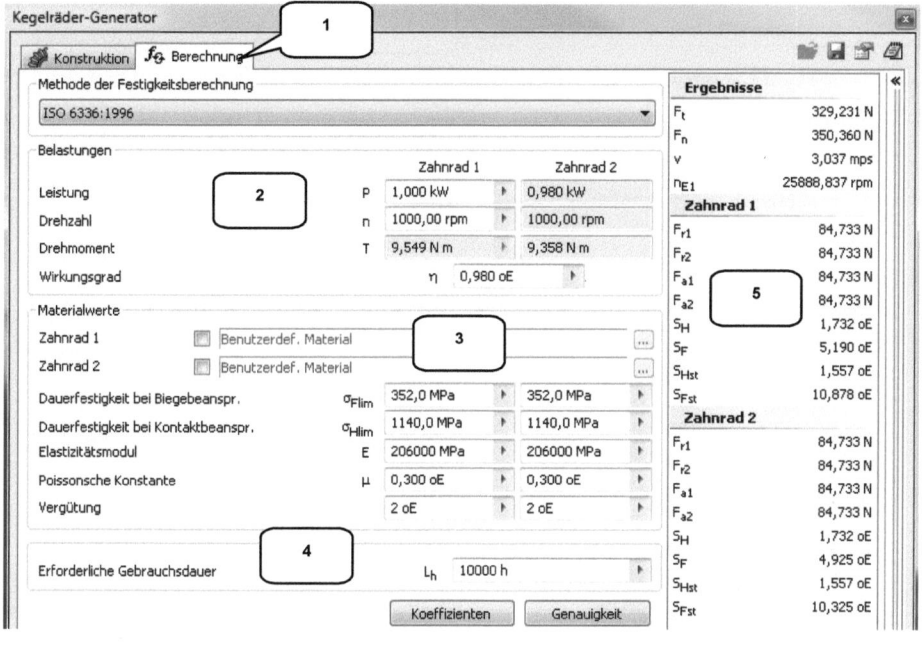

OPTIONEN

1) Register: Konstruktion/ Berechnung
2) Belastung
3) Material

4) Gebrauchsdauer
5) Ergebnisdarstellung

7.6.3 Konstruktion des Kegelradgetriebes

Übernehmen Sie alle Werte und Einstellungen der Abbildung (1), [Berechnen] **berechnen** Sie die Ergebnisse und bestätigen Sie den Befehl mit [OK] **OK**.

Legen Sie das Kegelradpaar frei im Zeichenbereich ab (2) und richten Sie es etwas aus. Hierfür muss die Kegelradbaugruppe markiert, die **Taste: G** gedrückt und beide Kegelräder bei gedrückter linker Maustaste gedreht werden, bis in etwa die dargestellte Position (3) erreicht wurde.

Die Positionierung der Kegelräder könnte theoretisch bereits während des Befehls erfolgen. Da hierbei leider häufig Probleme auftreten (trotz korrekter Angabe der Referenzen werden die Kegelradpaare falsch platziert), ist der automatischen Positionierung eine manuelle vorzuziehen.

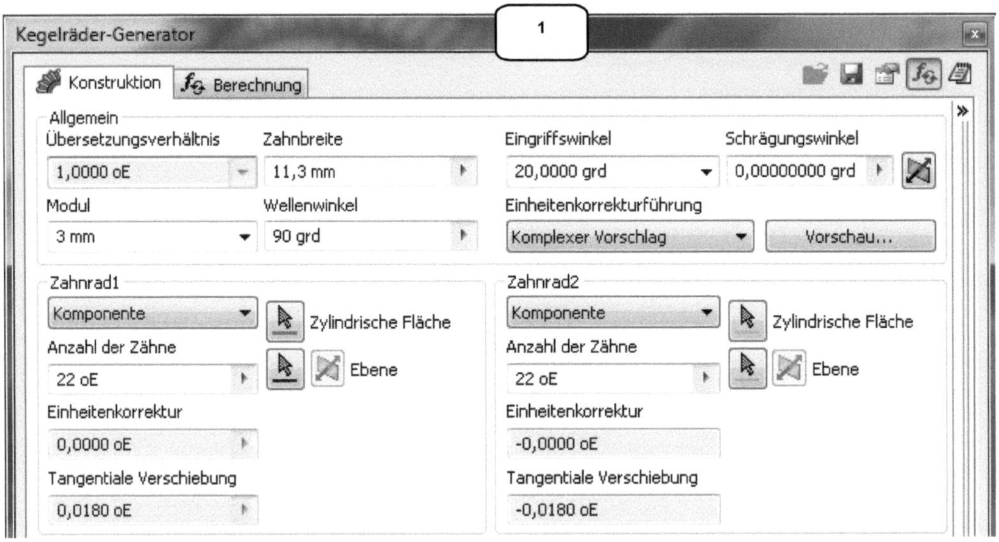

Kegelräder-Generator 1

Konstruktion f_{Θ} Berechnung

Allgemein

Übersetzungsverhältnis	Zahnbreite	Eingriffswinkel	Schrägungswinkel
1,0000 oE	11,3 mm	20,0000 grd	0,00000000 grd

Modul	Wellenwinkel	Einheitenkorrekturführung
3 mm	90 grd	Komplexer Vorschlag	Vorschau...

Zahnrad1

Komponente — Zylindrische Fläche

Anzahl der Zähne

22 oE — Ebene

Einheitenkorrektur

0,0000 oE

Tangentiale Verschiebung

0,0180 oE

Zahnrad2

Komponente — Zylindrische Fläche

Anzahl der Zähne

22 oE — Ebene

Einheitenkorrektur

-0,0000 oE

Tangentiale Verschiebung

-0,0180 oE

2

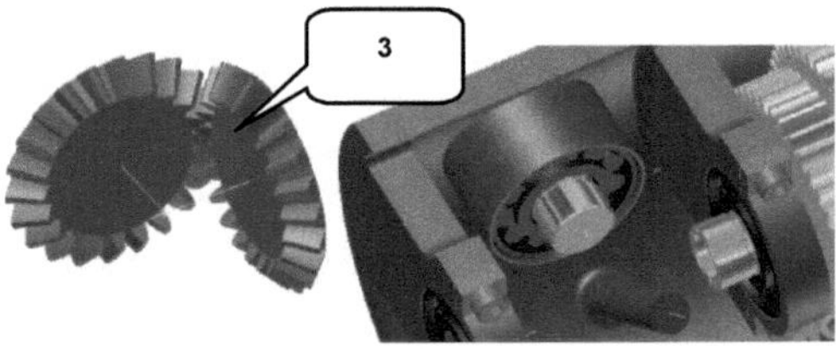

3

Nachdem Winkel und Abstand der Kegelräder zueinander festgelegt wurden, müssen die Achsen der Kegelräder axial auf den Wellenachsen positioniert werden. Erzeugen Sie Abhängigkeiten (**Abhängig machen**) zwischen den markierten Achsen der Kegelräder (4) und den Mantelflächen der Wellen (5).

Sobald die beiden Kegelräder ihre endgültige Position eingenommen haben, müssen sie noch in bewegliche Komponenten verwandelt werden.

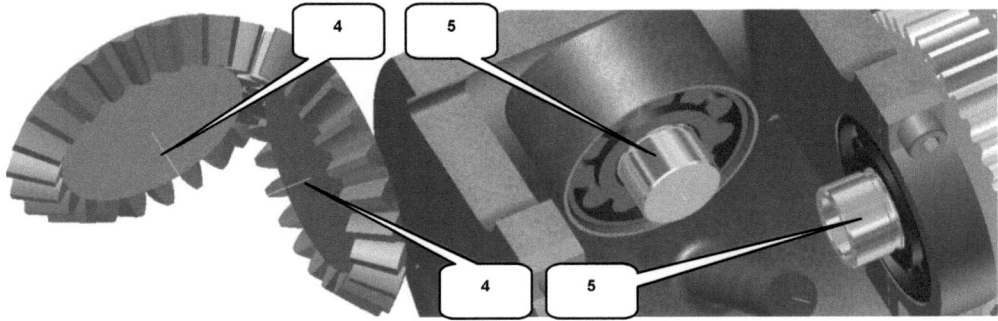

4   5

4   5

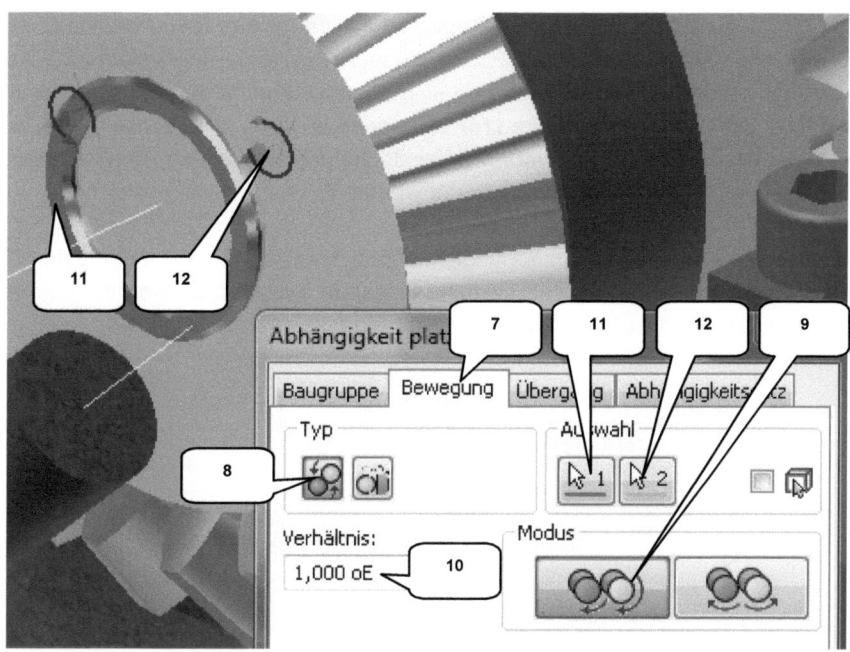

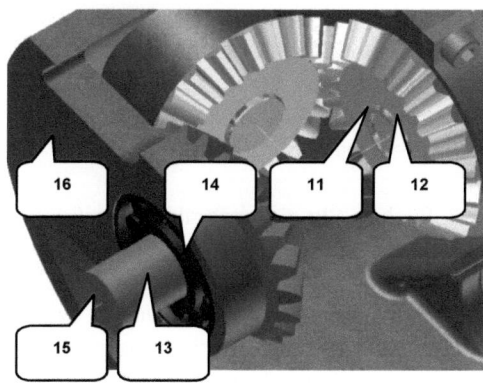

Stirnzahnrad1:1
Stirnzahnrad2:1
Rückwärtsgang-Stirnzahnrad3:1
Welle:5
Lager:7
Kegelräder:1   6

Wie auch beim Stirnräder-Generator, werden Kegelräder vom Programm als unbewegliche Baugruppen eingefügt, weshalb sie nachträglich flexibilisiert werden müssen. Markieren Sie die Baugruppe **Kegelräder.iam** (6) im Browser und aktivieren Sie im Kontextmenü der **rechten Maustaste** die Option **Flexibel**.

Starten Sie den Befehl **Abhängig machen** (Register **Bewegung** (7)). Aktivieren Sie darin den Typ **Drehung** (8), den Modus **Vorwärts** (9), das Übersetzungsverhältnis **1:1** (10) und erzeugen Sie so eine Bewegungsabhängigkeit zwischen Abtriebswelle (11) und Kegelrad (12).

Platzieren Sie das Bauteil *Abtrieb-Kegelrad-außen.ipt* aus dem Projektordner und legen Sie es einmal frei im Zeichenbereich ab. Zu ihrer Positionierung sollten zwei Abhängigkeiten erzeugt werden: Die Welle des neu eingefügten Kegelrades (13) muss axial mit der Zylinderfläche des markierten Lagers (14) verbunden werden. Die Stirnseite des Wellenzylinders (15) soll fluchtend zur markierten Seitenfläche des Getriebes (16) positioniert, und in einem Abstand von *-22 mm* dazu angeordnet werden[16].

Vor dem Setzen einer Bewegungsabhängigkeit zwischen dem zuletzt eingefügten Kegelrad und den beiden anderen, muss das einzelne Kegelrad ausgerichtet werden. Markieren Sie alle drei Kegelräder und isolieren Sie sie (*rechte Maustaste* > **Isolieren**).

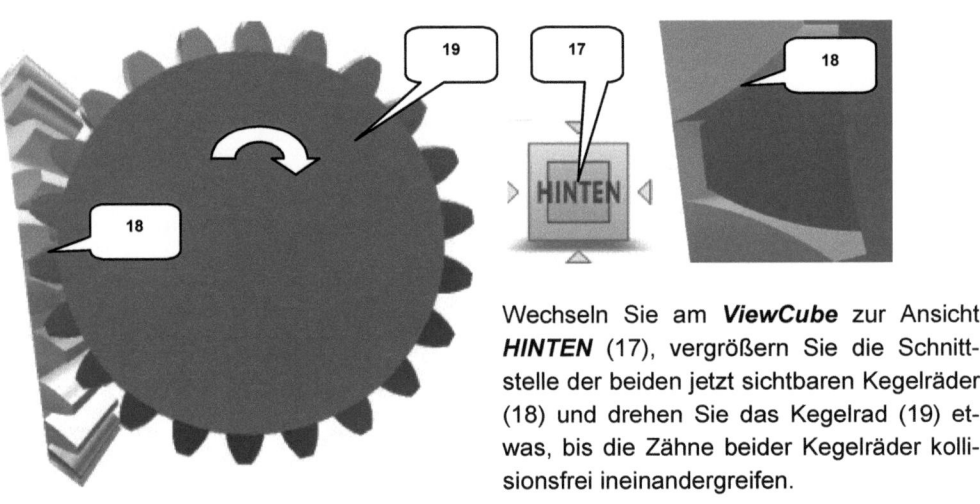

Wechseln Sie am *ViewCube* zur Ansicht *HINTEN* (17), vergrößern Sie die Schnittstelle der beiden jetzt sichtbaren Kegelräder (18) und drehen Sie das Kegelrad (19) etwas, bis die Zähne beider Kegelräder kollisionsfrei ineinandergreifen.

Das Kegelrad (19) darf jetzt nicht bewegt werden! Drehen Sie die gesamte Ansicht etwas, um eine Bewegungsabhängigkeit zwischen den beiden ausgerichteten Kegelrädern zu erzeugen. Starten Sie hierfür den Befehl **Abhängig machen**. Im Register *Bewegung* (20) sind der Typ **Drehung** (21) und der Modus **Vorwärts** (22) zu aktivieren und ein Übersetzungsverhältnis *1:1* (23) einzutragen. Als Referenzflächen sind die Kegelradflächen (24) und (25) zu verwenden. Im Anschluss daran können alle drei Kegelräder mit der Farbe *Chrom-poliert-schwarz* versehen werden. Beenden Sie die Isolierung (*rechte Maustaste* > **Isolieren rückgängig**) und *speichern* Sie die Baugruppe abschließend.

---

[16] Die Welle des zuletzt eingefügten Kegelrades (13) müsste jetzt aus dem Getrieberaum herausragen. Andernfalls ist der Abstand der fluchtenden Abhängigkeit auf *+22 mm* zu korrigieren!

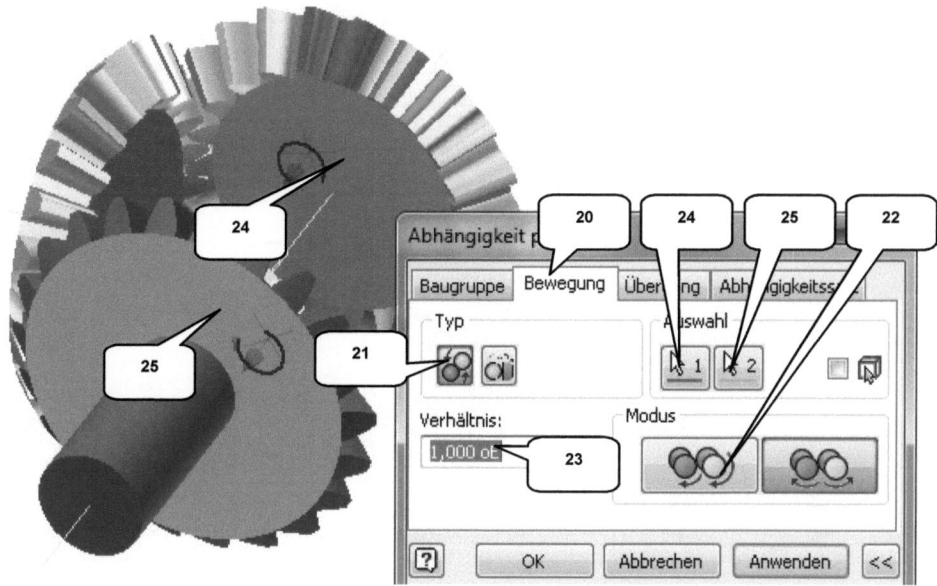

8 Rollenketten

8.1 Rollenketten erzeugen

Rollenketten werden häufig verwendet, weil Sie aufgrund ihrer hohen Stabilität große Kräfte bei kleiner Bauweise übertragen können. Im aktuellen Übungsbeispiel sollen insgesamt zwei Rollenketten konstruiert werden: Die erste Kette wird die Kraftübertragung von der Kurbelwelle auf das Getriebe gewährleisten und muss daher stabil ausgeführt werden. Die zweite Kette wird axial durch die Abtriebswelle verlaufen, um dort den Ziehkeil zu bewegen. Aufgrund ihrer geringen Beanspruchung kann sie wesentlich filigraner ausfallen.

8.1.1 Befehlsgrundlagen ROLLENKETTEN-GENERATOR

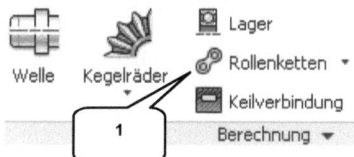

Mit dem ✆ **Rollenketten-Generator** (1) können Kettenantriebe, bestehend aus Rollenkette, Kettenrädern und Spannrollen, berechnet und konstruiert werden. Die Positionierung kann bereits aus dem Befehl heraus und anhand vorhandener geometrischer Elemente vorgenommen werden.

8.1.1.1 Register KONSTRUKTION

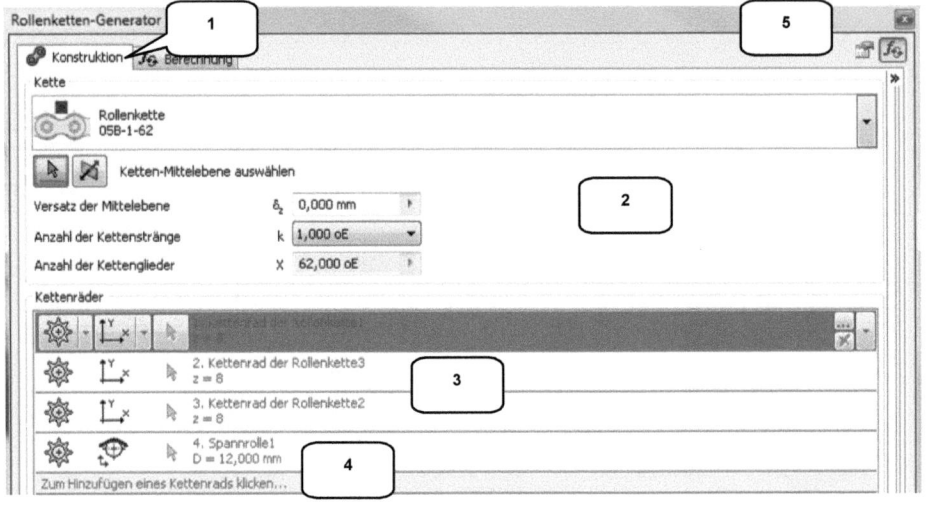

INHALT

Im Register **Konstruktion** wird der Kettentyp gewählt, neue Kettenräder und Spannrollen werden erzeugt und ggf. auf vorhandene geometrische Referenzen der Baugruppe platziert.

OPTIONEN

1) Register: Konstruktion/ Berechnung
2) Kettentyp, Anzahl Kettenstränge, Kettenantrieb positionieren
3) Kettenräder/ Spannrollen bearbeiten

4) Neue Kettenräder/ Spannrollen erzeugen
5) Dateibenennung und Berechnung aktivieren/ deaktivieren

8.1.1.2 Register BERECHNUNG

INHALT

Das Register **Berechnung** ermöglicht die Verwaltung der Arbeitsbedingungen, Ketteneigenschaften und weiterer Randbedingungen.

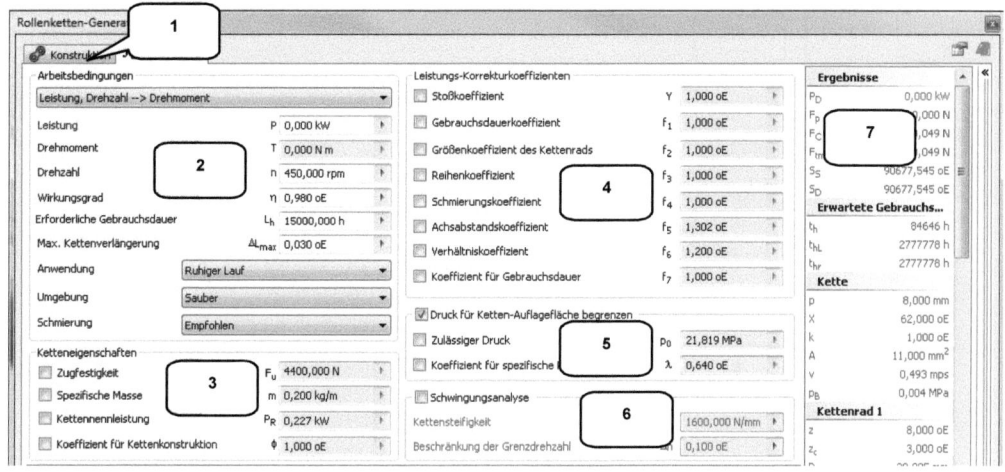

OPTIONEN

1) Register: Konstruktion/ Berechnung
2) Berechnungstyp, Arbeitsbedingungen
3) Ketteneigenschaften
4) Leistung-Korrekturkoeffizienten

5) Auflageflächendruck
6) Schwingungsanalyse
7) Ergebnisberechnung

8.1.2 Konstruktion der Antriebskette

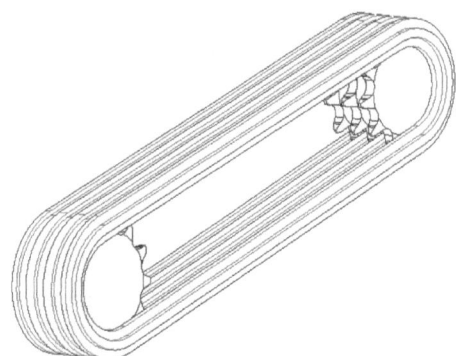

Kettenantriebe bestehen aus Rollenketten, Kettenrädern und Kettenspannern. Sie sind wartungsarm, langlebig, weniger geräuscharm als z. B. Zahnriemenantriebe und unterliegen regelmäßigen Wartungsintervallen.

Je höher die Belastung einer **Antriebskette** ist, desto stabiler muss sie konstruiert werden, was u. a. durch eine höhere Anzahl an Kettensträngen erreicht werden kann. Im vorliegenden Beispiel sind sehr hohe Kräfte zu erwarten, weshalb hier auch insgesamt drei Kettenstränge zu verwenden sind.

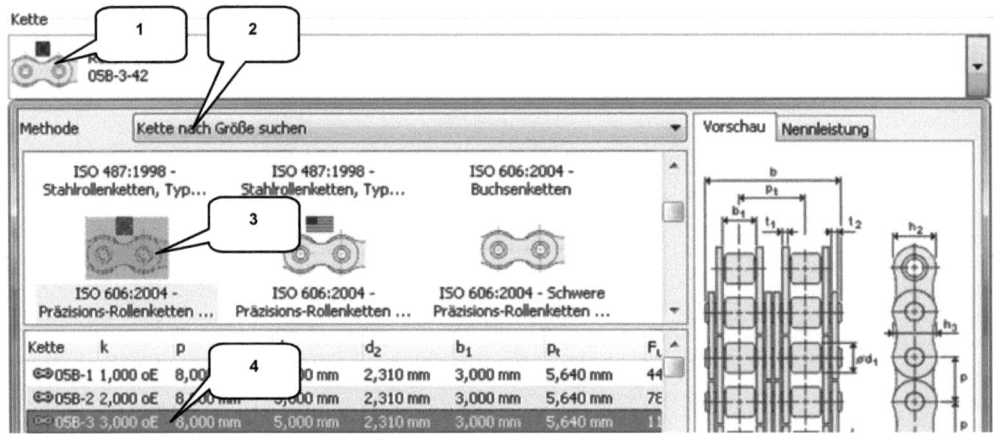

Klicken Sie auf das ⚙ *Kettensymbol* (1) um den Kettentyp auszuwählen. Im neu geöffneten Auswahlfenster soll die Option *Kette nach Größe suchen* (2) aktiviert sein. Wählen Sie den Kettentyp *ISO 606:2004 – Präzisions-Rollenketten mit kurzer Teilung (EU)* (3), aktivieren Sie in der darunterliegenden Tabelle die Zeile *05B-3* (4) und bestätigen Sie die Auswahl durch einen Klick auf das ☑ *Symbol*.

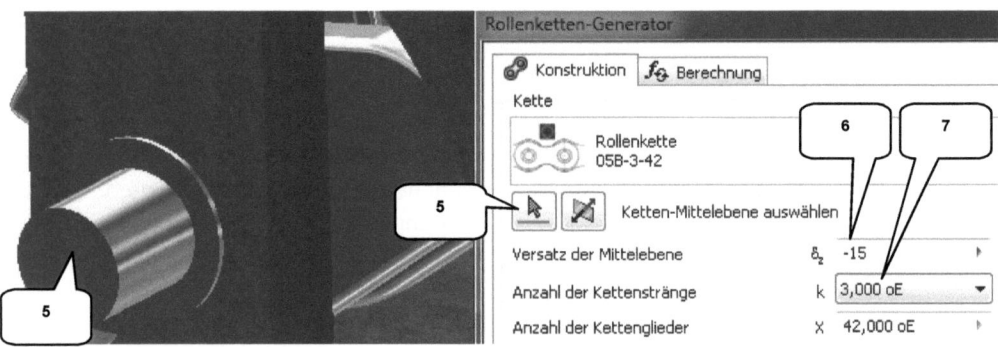

Drehen Sie die gesamte Ansicht auf die Seite der Kupplung (*ViewCube-Ansicht*: *VORNE*) und wählen Sie als ☝ *Referenz* für die *Ketten-Mittelebene* die markierte Seitenfläche der Kurbelwelle (5).

Im Eingabefeld *Versatz der Mittelebene* (6) muss der Wert *-15 mm* eingetragen werden. Im Eingabefeld *Anzahl der Kettenstränge* sollte der Wert *3* (7) bereits voreingestellt sein, was zu kontrollieren ist. Die *Anzahl der Kettenglieder* wird vom Programm automatisch berechnet und muss nicht vorgegeben werden.

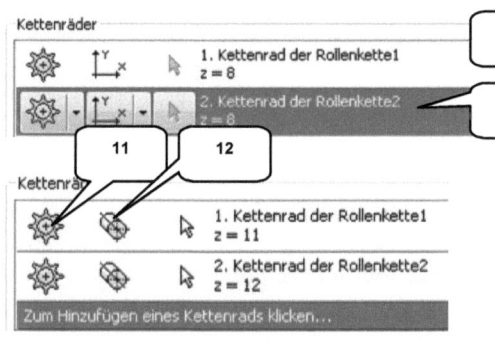

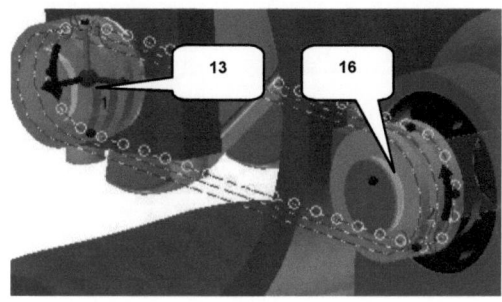

Im Fenster **Kettenräder** (8) sollten, je nach Voreinstellung des Programms, bereits zwei Zeilen angezeigt werden. Sollten es mehr sein, entfernen Sie alle bis auf die ersten beiden. Um eine Zeile zu löschen muss diese aktiviert werden, um danach auf das Symbol ✖ **Löschen** (9) zu klicken.

Die beiden ersten (nicht gelöschten) Kettenräder sollten als Typ **Kettenrad der Rollenkette** (10) vorgegeben sein. Starten Sie mit der Bearbeitung des ersten Kettenrades. Ganz links in der Kettenrad-Geometrie (11) ist die Option ✿ **Komponente** (gelbes Zahnrad-Symbol) zu aktivieren. Rechts daneben muss die ◈ **Feste Position über ausgewählte Geometrie** (12) (gelbes Zylinder-Symbol) ausgewählt werden. Als geometrische 🖈 **Referenz** ist für das erste Kettenrad die Zylinderfläche der Kurbelwelle (13) zu verwenden.

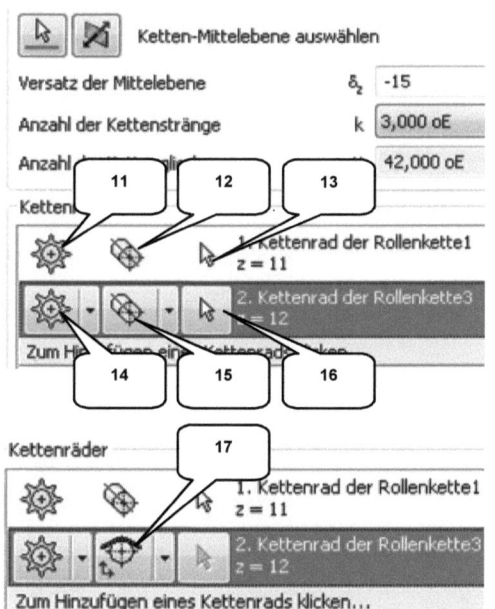

Für das zweite Kettenrad sind ebenfalls die beiden Einstellungen ✿ **Komponente** (14) und ◈ **Feste Position über ausgewählte Geometrie** (15) zu übernehmen. Als 🖈 **Referenz** ist diesem Kettenrad die Mantelfläche der Kupplungswelle (16) zuzuweisen. Die Option ◈ **Feste Position über ...** des zweiten Kettenrades muss anschließend auf ◈ **Frei verschiebbare Position** (17) geändert werden.

Aktivieren Sie die erste Zeile und starten Sie die ⊡ **Bearbeitung** (18) des ersten Kettenrades. Aktivieren Sie die Option **Bewegung im Uhrzeigersinn** (19), geben Sie für die Anzahl der Zähne den Wert **11** (20) ein und wählen Sie die Option **Theoretische Zahnform** (21). Das Fenster kann danach bereits wieder geschlossen werden (OK **OK**).

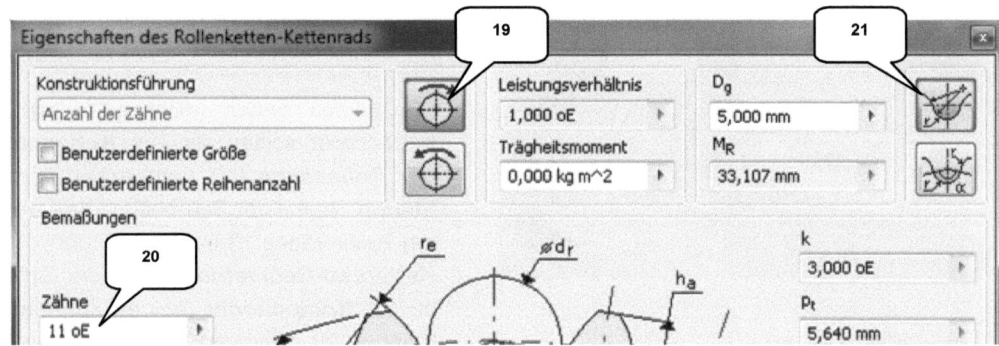

Starten Sie die ⊡ **Bearbeitung** (22) des zweiten Kettenrades (Zeile vorher markieren) und wählen Sie die Konstruktionsführung **Anzahl der Zähne** (23). Aktivieren Sie auch hier die Option **Bewegung im Uhrzeigersinn** (24), geben Sie für die Anzahl der Zähne den Wert **12** (25) ein und wählen Sie die **Theoretische Zahnform** (26). Beenden Sie die Bearbeitung des Zahnrades mit OK **OK** und wechseln Sie im Anschluss daran ins Register _f₀_ Berechnung **Berechnung**, um hier die Berechnen **Berechnung** zu starten, das Befehlsfenster danach mit OK **OK** zu bestätigen und die Baugruppe zu **speichern**.

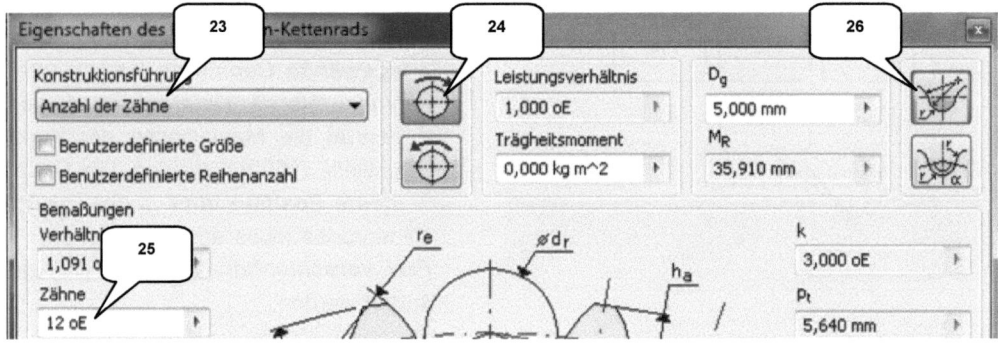

8.1.3 Kettenantrieb mit Bewegungsabhängigkeiten versehen

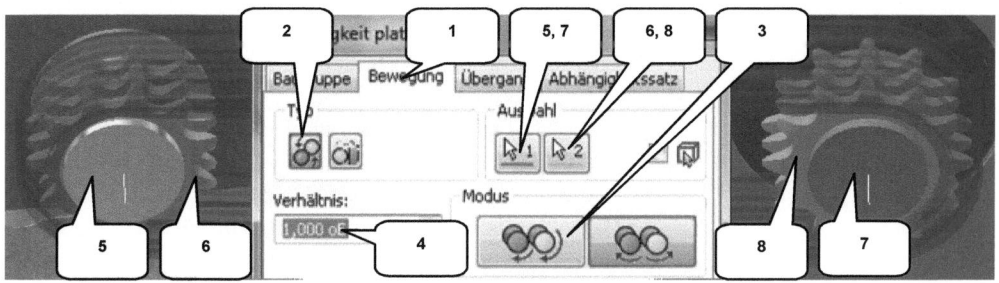

Auch Kettenantriebe werden vom Programm nicht automatisch als flexible Baugruppen erzeugt, was später korrigiert werden muss. Markieren Sie den Kettenantrieb und aktivieren Sie im Kontextmenü der *rechten Maustaste* die Option 🖳 *Flexibel*.

Um den Antrieb der Rollenkette zu gewährleisten und die Kupplung mit dem Getriebe verbinden zu können, muss auch hier eine Bewegungsabhängigkeit erzeugt werden. Starten Sie den Befehl 🖳 Abhängig machen und öffnen Sie das Register *Bewegung* (1). Aktivieren Sie den Typ 🖳*Drehung* (2), den Modus ∞ *Vorwärts* (3), das Übersetzungsverhältnis *1:1* (4) und erzeugen Sie eine Bewegungsabhängigkeit zwischen der Kurbelwelle (5) und dem darauf angeordneten Kettenrad (6). Wiederholen Sie den Befehl und erzeugen Sie eine Bewegungsabhängigkeit zwischen der Kupplung (7) und dem darauf angeordneten Kettenrad (8). Danach dürfte sich weder der Kurbeltrieb noch das Getriebe per Hand drehen lassen.

8.1.4 Animation des gesamten Bewegungsapparates

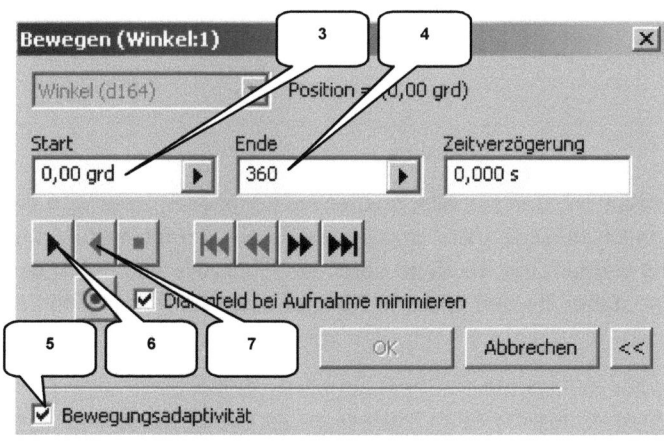

Eine Winkelabhängigkeit der Nockenwelle sperrt derzeit den gesamten Kurbeltrieb: er lässt sich per Hand nicht drehen. Diese Abhängigkeit eröffnet allerdings eine andere Möglichkeit: die automatische Bewegung des gesamten Mechanismus anhand einer Winkelbewegung.

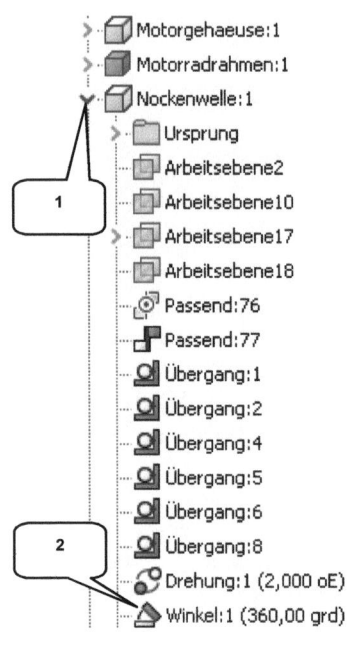

Klappen Sie im Browser das Bauteil **Nockenwelle.ipt** (1) auf, klicken Sie mit der **rechten Maustaste** auf die enthaltene **Winkelabhängigkeit** (2) und wählen Sie im Kontextmenü die Option **Bewegen**.

Im neu geöffneten Eingabefenster sind der Startwinkel auf **0°** (3) und der Endwinkel auf **360°** (4) festzulegen und die Option **Bewegungsadaptivität** (5) zu aktivieren. Die Animation kann jetzt mit ▶ **Vorwärts** (6) gestartet werden (alternativ ◀ **Rückwärts** (7)).

Der gesamte Kurbeltrieb und alle Komponenten des Getriebes sollten sich jetzt bewegen[17].

War die Animation erfolgreich, so kann der Befehl anschließend wieder beendet und die Baugruppe danach **gespeichert** werden.

8.1.5 Konstruktion der Rollenkette für die Gangschaltung

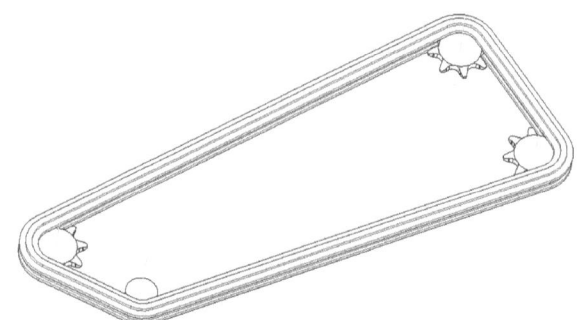

Die Konstruktion der **Rollenkette** für die Gangschaltung ist etwas komplexer: Zwar wird sie weitaus filigraner ausfallen, dennoch müssen hier - im Gegensatz zur Antriebskette - vier statt zwei Kettenräder verwendet werden, um die Kette durch die Hohlwelle und durch das Getriebe führen zu können, ohne dabei mit den anderen Komponenten (z. B. den Zahnrädern) zu kollidieren.

---

[17] Leider gibt es bei Animationen derart komplexer Systeme oftmals **Probleme** und der Bewegungsablauf wird mit einer Fehlermeldung gestoppt. In diesem Fall sollten insbesondere die **Übergangsabhängigkeiten** zwischen den Ventilen und der Nockenwelle überprüft und gegebenenfalls temporär unterdrückt werden.

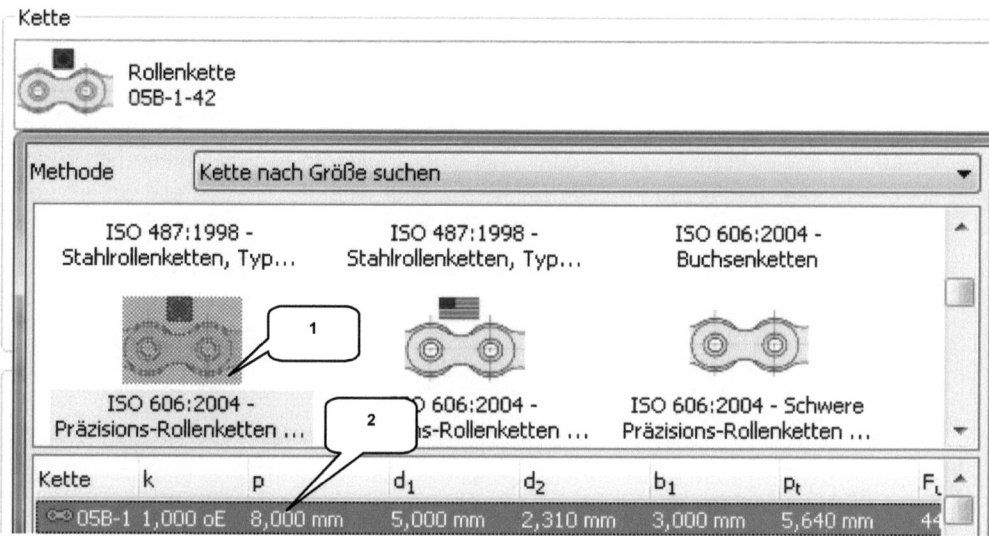

Starten Sie den 🔗 **Rollenketten-Generator**, wählen Sie den ⚙ **Kettentyp ISO 606:2004 – Präzisions-Rollenketten mit kurzer Teilung (EU)** (1) und aktivieren Sie in der darunterliegenden Tabelle in der ersten Zeile den Typ **05B-1** (2). Das Fenster kann anschließend bereits wieder ☑ **beendet** werden.

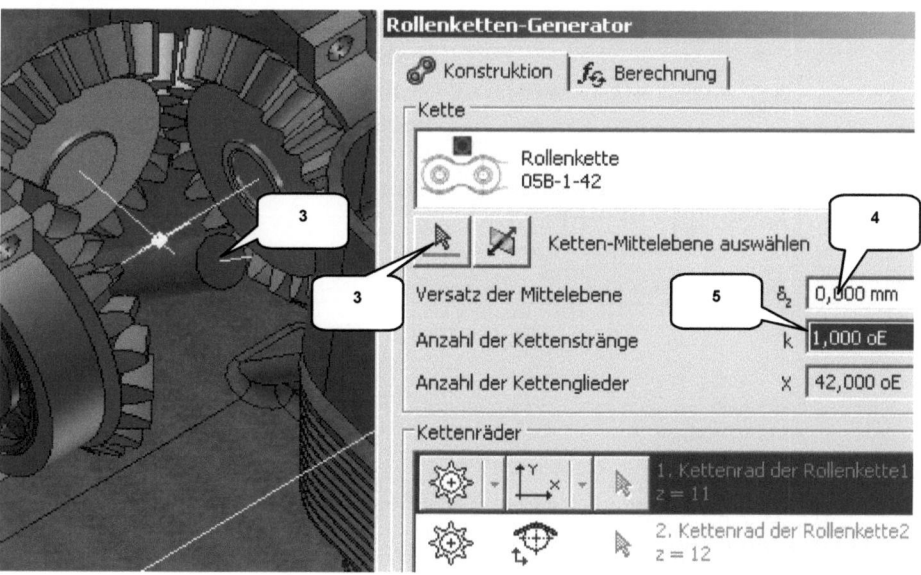

Als ⬚ **Ketten-Mittelebene** ist die markierte Stirnfläche des Zylinders im Getrieberaum (3) zu verwenden. Der **Versatz der Mittelebene** soll **0 mm** (4) und die **Anzahl der Kettenstränge 1** betragen (5). Zwei Kettenräder müssten bereits voreingestellt sein. Verwenden Sie die Option **Zum Hinzufügen eines Kettenrades klicken...** (6), um ein drittes **vorhandenes Kettenrad der Rollenkette** (7) zu erstellen. Mit einem weiteren Klick auf diese Schaltfläche soll außerdem eine **flache Spannrolle** (8) hinzugefügt werden. Wurden alle Schritte erledigt, müssten jetzt Insgesamt drei Kettenräder und die Spannrolle zu sehen sein (9).

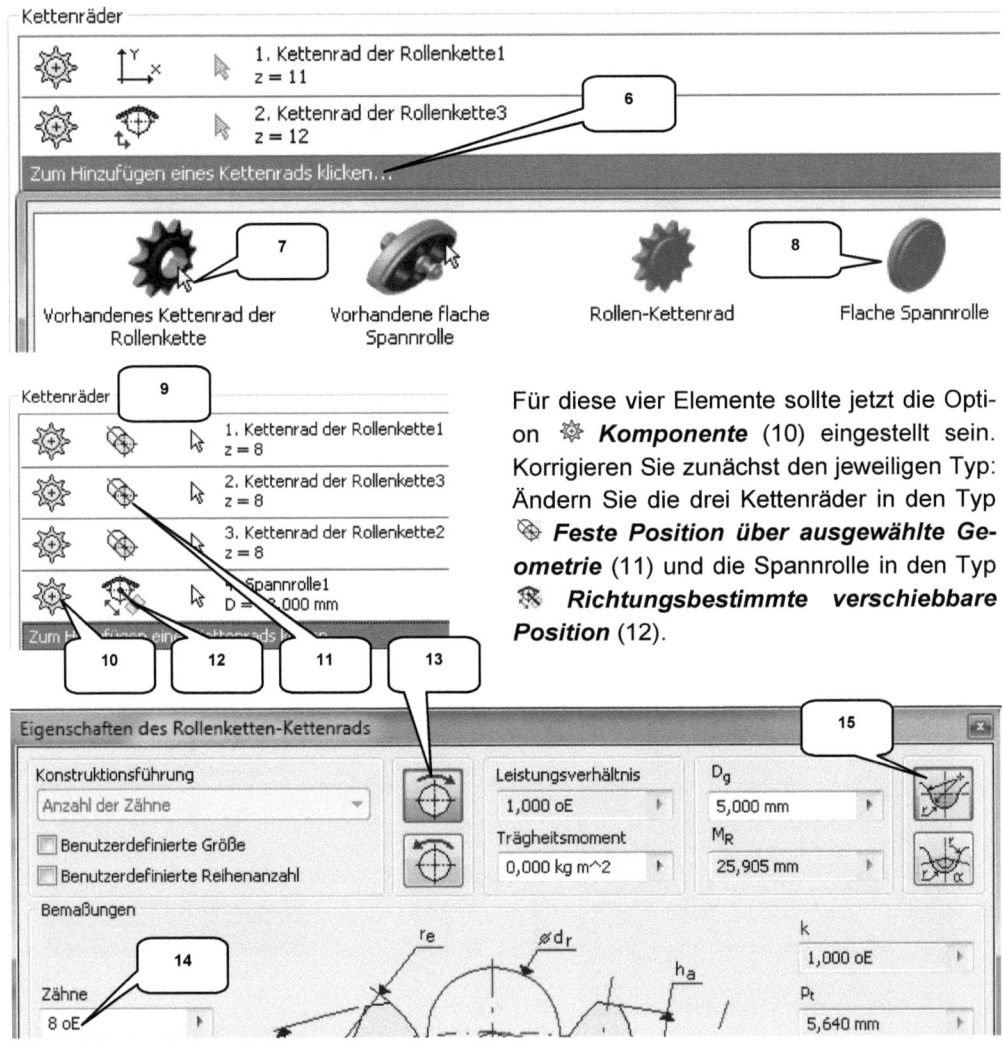

Für diese vier Elemente sollte jetzt die Option ⬚ **Komponente** (10) eingestellt sein. Korrigieren Sie zunächst den jeweiligen Typ: Ändern Sie die drei Kettenräder in den Typ ⬚ **Feste Position über ausgewählte Geometrie** (11) und die Spannrolle in den Typ ⬚ **Richtungsbestimmte verschiebbare Position** (12).

Starten Sie jetzt die ⌐ *Bearbeitung* des ersten Kettenrades. Aktivieren Sie die Option *Bewegung im Uhrzeigersinn* (13), geben Sie für die Anzahl der Zähne den Wert *8* (14) ein und wählen Sie die *Theoretische Zahnform* (15), um die Eingaben anschließend mit ⌐ OK ⌐ *OK* zu bestätigen. Beginnen Sie danach mit der Bearbeitung der anderen beiden Kettenräder, wobei alle Einstellungen vom ersten Kettenrad übernommen werden können.

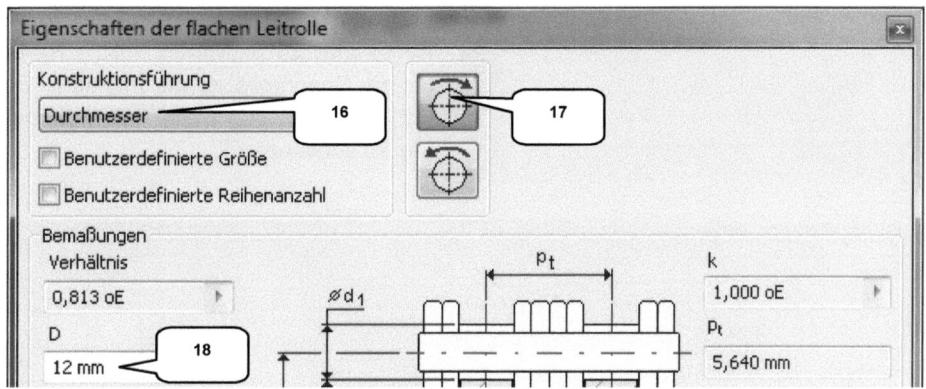

Im Anschluss daran ist die ⌐ *Bearbeitung* der flachen Spannrolle zu starten. Ändern Sie die Konstruktionsführung auf *Durchmesser* (16), die Bewegung auf *Im Uhrzeigersinn* (17) und den *Durchmesser* auf *12 mm* (18).

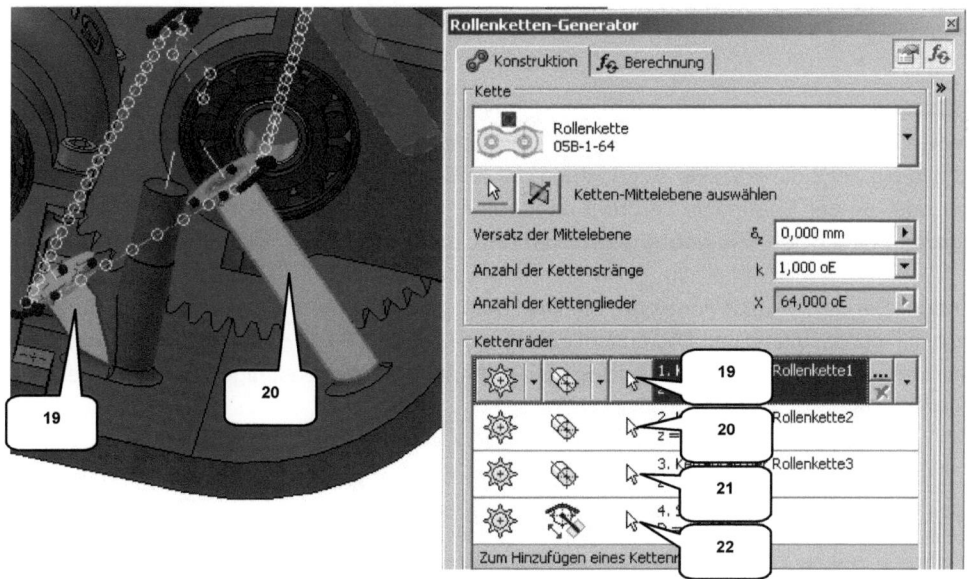

Als ᨀ *Referenzen* für die beiden ersten Kettenräder sind die markierten zylindrischen Flächen des Motorgehäuses (19), (20) auf der Seite der Kupplung zu verwenden. Als ᨀ *Referenz* für das dritte Kettenrad ist die markierte zylindrische Fläche (21) des Motorgehäuses auf der Seite der Kegelräder zu aktivieren. Als ᨀ *Referenz* für die Spannrolle ist die markierte Ebene (22) auf derselben Seite des Motorgehäuses zu verwenden[18].

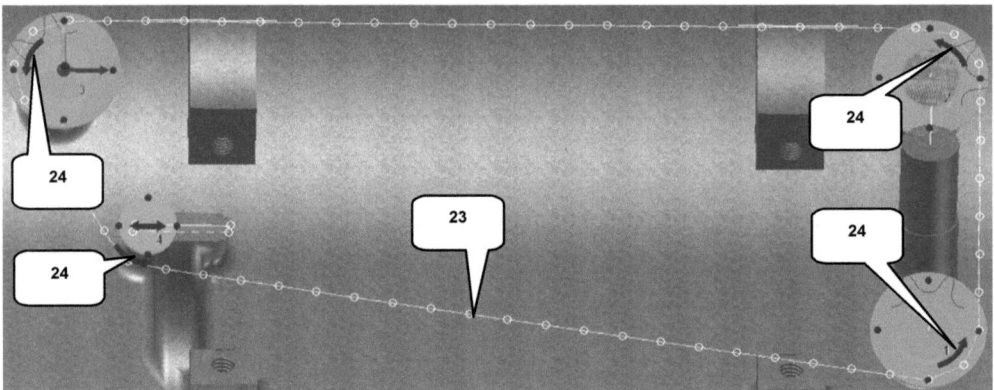

Kettenräder und Spannrolle wurden positioniert, jetzt sollte der Verlauf der Kette (23) kontrolliert werden, die außen über Ketten und Spannrolle geführt werden müsste (die obere Abbildung zeigt die korrekte Ausrichtung der Kette). Sollte die Kette an einem der Kettenräder oder an der Spannrolle verdreht angeordnet sein, ist dies zu korrigieren: Klicken Sie in diesem Fall auf den ➘ *gebogenen Pfeil* (24), um die Lage der Kette umzukehren.

Ändern Sie den Verlauf der Kette, bis ihre Lage, so wie in der oberen Abbildung dargestellt, erreicht wurde. Wechseln Sie anschließend ins Register *f₆* Berechnung *Berechnung*, starten Sie dort die ⬚ Berechnen *Berechnung* der Kettenlänge, und bestätigen Sie den Befehl mit ⬚ OK *OK*.

---

[18] Die Auswahl der Ebene (22) als Referenzobjekt der Spannrolle ist zwingend notwendig, um die Berechnung der benötigten Kettenlänge zu ermöglichen. Das Programm kann die genaue Anzahl der Kettenglieder erst durch die individuelle Möglichkeit der Korrektur des Verlaufes der Kette berechnen.

Der neue Kettenantrieb muss danach als ▥ *Flexibel* gekennzeichnet (*rechte Maustaste* > *Flexibel*) und die gesamte Baugruppe *gespeichert* werden.

8.1.6 Kettenschaltung mit Schalthebel und Kegelradpaar versehen

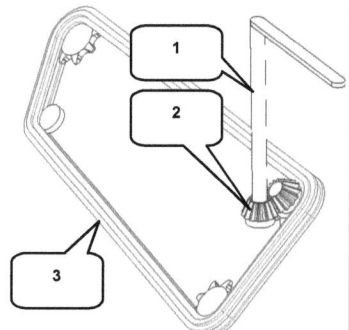
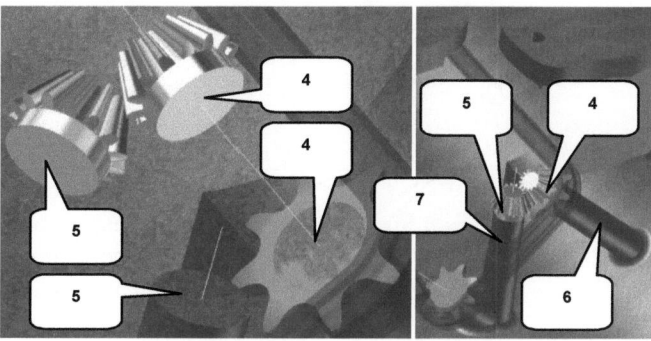

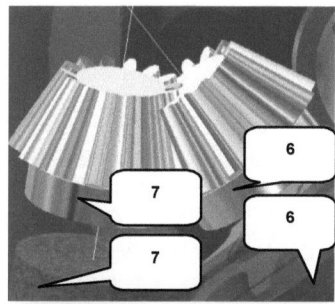

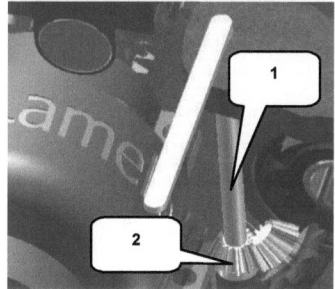

Um die Kette schalten zu können muss ein verlängerter Schalthebel (1) in die Baugruppe importiert und positioniert werden. Er soll aus dem Getrieberaum heraus ragen und bei Betätigung die resultierende Drehbewegung über ein Kegelradgetriebe (2) an die Rollenkette (3) der Gangschaltung weitergeben.

▥ Platzieren Sie aus dem Projektordner das Bauteil *Ganghebel.ipt* einmal und das Bauteil *Gangschaltung-Kegelrad.ipt* insgesamt zweimal in der Baugruppe.

Verbinden Sie die beiden Kegelräder mit dem Motorgehäuse. Setzen Sie zwei Abhängigkeiten (▥ Abhängig machen), um die Flächen (4) und (5) der Kegelräder mit den zugehörigen Flächen des Motorgehäuses zu verbinden.

Setzen Sie zwei axiale Abhängigkeiten, um die Achsen der Kegelräder (6, 7) mit den zugehörigen Achsen des Motorgehäuses zu verbinden.

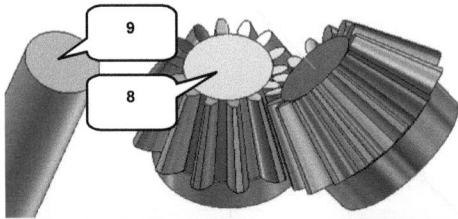

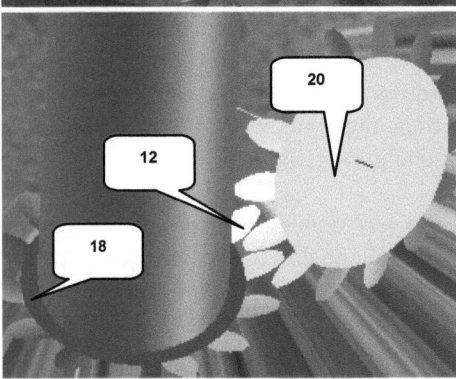

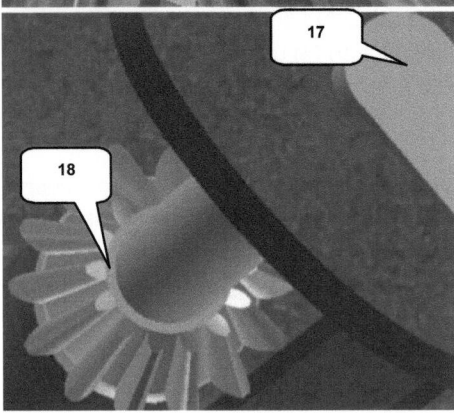

Im Anschluss daran sollen Ganghebel (1) und Kegelrad (2) miteinander verbunden werden. Setzen Sie eine Abhängigkeit, um die Stirnfläche des Kegelrades (8) mit der markierten Fläche des Ganghebels (9) zu verbinden und setzen Sie eine weitere Abhängigkeit, um die Längsachse des Ganghebels (10) mit der Rotationsachse des Kegelrades (11) zu verbinden.

Sobald der Ganghebel an der vorgesehenen Position befestigt wurde, müssen die beiden Kegelräder so gedreht werden, dass ihre Zähne kollisionsfrei ineinandergreifen (12). Um die einzelnen Komponenten auch in der Bewegung voneinander abhängig machen zu können, sind drei weitere Bewegungsabhängigkeiten zu erzeugen.

Die erste Bewegungsabhängigkeit soll Ganghebel und Kegelrad miteinander verbinden. Übernehmen Sie dafür die folgenden Einstellungen: Register **Bewegung** (13), Typ 🔩 **Drehung** (14), Modus 🔄 **Vorwärts** (15), **Verhältnis** 1:1 (16), **Auswahl 1**: Fläche Ganghebel (17) und **Auswahl 2**: Fläche Kegelrad (18).

Die zweite Bewegungsabhängigkeit soll die beiden Kegelräder miteinander verbinden. Übernehmen Sie dafür die folgenden Einstellungen: Register **Bewegung** (13), Typ 🔩 **Drehung** (14), Modus 🔄 **Rückwärts** (19), **Verhältnis** 1:1 (16), **Auswahl 1**: Fläche Kegelrad (18) und **Auswahl 2**: Fläche Kegelrad (20).

Die dritte Bewegungsabhängigkeit soll Kegelrad und Kettenrad verbinden, wobei die folgenden Einstellungen:

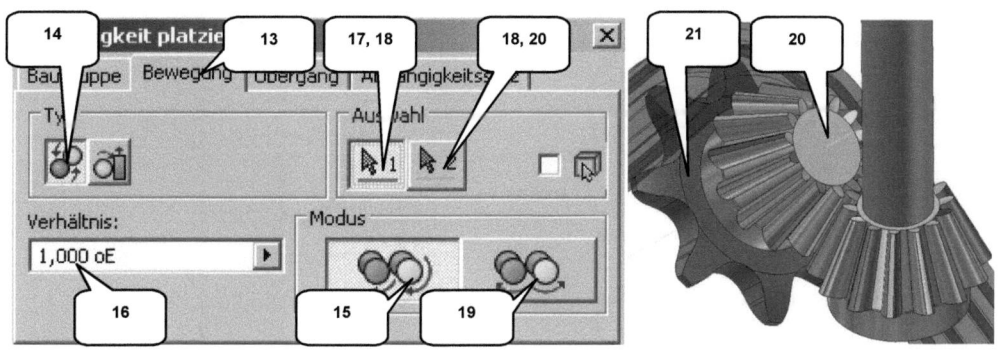

Register: **Bewegung** (13), Typ: 🔄 **Drehung** (14), Modus: ∞ **Vorwärts** (15), **Verhältnis**: 1:1 (16), **Auswahl 1**: Fläche Kegelrad (20) und **Auswahl 2**: Fläche Kettenrad (21). Eine Drehung des Ganghebels per Hand sollte jetzt auch eine Bewegung der Kegel- und Kettenräder bewirken. **Speichern** Sie die Baugruppe abschließend.

9 Keilwellenverbindungen

9.1 Konstruktion einer Keilwellenverbindung

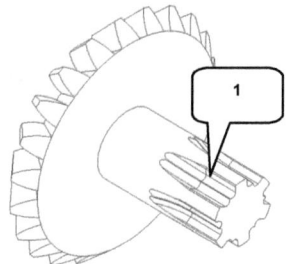

Um Kräfte und Drehmomente von einer Welle auf eine Nabe übertragen zu können, müssen beide Bauteile kraft- oder formschlüssig miteinander verbunden werden. Sind die zu erwartenden Kräfte und Drehmomente groß, oder werden schlagende Bewegungen erwartet, finden oft **Keilwellenverbindungen** (1) Anwendung. Welle und Nabe werden hierbei formschlüssig aneinander angepasst, wobei die Nabe mehrere hochstehende Keile erhält und die Welle mit den passenden Aussparungen versehen wird.

9.1.1 Befehlsgrundlagen KEILWELLEN-GENERATOR

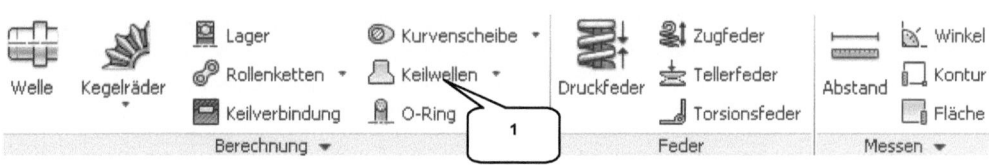

Der 🔩 Keilwellen-Generator (1) ermöglicht die konstruktive Bearbeitung von Welle-Nabe-Verbindungen durch Hinzufügen einer Keilwellen-Verbindung. Die Bearbeitung einzelner Elemente (nur Welle oder nur Nabe) ist ebenfalls möglich.

9.1.1.1 Register KONSTRUKTION

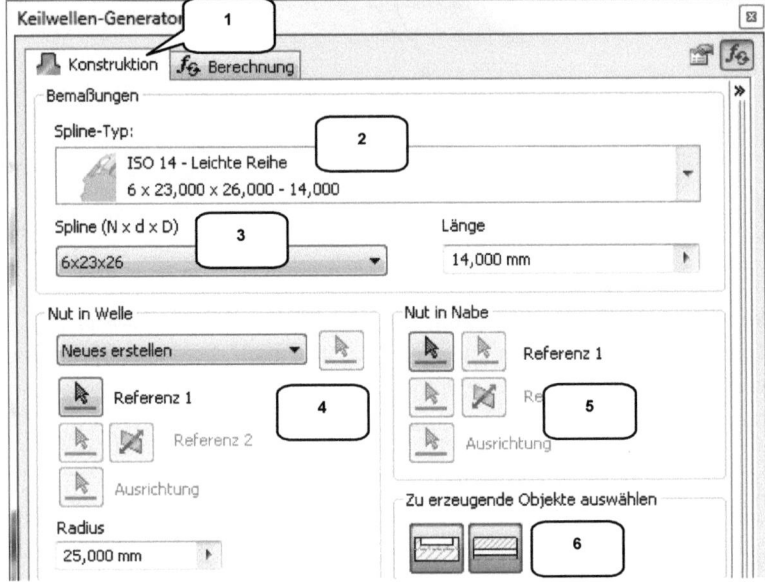

Im Register **Konstruktion** wird der Keilwellen-Typ festgelegt, die geometrischen Abmessungen definiert und Referenzen definiert.

1) Register: Konstruktion/ Berechnung
2) Keilwellentyp
3) Keilwellen-Maße
4) Referenzen für Welle

5) Referenzen für Nabe
6) Welle und Nabe oder einzeln
7) Dateibenennung/ Berechnung aktivieren/ deaktivieren

9.1.1.2 Register BERECHNUNG

Das Register **Berechnung** ermöglicht die Auswahl der Festigkeitsberechnung, eine Definition der Belastungen, Bemaßungen, Verbindungseigenschaften und Materialien von Welle und Nabe.

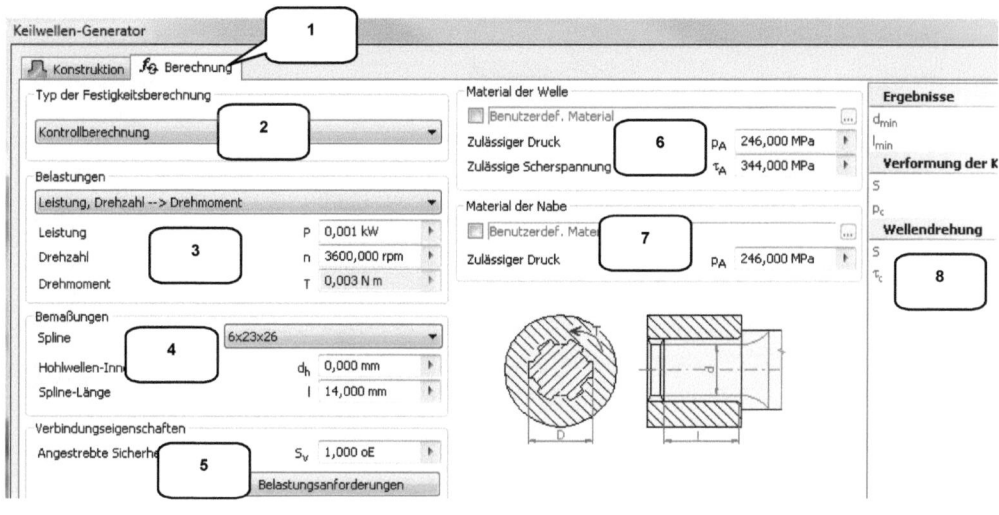

OPTIONEN

1) Register: Konstruktion/ Berechnung
2) Typ der Festigkeitsberechnung
3) Belastungen
4) Bemaßungen

5) Verbindungseigenschaften
6) Wellenmaterial
7) Nabenmaterial
8) Berechnungsergebnisse

9.1.2 Erzeugen einer Keilwellenverbindung an der Getriebeausgangswelle

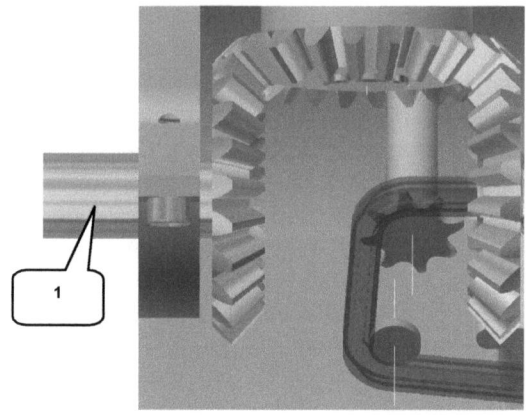

Das Bauteil **Kegelrad.ipt** besitzt an seiner Rückseite einen kurzen Wellenabschnitt (1). Damit wird der Kraftfluss aus dem Getriebe nach außen geleitet und kann hier, verbunden mit z. B. einem Zahnrad, weiter über eine Antriebskette zur Antriebswelle des Fahrzeugs weitergeleitet werden.

In der folgenden Übung soll dieser Wellenabschnitt mit einer Keilwellenverbindung versehen werden.

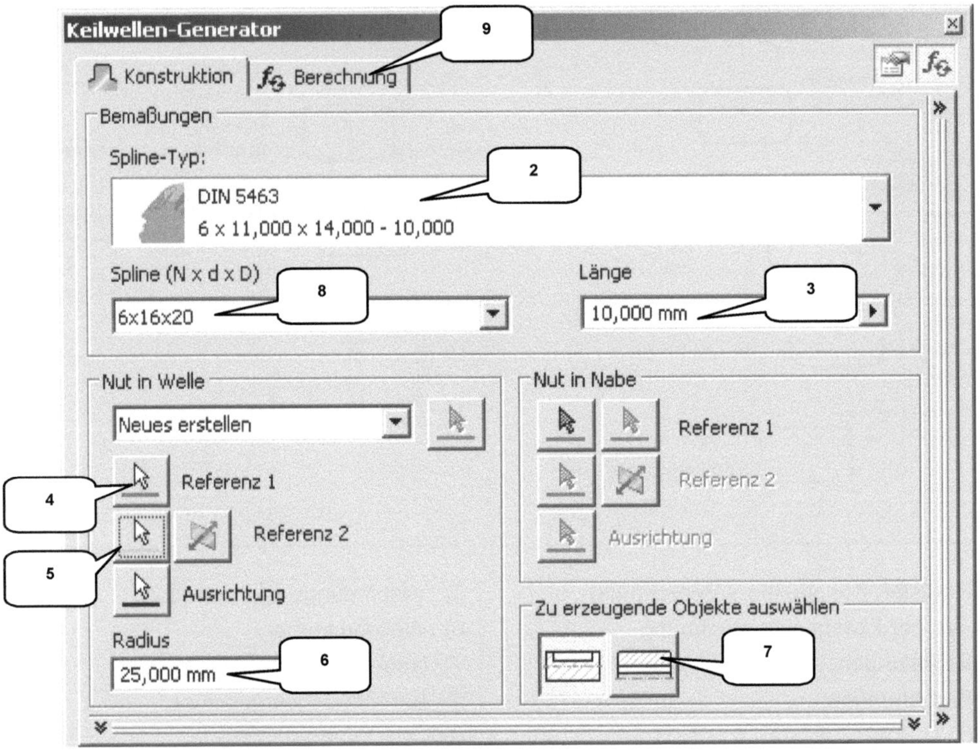

Keilwellen-Generator

Konstruktion | $f_{\ominus}$ Berechnung

Bemaßungen

Spline-Typ:

DIN 5463
6 x 11,000 x 14,000 - 10,000

Spline (N x d x D)
6x16x20

Länge
10,000 mm

Nut in Welle
Neues erstellen

Referenz 1
Referenz 2
Ausrichtung

Radius
25,000 mm

Nut in Nabe
Referenz 1
Referenz 2
Ausrichtung

Zu erzeugende Objekte auswählen

Klicken Sie ins Feld **Spline-Typ** (2), wählen Sie die Norm **DIN** und aktivieren Sie die **DIN 5463**. Die Länge der Nut ist mit **10 mm** (3) festzulegen, als ⌖ **Referenz 1** ist die Zylinderfläche des Kegelrades (4) zu wählen und als ⌖ **Referenz 2** die Stirnfläche der Welle (5). Übernehmen Sie den vorgegebenen Radius **25 mm** (6) und deaktivieren Sie die Option **Nut in Nabe** (7). Im Feld **Spline** sollte jetzt die Größe **6x16x20** (8) aktiviert werden. Wechseln Sie ins Register **Berechnung** (9) und starten Sie die [Berechnen] **Berechnung**. Bestätigen Sie die Eingaben im Befehlsfenster mit [OK] **OK** und bestätigen Sie auch das Fenster **Dateibenennung** mit [OK] **OK**. **Speichern** Sie die Baugruppe abschließend.

10 Gestellgenerator

10.1 Der Motorradrahmen

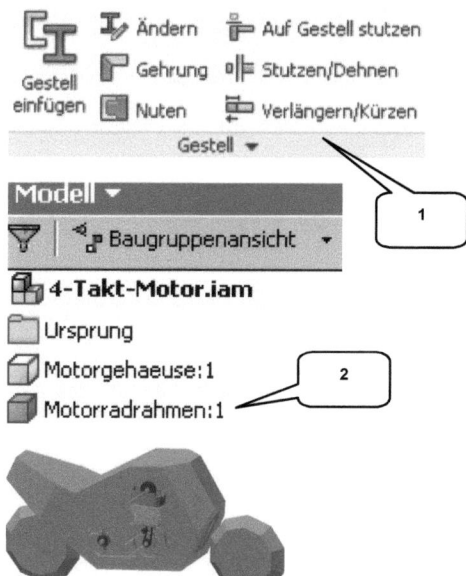

Für Rahmen- und Profilkonstruktionen hält das Programm die Befehlsgruppe **Gestell** (1) bereit. Anhand vorhandener Referenzobjekte (Linien, Punkte oder Kanten) können komplexe Rahmengestelle konstruiert werden. Das Programm greift hierbei auf Profile aus dem Inhaltscenter zurück. Jedes Profil wird als separates Bauteil erstellt und kann anschließend weiter bearbeitet oder als Zeichnung abgeleitet werden.

Klicken Sie im Browser mit der rechten Maustaste auf das Bauteil **Motorradrahmen.ipt** (2) und aktivieren Sie dessen Sichtbarkeit (Option: **Sichtbarkeit**). Der darin befindliche Volumenkörper soll als Referenz zur Konstruktion des Gestells dienen.

10.1.1 Befehlsgrundlagen GESTELL-GENERATOR

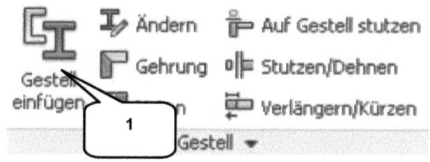

Mit dem ⌐ᴵ **Gestell-Generator** (1) können Profilelemente aus dem Inhaltscenter in die Baugruppe importiert werden. Als Referenzen dienen wahlweise Linien, Punkte, Ecken oder Körperkanten.

OPTIONEN

1) Profilelement für Gestell wählen
2) Ausrichtung des Profils
3) Referenztyp (Punkte/ Kanten) und Auswahl der Referenzen

4) Dateinummer und Bauteilname automatisch aus dem Inhaltscenter abrufen

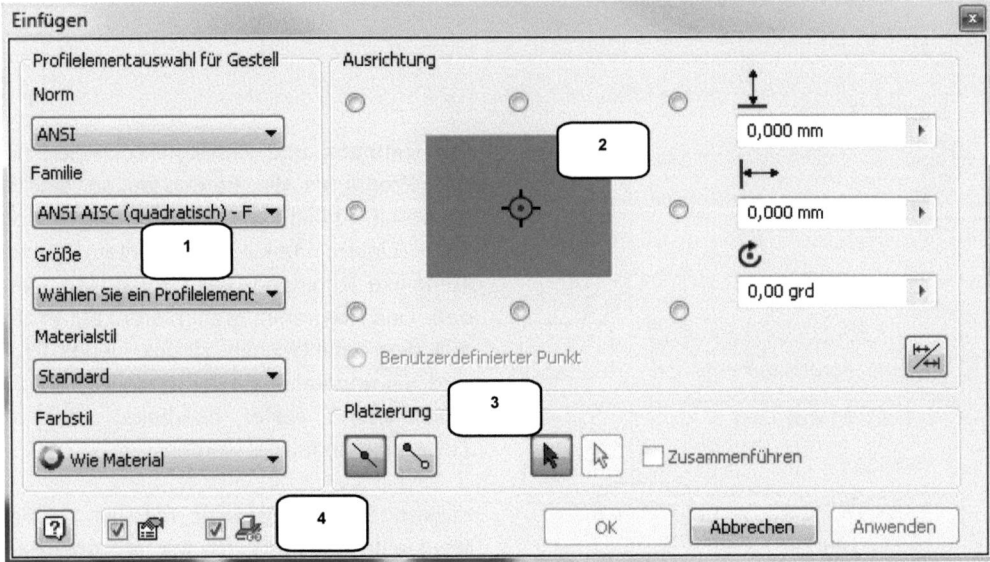

10.1.2 Motorradrahmen und Räder als Gestell erzeugen

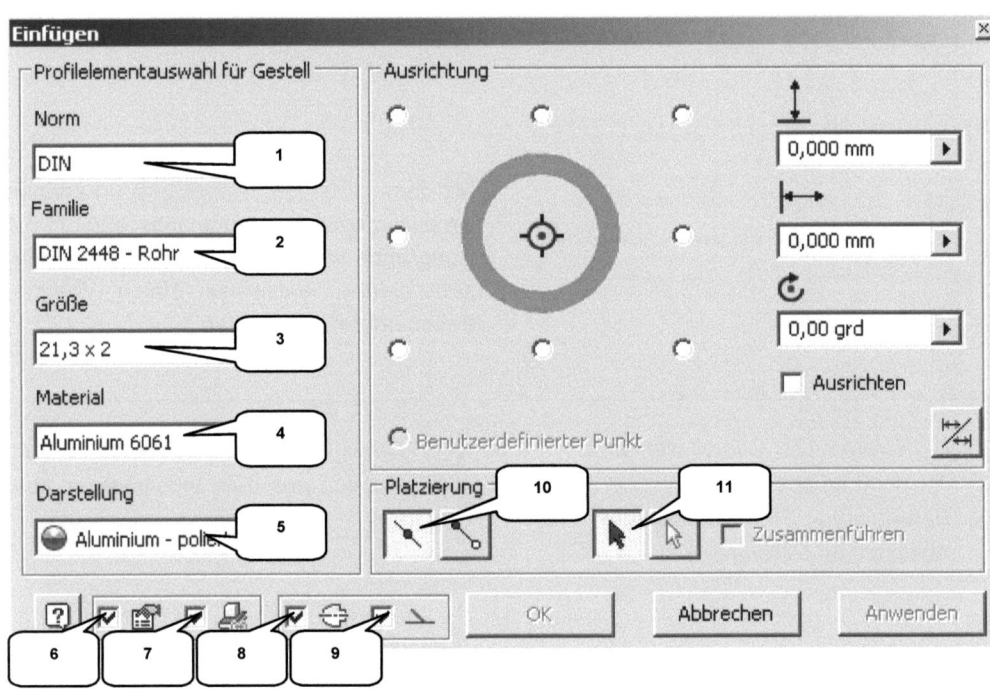

Wählen Sie im Gestell-Generator die Norm **DIN** (1), die Familie **DIN 2448 - Rohr** (2), die Größe **21,3 x 2** (3), das Material **Aluminium 6061** (4) und die Farbe **Aluminium poliert** (5). Aktivieren Sie die vier Kästchen (6...9) und aktivieren Sie den Platzierungstyp **Profilelemente auf Kante einfügen** (10).

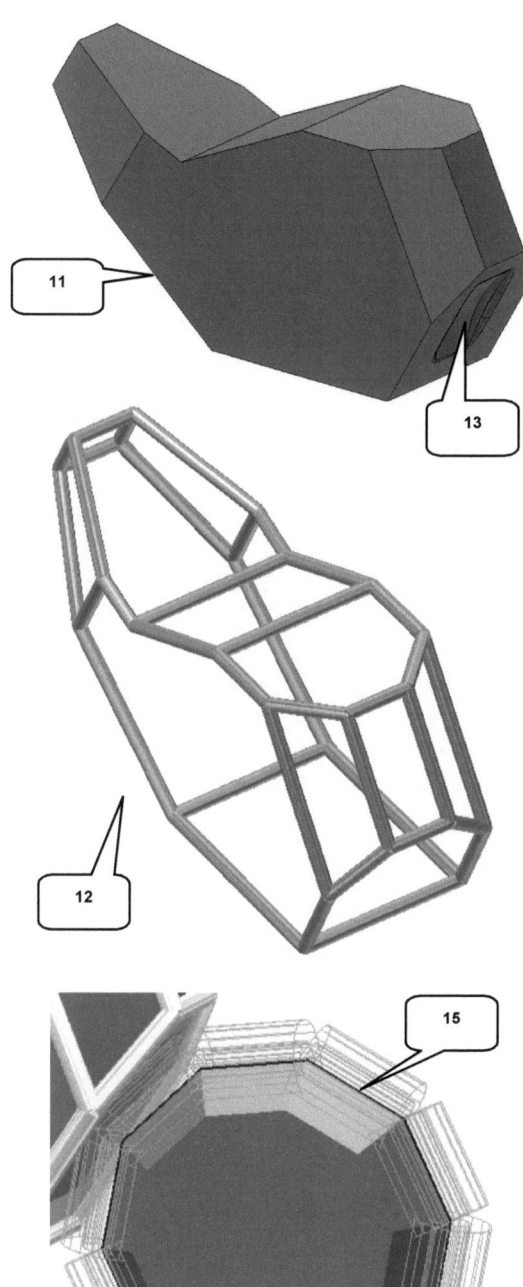

Wählen Sie jetzt nacheinander die ⌨ **Referenzkanten** des mittleren Volumenkörpers (11), bis alle Kanten mit einem Rohr versehen wurden (siehe Abbildung (12)). Die Aussparungen (13) sind <u>nicht</u> zu verwenden.

Sobald alle markierten Kanten bei Ihnen mit der nebenstehenden Abbildung übereinstimmen (der Volumenkörper wurde hier ausgeblendet), kann eine erste Berechnung des Rahmenmodells durch [Anwenden] **Anwenden** gestartet werden.

Sobald die sich daraufhin öffnenden Fenster durch [OK] **OK** bestätigt wurden, startet das Programm mit der Berechnung, was einige Zeit in Anspruch nehmen kann.

Wurde das Gestell vollständig berechnet, kann mit der Konstruktion der Räder begonnen werden. Übernehmen Sie alle Einstellungen aus Abbildung (14) und wählen Sie als ⌨ **Referenzkanten** nacheinander die Außenkanten von Vorder- und Hinterrad (15).

Bestätigen Sie abschließend mit [OK] **OK**.

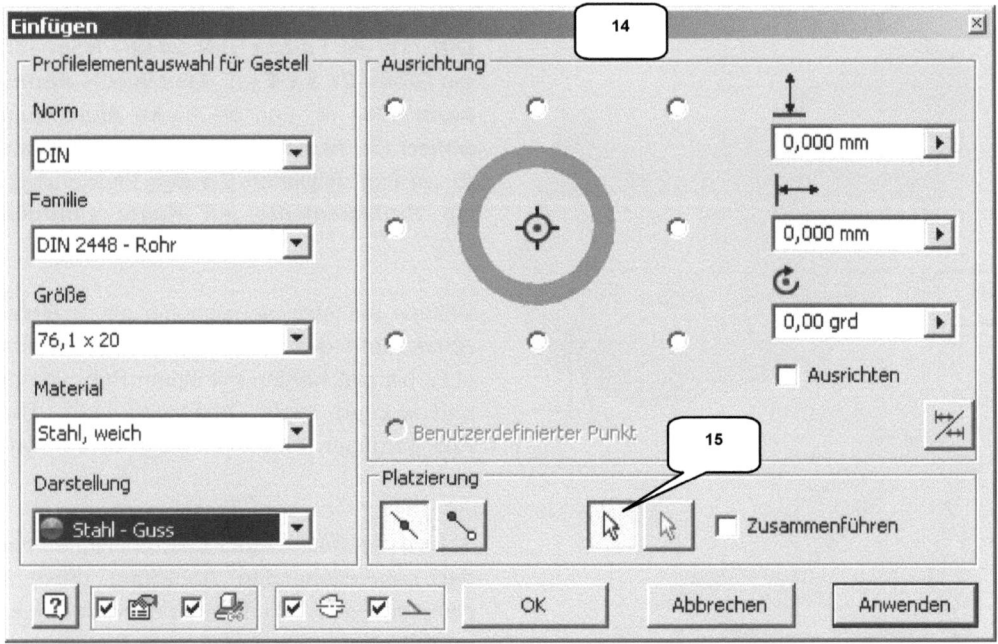

Verlassen Sie kurzzeitig die Bearbeitung des Rahmens (**◀● Zurück**), um das Bauteil *Motorradrahmen.ipt* auszublenden (*rechte Maustaste > Sichtbarkeit*). Um zurück in den Bearbeitungsbereich des Rahmens zu gelangen (dieser wird als eigenständige Baugruppe erzeugt), doppelklicken Sie auf die Baugruppe *Frame0001.iam* im Browser. Die Baugruppe sollte jetzt erst einmal *gespeichert* werden.

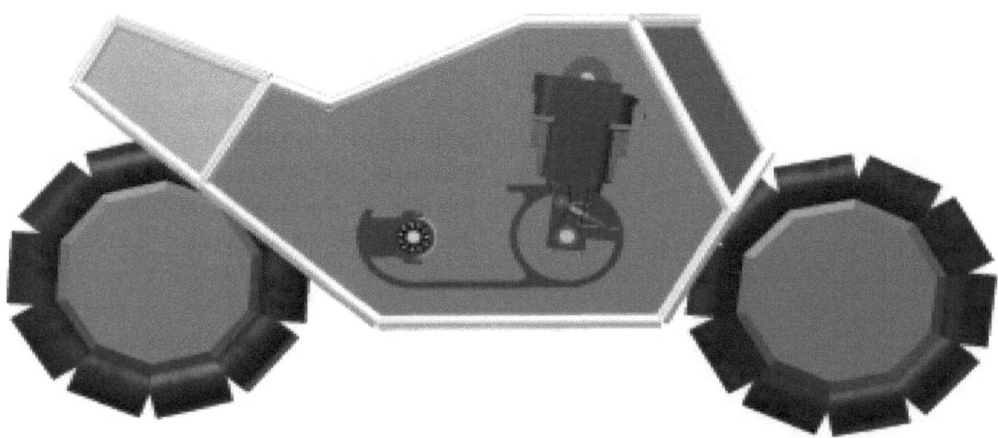

10.1.3 Befehlsgrundlagen GEHRUNG

Treffen Profile aus dem Gestell-Generator aufeinander (z. B. an deren Enden), können Sie z. B. mit dem Befehl ⌐ *Gehrung* (1) aneinander angepasst werden.

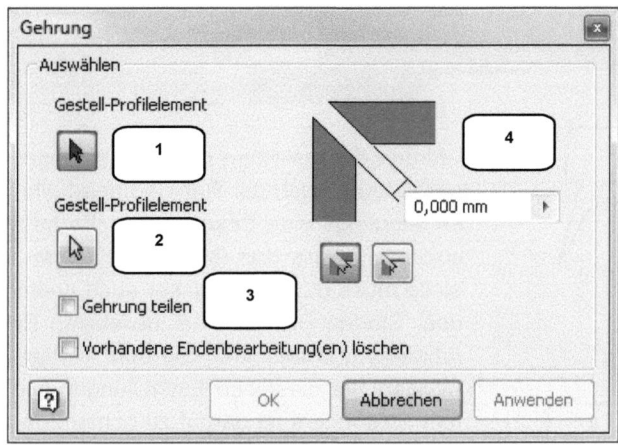

OPTIONEN

1) Erstes Profilelement
2) Zweites Profilelement
3) Gehrung teilen, vorhandene Bearbeitungen löschen

4) Abstand und Ausrichtung des Schnittes

10.1.4 Rohrsegmente aneinander anpassen

Wählen Sie als erste ⌖ *Referenz* das Rohr (1) und als zweite ⌖ *Referenz* das Rohr (2). Aktivieren Sie die Optionen *Gehrung teilen* (3) und *Gehrungsschnitt auf beiden Seiten* (4) und tragen Sie den Abstand *0 mm* ein (5). Bestätigen Sie die Auswahl durch [Anwenden] *Anwenden*.

Das Programm errechnet den optimalen Zuschnitt und bearbeitet beide Rohre. Wiederholen Sie den Befehl an den restlichen Schnittstellen beider Räder.

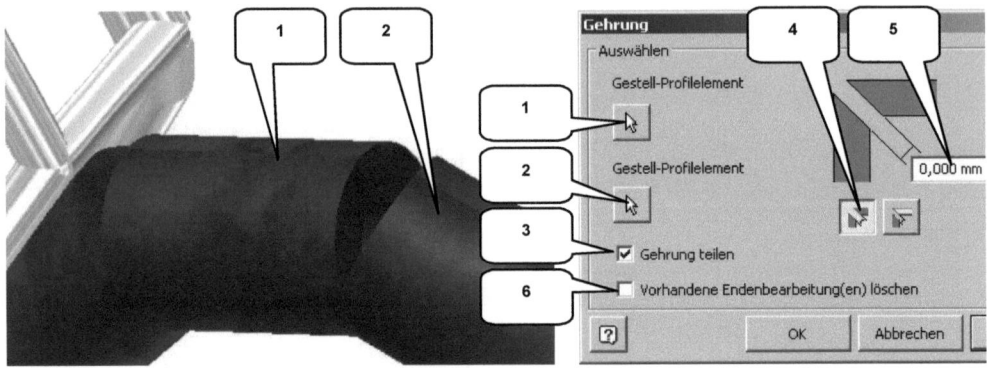

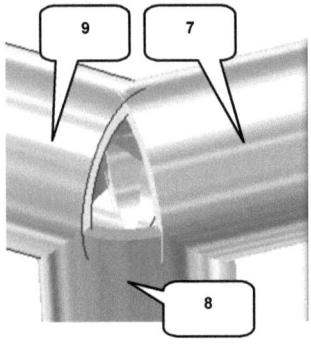

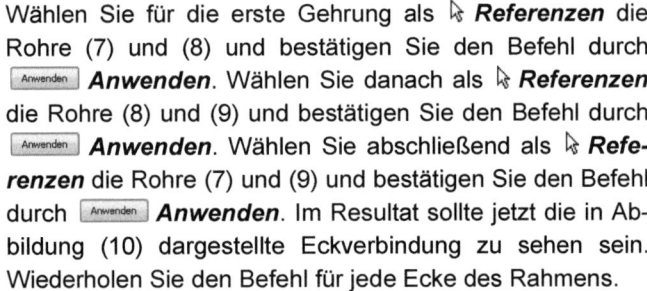

Wurden die restlichen Überschneidungen der Räder angepasst, kann auch der Rahmen bearbeitet werden. Hier gibt es allerdings eine Besonderheit: Es treffen nicht nur zwei, sondern jeweils drei Rohre aufeinander. An jeder Schnittstelle muss der Befehl daher auch dreimal ausgeführt werden. Starten Sie bei einer beliebigen Ecke des Motorradrahmens und beginnen Sie dort mit der Bearbeitung. Verwenden Sie dieselben Einstellungen wie beim letzten Befehl. Besonders ist darauf zu achten, dass die Option *Vorhandene Endenbearbeitung(en) löschen* (6) deaktiviert ist.

Wählen Sie für die erste Gehrung als ⌖ *Referenzen* die Rohre (7) und (8) und bestätigen Sie den Befehl durch Anwenden *Anwenden*. Wählen Sie danach als ⌖ *Referenzen* die Rohre (8) und (9) und bestätigen Sie den Befehl durch Anwenden *Anwenden*. Wählen Sie abschließend als ⌖ *Referenzen* die Rohre (7) und (9) und bestätigen Sie den Befehl durch Anwenden *Anwenden*. Im Resultat sollte jetzt die in Abbildung (10) dargestellte Eckverbindung zu sehen sein. Wiederholen Sie den Befehl für jede Ecke des Rahmens.

Der Bearbeitungsbereich der Baugruppe *Frame0001.iam* kann anschließend ←◌ *verlassen* und die Baugruppe *gespeichert* und *geschlossen* werden.

11 Schlusswort

Der Autor des Buches hofft, dass Sie bei der Arbeit mit dem Programm und dem Übungsprojekt viel Spaß hatten. Der Inhalt des Buches wurde sorgfältig geprüft. Leider können Fehler nicht ausgeschlossen werden.

Wenn Ihnen während der Arbeit mit dem Buch Fehler auffallen sollten, oder wenn Sie Ideen zur Verbesserung des Inhaltes haben, ist Ihnen der Autor für jeden Hinweis per E-Mail dankbar. Konstruktive Anmerkungen können jederzeit an:

> *schlieder@cad-trainings.de*

gesendet werden.

Vielen Dank.

Auszug aus dem Inventor-Grundlagenbuch

Die folgenden Seiten zeigen Auszüge aus dem Buch:

> *Autodesk® Inventor® 2018 - Grundlagen in Theorie und Praxis*

Dieses Buch ist ein Grundlagenbuch für Autodesk® Inventor® 2018. Anhand eines komplexen Übungsbeispiels, lernt der Leser den Umgang mit dem Programm. In kleinen, nachvollziehbaren Schritten, werden Skizzen gezeichnet, Bauteile erzeugt, Baugruppen zusammengefügt und animiert, Zeichnungen abgeleitet, Präsentationen erstellt, Bleche bearbeitet und parametrische Konstruktionen erzeugt. Der Leser erfährt nützliche Hinweise zum Umgang mit dem Programm und kann die Theorie, parallel zum Buch, in kleinen praktischen Schritten umsetzen.

Die folgenden Bereiche werden in diesem Buch behandelt:

> *Projekte erstellen, verwalten und exportieren*
> *Skizzen erstellen und Konturen zeichnen*
> *Bauteile aus Skizzen erzeugen*
> *Baugruppen zusammenfügen und animieren*
> *Normteile aus dem Inhaltscenter generieren*
> *Bauteile und Baugruppen als Zeichnung ableiten*
> *Bilder rendern*
> *Baugruppen präsentieren*
> *Bleche erzeugen und bearbeiten*
> *Schweißbaugruppen erstellen*
> *Parametrisches Konstruieren*

Weitere Informationen zu diesem und anderen Büchern erhalten Sie auf der Website:

> *http://www.cad-trainings.de/*

Christian Schlieder

LEICHT VERSTÄNDLICH - KOMPLEXES ÜBUNGSBEISPIEL

Autodesk®
Inventor® 2018

Grundlagen in Theorie und Praxis

8. Auflage

Viele praktische Übungen am
Konstruktionsobjekt
4-TAKT-MOTOR

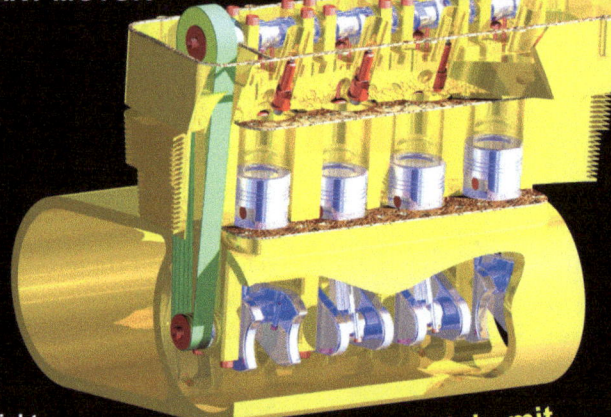

Projekte
Bauteile
Parameter
Baugruppen
Zeichnungen
Präsentationen
Inventor Studio
Blechbearbeitung
Schweißbaugruppen

Leicht verständlich, mit
zahlreichen Abbildungen!

INHALTSVERZEICHNIS

1 Grundlegendes zum Buch

1.1 Zielgruppe und Aufbau des Buches

Dieses Übungsbuch für **Autodesk® Inventor® 2018** richtet sich an alle interessierten Personen, die den Umgang mit dieser Software von Grund auf erlernen möchten. Die Bereiche 2D-Skizze, 3D-Modelllierung, Baugruppe (Zusammenfügen), Zeichnungserstellung (Ansichten platzieren, Mit Anmerkung versehen) und Präsentation werden ausführlich behandelt.

Viele wichtige Befehle des Programms werden erläutert und in kleinen Schritten praktisch gefestigt. Als Übungsbeispiel dient ein Viertaktmotor, dessen Bauteile schrittweise erzeugt und später in einer Hauptbaugruppe miteinander verbunden werden.

1.2 Erzeugen des Projektordners/ Herunterladen der Übungsdateien

Bevor Sie mit der Umsetzung des Projekts beginnen, sollten die folgenden Arbeiten erledigt werden:

Erzeugen eines neuen Projektordners

Erstellen Sie auf Ihrem PC an geeigneter Stelle einen neuen Ordner:

> ➢ *Inventor-2018-Übung-4-Takt-Motor*

Herunterladen der Übungsdateien

Besuchen Sie im Internet die folgende Website:

> ➢ *http://www.cad-trainings.de/html/Download.html*

Suchen Sie das passende Buch und klicken Sie auf den nebenstehenden Link, um die zum Buch gehörende Übungsdatei (ZIP-Format) auf Ihrem PC zu speichern. Speichern Sie die Datei in dem vorher erzeugten Projektordner *Inventor-2018-Übung-4-Takt-Motor* und entpacken Sie die Datei dort hinein. Die darin enthaltenen Dateien werden später benötigt.

- Erstellen eines Einzelbenutzerprojekts -

5 Erstellen eines Einzelbenutzerprojekts

In Inventor® sollte möglichst in Projekten gearbeitet werden um die Koordination zusammenhängender Dateien und Einstellungen zu vereinfachen. Zu jedem Projekt wird eine eigene Projektdatei (*.ipj) erzeugt, welche alle Informationen und Querverweise eines Projekts speichert. Das ist besonders dann wichtig wenn komplexe Projekte nach Ihrer Fertigstellung archiviert oder kopiert werden sollen. Erzeugen Sie ein neues Einzelbenutzer-Projekt mit der Bezeichnung *Inventor-2018-4-Takt-Motor*. Es sollte im gleichnamigen Projektordner gespeichert werden.

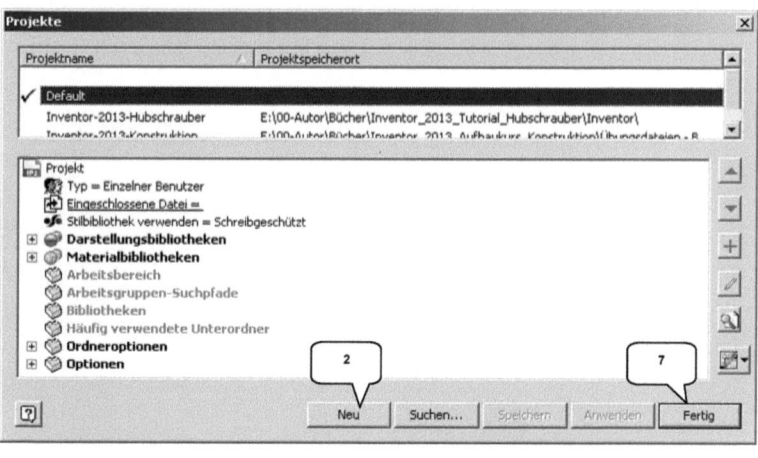

> 🗂 **Projekte** (1)
> ⬜ Neu **Neu** (2)
> Neues Einzelbenutzer-Projekt (3)
> ⬜ Weiter **Weiter**
> Name: *Inventor-2018-4-Takt-Motor* (4)

> ⬜ Projektordner: Pfad zum Projektordner wählen (5)
> ⬜ Fertig stellen **Fertigstellen** (6)
> ⬜ Fertig **Fertig** (7)

- Erstellen eines Einzelbenutzerprojekts -

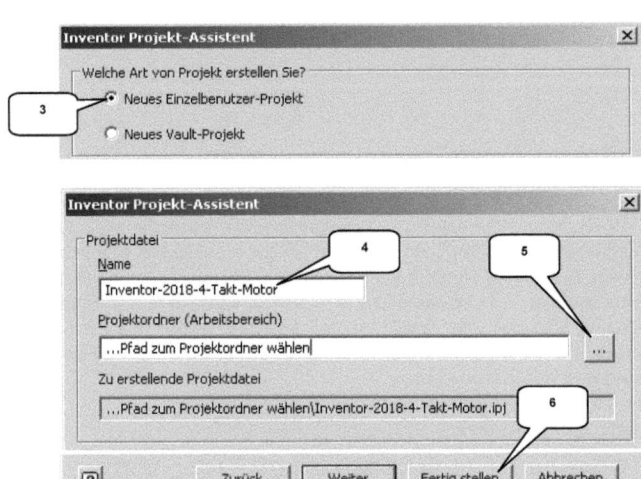

Das neue Projekt wird automatisch aktiviert, was durch einen kleinen Haken (8) in der Zeile des aktiven Projekts signalisiert wird. Ein Doppelklick auf ein bereits vorhandenes Projekt aktiviert das jeweilige Projekt.

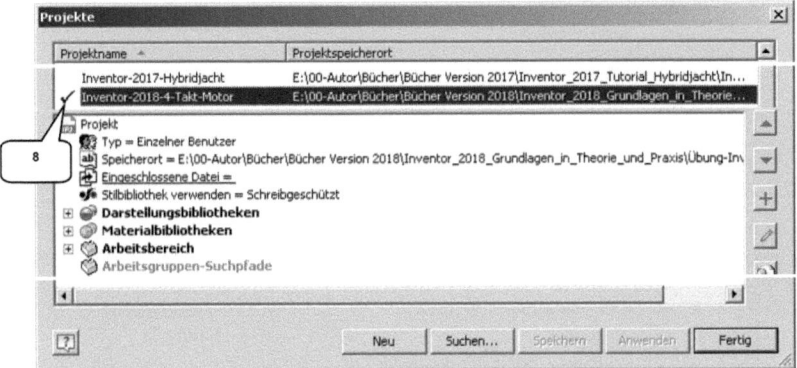

- SKIZZEN und BAUTEILE -

6   SKIZZEN und BAUTEILE

6.1   Bauteil: Ventil

6.1.1   Erstellen einer neuen Bauteildatei

Um eine neue Bauteildatei zu erstellen ist im Register *Erste Schritte* der Befehl 🗋 Neu (1)
zu starten. Im Fenster *Neue Datei erstellen* (2) kann dann aus den bereits vorhandenen
Vorlagen (Templates) ausgewählt werden. Die folgenden Templates stehen zur Verfügung:

➤ **Blech.ipt**	erzeugt ein neues Blechbauteil
➤ **Norm.ipt**	erzeugt ein neues Bauteil
➤ **Norm.iam**	erzeugt eine neue Baugruppe
➤ **Schweißkonstruktion.iam**	erzeugt eine neue Schweißbaugruppe
➤ **Norm.dwg**	erzeugt eine neue AutoCAD-Zeichnung (*.dwg)
➤ **Norm.idw**	erzeugt eine neue Inventor®-Zeichnung (*.idw)
➤ **Norm.ipn**	erzeugt eine neue Präsentation (Sprengbild)

Um ein Bauteil erzeugen zu können muss die Vorlage 🗂 *Norm.ipt* (3) verwendet werden.

➤ 🗋 Neu (1)
➤ 🗂 *Norm.ipt* (3)
➤ Erstellen *Erstellen* (4)

- SKIZZEN und BAUTEILE -

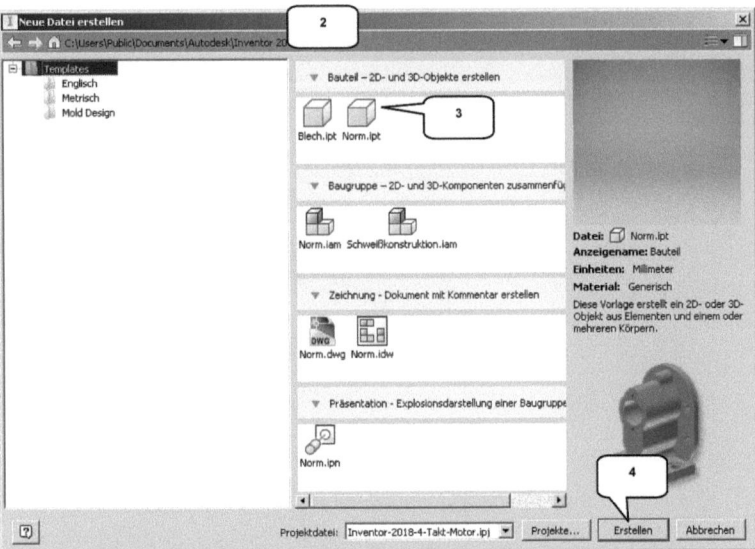

Wurden die Einstellungen in den Anwendungsoptionen korrekt übernommen, so erzeugt das Programm jetzt automatisch eine neue 2D-Skizze auf der XY-Ebene und wechselt danach in den Skizzenbereich.

6.1.2 Projizieren der drei Hauptachsen

Jedes Bauteil und jede Baugruppe verfügt über ein Koordinatensystem mit den **Hauptachsen** (X, Y, Z) und die **Hauptebenen** (XY, XZ, YZ). Auf den Ebenen können neue Skizzen erzeugt werden, die Achsen dienen u. a. zur Ausrichtung geometrischer Zeichenelemente im Skizzenbereich. Grundlegend sollten alle Objekte im Skizzenbereich am Koordinatensystem ausgerichtet und auch möglichst symmetrisch dazu gezeichnet werden. Das vereinfacht die Konstruktion eines Bauteils und eröffnet dem Anwender in späteren Konstruktionsschritten viele neue Möglichkeiten.

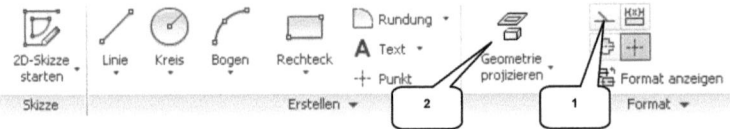

- SKIZZEN und BAUTEILE -

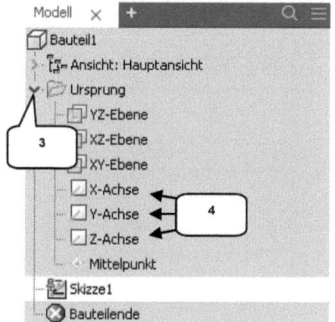

Die Koordinatenachsen können im Skizzenbereich eines Bauteils leider ohne zusätzliche Schritte nicht verwendet werden: sie müssen zuerst dorthin übertragen werden. Das geht am einfachsten wenn die Achsen in den Skizzenbereich projiziert werden.

Mit der folgenden Anleitung werden die Koordinatenachsen jetzt als Hilfslinien in den Skizzenbereich übertragen:

> ⌐ **Konstruktion** aktivieren (1)
> ⦦ **Geometrie projizieren** (2)
> Ordner *Ursprung* erweitern (3)
> 3 Achsen nacheinander anklicken (4)

> Taste: **ESC** drücken (Beendet den Befehl ⦦ **Geometrie projizieren**)
> ⌐ **Konstruktion** deaktivieren (1)

___

HINWEIS: Dieser erste Schritt im Skizzenbereich (das Projizieren der Koordinatenachsen) sollte in jeder neuen Skizze angewandt werden. Anschließend ist dringend darauf zu achten die Option ⌐ **Konstruktion** wieder zu deaktivieren, da ansonsten alle folgenden Zeichenobjekte ebenfalls „nur als Hilfslinien" erzeugt werden würden.

6.1.3   Das Register SKIZZE im Überblick

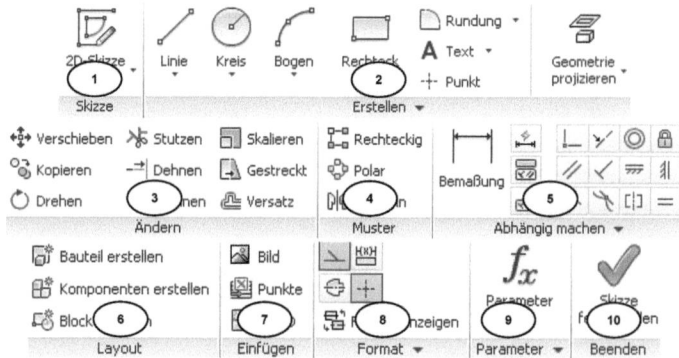

OPTIONEN

1) Erzeugen einer neuen Skizze (2D/3D)
2) Erstellen neuer Zeichenobjekte
3) Bearbeiten von Zeichenobjekten
4) Rechteckige, polare oder gespiegelte Kopien erzeugen
5) Bemaßungen und Abhängigkeiten einfügen

6) Objekte als Bauteile oder Baugruppen exportieren, Gruppieren
7) Bilder, Tabellenpunkte oder AutoCAD-Zeichnungen importieren
8) Eigenschaften von Linien, Punkten und Bemaßungen ändern
9) Parametermanager starten
10) Skizze beenden

6.1.4 Zeichnen der ersten Linien

Nachdem das Koordinatensystem in den Skizzenbereich übernommen wurde (zwei wahrscheinlich sehr schlecht zu erkennende gestrichelte Linien), kann mit dem Zeichnen der ersten Kontur begonnen werden. Starten Sie hierfür den Befehl ╱ **Linie** (1) und kontrollieren Sie bei dieser Gelegenheit noch einmal, ob die Option ⟍ **Konstruktion** (2) auch wirklich wieder deaktiviert wurde (der Befehl sollte jetzt <u>grau</u> und nicht blau hinterlegt sein). Im Ergebnis würde die folgende Kontur ansonsten nicht als Volllinie sondern ebenfalls gestrichelt gezeichnet werden, was die Verwendung dieser Linienkontur im Modellbereich unmöglich machen würde.

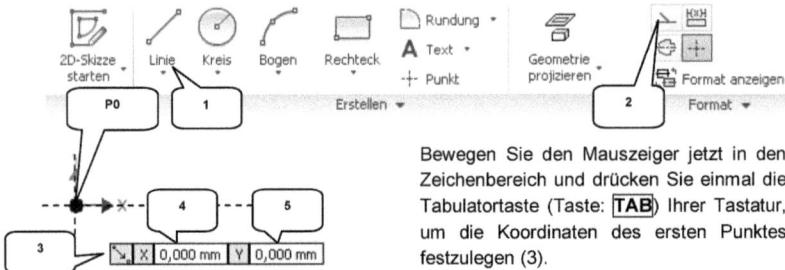

Bewegen Sie den Mauszeiger jetzt in den Zeichenbereich und drücken Sie einmal die Tabulatortaste (Taste: TAB) Ihrer Tastatur, um die Koordinaten des ersten Punktes festzulegen (3).

Tragen Sie für die X-Koordinate den Wert **0 mm** (4) ein und drücken Sie danach erneut die Taste: TAB. Das Programm erwartet jetzt die Eingabe der Y-Koordinate und auch hier ist der Wert **0 mm** (5) einzutragen. Wird die Eingabe im Anschluss daran mit der Taste: ENTER bestätigt, platziert das Programm den ersten Linienpunkt.

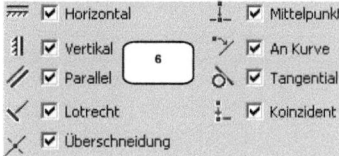

An dieser Stelle folgt ein kurzer Hinweis zu den Abhängigkeiten: Inventor® wird (so wie in den Anwendungsoptionen vorgegeben) alle Abhängigkeiten (6) in den Skizzenbereich übernehmen, wenn diese während des Zeichnens vom Programm erkannt und angezeigt werden. Folgende Abhängigkeiten stehen hierbei zur Verfügung:

➢ **Horizontal**	eine Linie wird parallel zur X-Achse ausgerichtet
➢ **Vertikal**	eine Linie wird parallel zur Y-Achse ausgerichtet
➢ **Parallel**	zwei Linien werden parallel zueinander ausgerichtet
➢ **Lotrecht**	zwei Linien werden in einem Winkel von 90° zueinander angeordnet
➢ **Überschneidung**	ein Punkt wird am Schnittpunkt zweier Objekte befestigt
➢ **Mittelpunkt**	ein Punkt wird am Mittelpunkt eines Objekts (Linie/ Bogen) befestigt
➢ **An Kurve**	ein Punkt wird auf einen Strahl gelegt
➢ **Tangential**	zwei Objekte werden tangential aneinander befestigt
➢ **Koinzident**	zwei Punkte werden aufeinandergelegt

HINWEIS: Beim Zeichnen sollte stets darauf geachtet werden, ob das Programm eine dieser Abhängigkeiten anzeigt. Wird an dieser Stelle dann mit der **linken Maustaste** geklickt, wird die angezeigte Abhängigkeit automatisch in den Skizzenbereich übernommen. Beim späteren Bemaßen der Zeichenobjekte könnte es dann zu Problemen kommen, weil unbeabsichtigt gesetzte Abhängigkeiten in Widerspruch zu den gewollt erzeugten Maßen stehen.

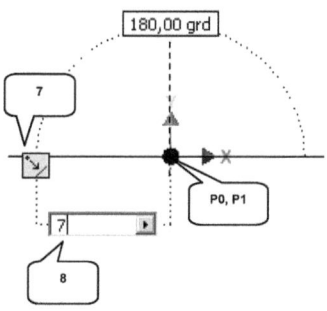

Der erste Punkt der Linie (P1) wurde bereits im Koordinatenursprung (P0) abgelegt und das Programm erwartet jetzt weitere Punkte, um ein Linienobjekt erzeugen zu können. Ziehen Sie die Maus gerade und entlang der projizierten X-Achse nach links (die Abhängigkeit └─ Koinzident (7) sollte angezeigt werden) und tragen Sie in das Eingabefeld für die Linienlänge (8) den Wert **7 mm** ein. Sobald die Eingabe mit der Taste: **ENTER** bestätigt wird, sollte die Linie in der gewünschten Länge erzeugt und weiterhin 7um eine Bemaßung ergänzt worden sein.

- SKIZZEN und BAUTEILE -

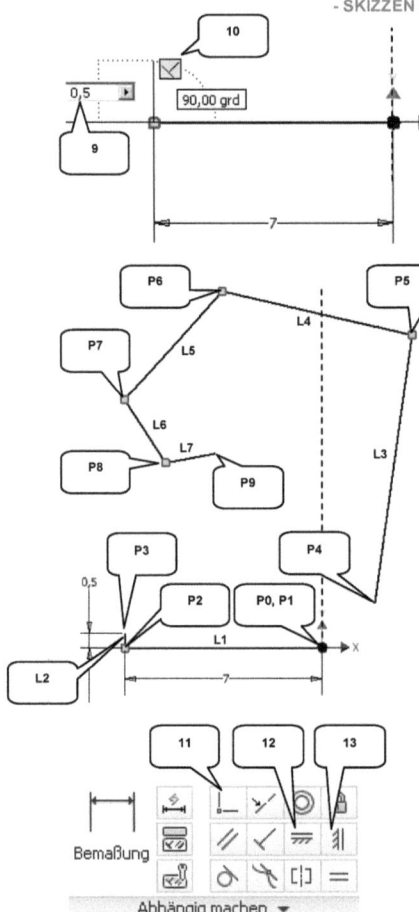

Ziehen Sie die Maus in gerader Linie nach oben und tragen Sie in das Eingabefeld der Linienlänge den Wert *0,5 mm* ein (9). Achten Sie darauf, dass während des Zeichnens die Abhängigkeit ✓ Lotrecht (10) angezeigt wird. Bestätigen Sie die Eingabe mit der Taste: ENTER und beenden Sie den Zeichenbefehl mit der Taste: ESC.

Starten Sie den Linienbefehl erneut und zeichnen Sie fünf zusammenhängende Linien durch Setzen der einzelnen Linienpunkte (P4...P9). Alle Linien sind leicht schräg zu zeichnen, so wie in der linken Abbildung dargestellt. Achten Sie darauf, dass beim Ablegen der Punkte keine Abhängigkeiten angezeigt werden.

➢ ✓ Linie
➢ (P4) frei ablegen (linke Maustaste)
➢ (P5) frei ablegen (linke Maustaste)
➢ (P6) frei ablegen (linke Maustaste)
➢ (P7) frei ablegen (linke Maustaste)
➢ (P8) frei ablegen (linke Maustaste)
➢ (P9) frei ablegen (linke Maustaste)
➢ Taste: ESC

Abhängigkeiten können bereits während des Zeichnens gesetzt (wie bei den ersten beiden Linien L1, L2) oder nachträglich platziert werden. Um die Linien (L3...L7) nachträglich in Form zu bringen, soll die zuletzt erwähnte Option verwendet werden.

Starten Sie die Abhängigkeit ∟ Koinzident (11), um den Punkt (P4) auf den Koordinatenursprung (P0) zu platzieren.

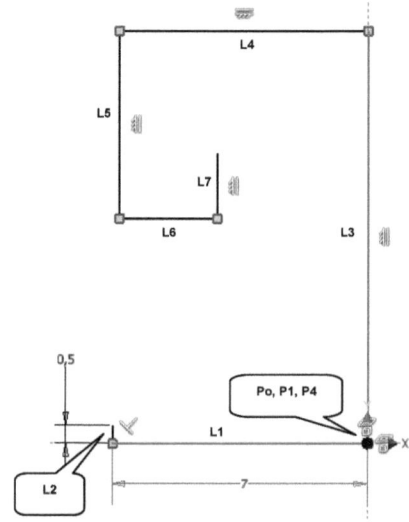

> ∟ **Koinzident** (11)
> (P0) wählen (linke Maustaste)
> (P4) wählen (linke Maustaste)
> Taste: **ESC**

Mit den Abhängigkeiten ⚌ **Horizontal** (12) und ⫼ **Vertikal** (13) sind die restlichen Linien zu bearbeiten.

> ⚌ **Horizontal** (12)
> Linien (L4) und (L6) wählen
> Taste: **ESC**

> ⫼ **Vertikal** (13)
> Linien (L3), (L5) und (L7) wählen
> Taste: **ESC**

HINWEIS: Alle in einer Skizze existierenden Abhängigkeiten können mit der Taste: **F8** ein- und mit der Taste: **F9** wieder ausgeblendet werden. Kleine Symbole deuten die jeweiligen Abhängigkeiten an. Um eine falsch gesetzte Abhängigkeit zu löschen, klicken Sie auf das entsprechende Abhängigkeitssymbol (es wird dann rot dargestellt) und drücken die Taste: **ENTF** (alternativ: *rechte Maustaste > Löschen*).

6.1.5   Bemaßung und Bearbeitung von Zeichenelementen

Die ersten beiden Linien (L1, L2) sind bereits bemaßt. Um auch die restlichen Linien (L3...L7) vollständig Bemaßen zu können kann der Befehl ⊢ **Bemaßung** (1) gestartet werden.

Der Befehl ermöglicht das Bemaßen unterschiedlicher Objekte aufgrund ihrer geometrischen Eigenschaften bzw. ihrer Ausrichtung zu anderen Objekten. Bemaßt werden können z. B. Längen, Winkel, Abstände, Radien, Durchmesser oder Bogenlängen.

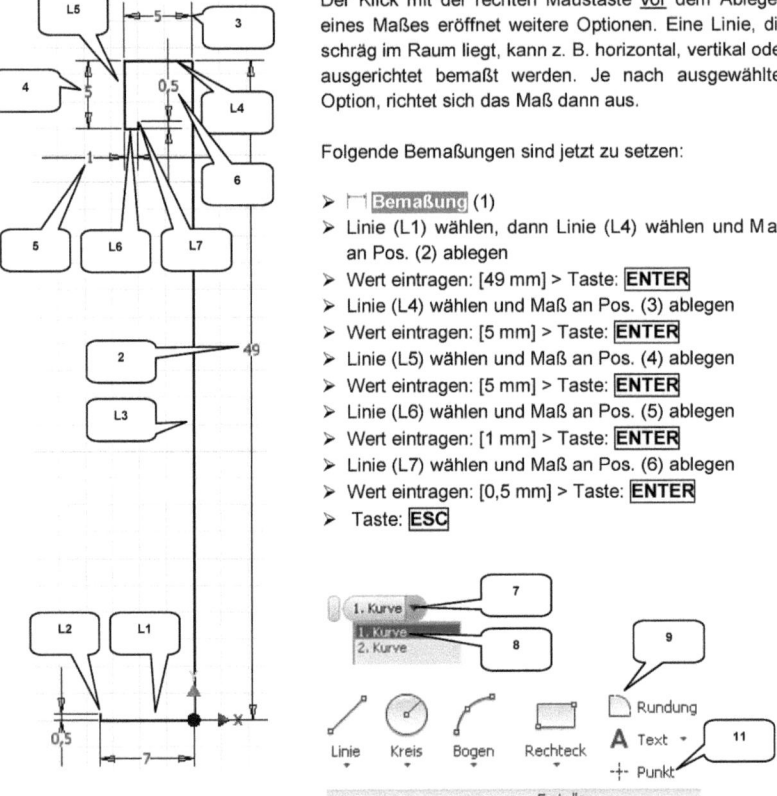

Der Klick mit der rechten Maustaste <u>vor</u> dem Ablegen eines Maßes eröffnet weitere Optionen. Eine Linie, die schräg im Raum liegt, kann z. B. horizontal, vertikal oder ausgerichtet bemaßt werden. Je nach ausgewählter Option, richtet sich das Maß dann aus.

Folgende Bemaßungen sind jetzt zu setzen:

➢ ⊏⊐ Bemaßung (1)
➢ Linie (L1) wählen, dann Linie (L4) wählen und Maß an Pos. (2) ablegen
➢ Wert eintragen: [49 mm] > Taste: ENTER
➢ Linie (L4) wählen und Maß an Pos. (3) ablegen
➢ Wert eintragen: [5 mm] > Taste: ENTER
➢ Linie (L5) wählen und Maß an Pos. (4) ablegen
➢ Wert eintragen: [5 mm] > Taste: ENTER
➢ Linie (L6) wählen und Maß an Pos. (5) ablegen
➢ Wert eintragen: [1 mm] > Taste: ENTER
➢ Linie (L7) wählen und Maß an Pos. (6) ablegen
➢ Wert eintragen: [0,5 mm] > Taste: ENTER
➢ Taste: ESC

HINWEIS: Liegt ein zu bemaßendes Objekt sehr dicht an einem anderen Objekt oder sogar darüber, so kann es möglicherweise nicht ausgewählt werden. Hier bietet das Programm die Möglichkeit, die Auswahl zu differenzieren: Halten Sie in diesem Fall den Mauszeiger eine Weile auf das gewünschte Objekt und warten Sie, bis das Auswahlfenster (7) erscheint. Im Popup-Menü (8) kann das gesuchte Objekt dann lokalisiert werden.

- SKIZZEN und BAUTEILE -

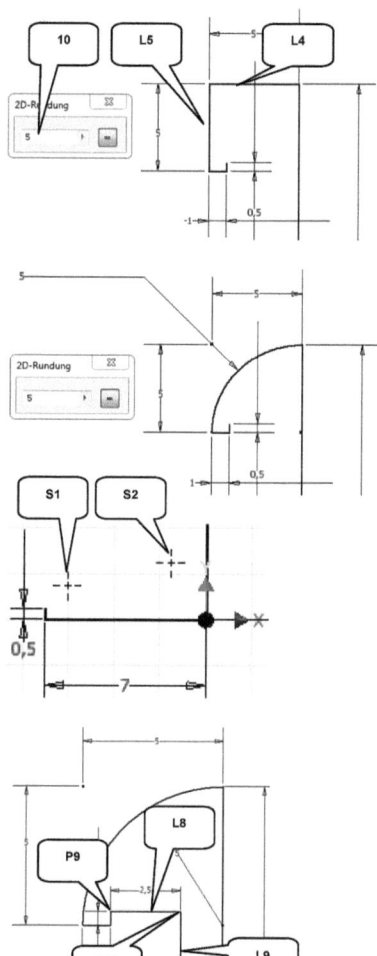

In der folgenden Übung soll die Ecke im oberen Bereich mit einem Radius von **5 mm** abgerundet werden.

- ➢ ▢ `Rundung` (9)
- ➢ Radius: [5 mm] eintragen (10)
- ➢ Linie (L4), dann Linie (L5) wählen
- ➢ Taste: `ESC`

Weiterhin sind zwei Punkte zu erzeugen, die mittels Koordinateneingabe per Tastatur zu positionieren sind.

- ➢ ✛ `Punkt` (11)
- ➢ Taste: `TAB` > X-Koordinate: [-6 mm]
- ➢ Taste: `TAB` > Y-Koordinate: [1,5 mm]
- ➢ Taste: `ENTER`
- ➢ Taste: `TAB` > X-Koordinate: [-1,5 mm]
- ➢ Taste: `TAB` > Y-Koordinate: [2,5 mm]
- ➢ Taste: `ENTER`
- ➢ Taste: `ESC`

HINWEIS: Werden Punkte durch Eingabe-werte der Tastatur positioniert, so sind sie danach noch immer frei beweglich!

Erzeugen Sie, beginnend im Punkt (P9) im oberen Teil der Skizzenkontur zwei weitere Liniensegmente (L8) und (L9).

- ➢ ╱ `Linie`
- ➢ Startpunkt (P9) wählen
- ➢ Linie gerade nach rechts ziehen
- ➢ Länge eintragen: [2,5 mm]
- ➢ Taste: `ENTER`
- ➢ Linie gerade nach unten ziehen und auf den Punkt (S2) klicken
- ➢ Taste: `ESC`

- SKIZZEN und BAUTEILE -

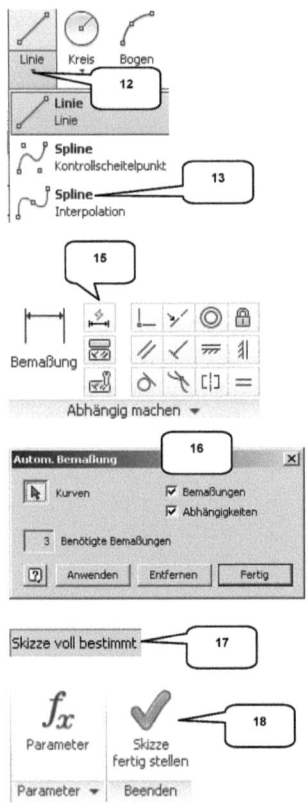

Der untere Teil der Skizzengeometrie muss noch geschlossen werden. Erweitern Sie den Befehl *Linie* durch einen Klick auf das kleine Dreieck (12) und starten Sie den Befehl ⌇ **Spline Interpolation** (13).

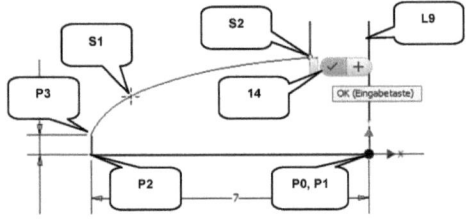

➢ ⌇ **Spline Interpolation** (13)
➢ Punkt (P3) wählen
➢ Punkt (S1) wählen
➢ Punkt (S2) wählen
➢ ✔ *OK* (14)

Skizzen sollten möglichst vollständig bemaßt werden um Fehler zu vermeiden. Hierfür bietet das Programm eine Lösung an: die *automatische Bemaßung*. Sie prüft die Skizze und ergänzt fehlende Maße und Abhängigkeiten <u>nach</u> dem manuellen Bemaßen.

➢ ⌇ **Automatisches Bemaßen** (15)
➢ Einstellungen übernehmen (16)
➢ Anwenden *Anwenden*
➢ Fertig *Fertig*

Die Skizze sollte jetzt vollständig bemaßt worden sein, was das Programm im unteren, rechten Bereich des Zeichenfensters durch die Meldung *Skizze voll bestimmt* (17) quittiert. Mit dem Befehl ✔ **Skizze fertigstellen** (18) kann der Skizzenbereich verlassen werden.

- SKIZZEN und BAUTEILE -

6.1.6   Das Register 3D-Modelllierung im Überblick

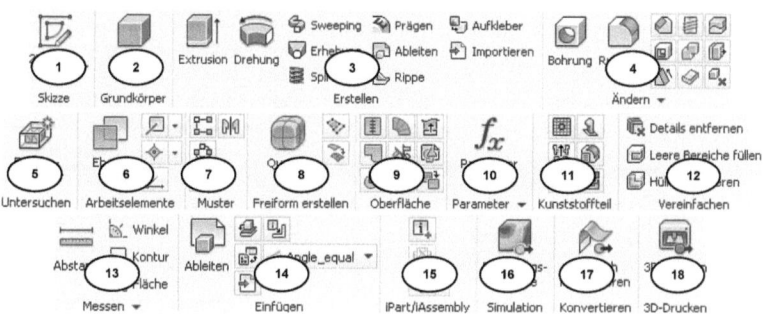

O P T I O N E N

1) Neue 2D/ 3D-Skizzen erzeugen
2) Volumenkörper-Basiselemente erzeugen (Quader, Kugel, Zylinder...)
3) Volumen- oder Flächenkörper aus Skizzen erzeugen
4) Bearbeiten vorhandener Volumen- oder Flächenkörper
5) Formen-Generator
6) Arbeitsebenen, -achsen, -punkte
7) Rechteck/ polar anordnen, Spiegel
8) Freiformflächen erstellen/ bearbeiten

9) Flächen erstellen/ bearbeiten
10) Parametermanager
11) Kunststoffteile erzeugen
12) Konturen vereinfachen
13) Messwerkzeuge
14) Bauteile importieren/ exportieren
15) iPart/ iAssembly
16) Belastungsanalyse
17) Volumen in Blechkörper konvertieren
18) 3D-Drucken

6.1.7   Volumenkörper erzeugen

Im Register **3D-Modelllierung** soll die soeben erzeugte Skizzenkontur in einen Volumenkörper konvertiert werden. Für das aktuelle Bauteil wird dazu ein Befehl verwendet, der die 2D-Kontur um eine Achse drehen und damit den 3D-Körper erzeugen wird.

Starten Sie den Befehl 🔄 Drehung (2) und erweitern Sie das Befehlsfenster (3).

HINWEIS: Um die gerade erzeugte Skizze bearbeiten zu können, kann sie im Browser (1) mit der **rechten Maustaste** angeklickt und im Kontextmenü die Option **Skizze bearbeiten** ausgewählt werden.

- SKIZZEN und BAUTEILE -

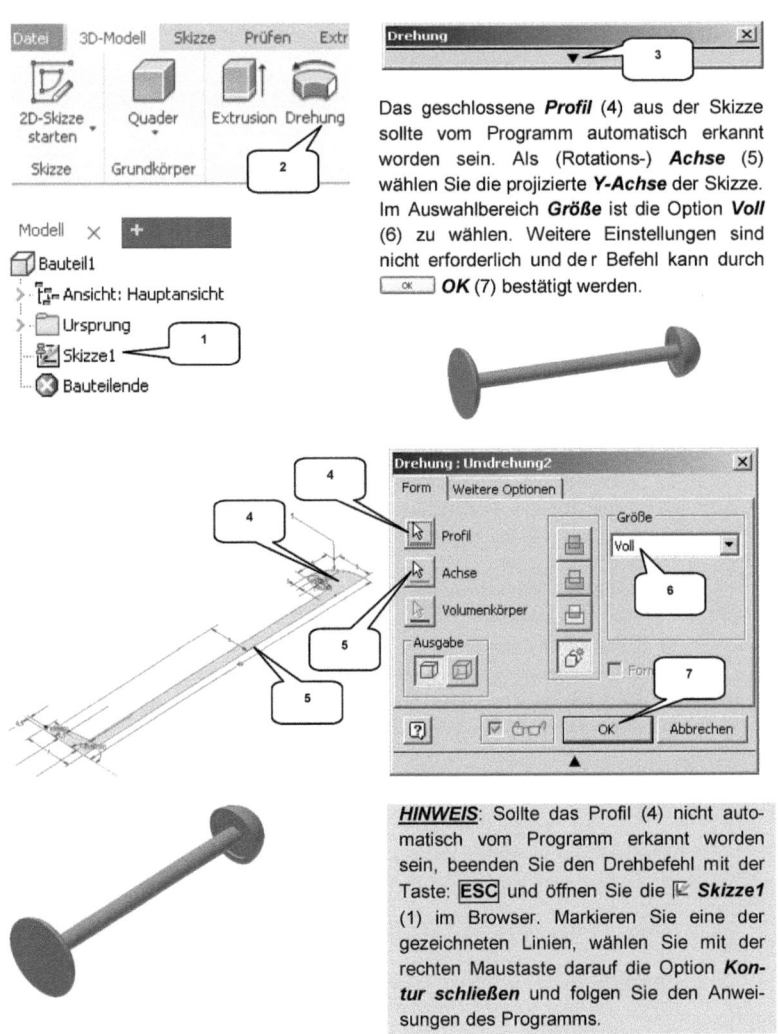

Das geschlossene *Profil* (4) aus der Skizze sollte vom Programm automatisch erkannt worden sein. Als (Rotations-) *Achse* (5) wählen Sie die projizierte *Y-Achse* der Skizze. Im Auswahlbereich *Größe* ist die Option *Voll* (6) zu wählen. Weitere Einstellungen sind nicht erforderlich und de r Befehl kann durch *OK* (7) bestätigt werden.

HINWEIS: Sollte das Profil (4) nicht automatisch vom Programm erkannt worden sein, beenden Sie den Drehbefehl mit der Taste: **ESC** und öffnen Sie die ⌐ *Skizze1* (1) im Browser. Markieren Sie eine der gezeichneten Linien, wählen Sie mit der rechten Maustaste darauf die Option *Kontur schließen* und folgen Sie den Anweisungen des Programms.

- SKIZZEN und BAUTEILE -

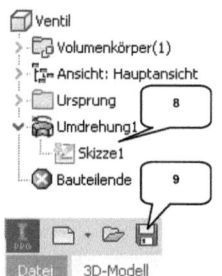

Die Skizze (8) mit der Basisgeometrie wird jetzt in den Befehl **Umdrehung** integriert. Um diesen Befehl bearbeiten zu können, muss mit der **rechten Maustaste** darauf geklickt und die Option **Element bearbeiten** gewählt werden. Zur Bearbeitung der Skizze1 ist die Option **Skizze bearbeiten** zu verwenden.

Das Bauteil kann jetzt **gespeichert** werden. Starten Sie den Befehl 🔲 Speichern (9) und verwenden Sie die Bezeichung **Ventil**. Der korrekten Speicherort (Ordner **Übung-4-Takt-Motor-2018**) sollte vom Programm vorgegeben werden.

6.2 Bauteil: Kurbelwelle-Riemenrad

6.2.1 Erzeugen der Basisskizze

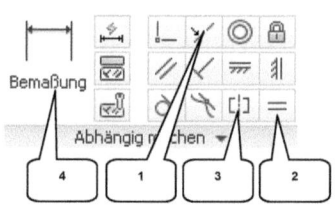

Auch das Riemenrad der Kurbelwelle soll als Rotationsobjekt erzeugt werden. Erstellen Sie eine neue Bauteildatei (Norm.ipt) und folgen Sie der Befehlskette:

➢ 🗀 Neu
➢ 🗋 Norm.ipt
➢  **Erstellen**

7   BAUGRUPPEN

7.1   Unterbaugruppe: BG_Kolben

7.1.1   Erzeugen der ersten Baugruppe

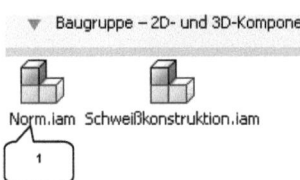

▼ Baugruppe – 2D- und 3D-Komponenten

Norm.iam Schweißkonstruktion.iam

Erstellen Sie eine neue Baugruppe (Norm.iam) und *speichern* Sie sie unter der Bezeichnung *BG_Kolben*.

➤ ▢ Neu
➤ ▣ *Norm.iam* (1)
➤ Erstellen **Erstellen**
➤ 🖫 Speichern [BG_Kolben]

7.1.2   Das Register ZUSAMMENFÜGEN im Überblick

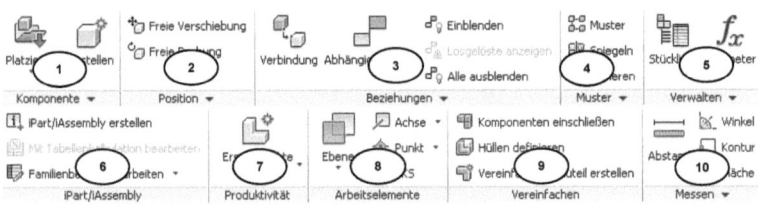

- Unterbaugruppe: BG_Kolben -

O P T I O N E N

1) Bauteile, Baugruppen oder Normteile aus dem Inhaltscenter einfügen; neue Bauteile erstellen; vorhandene Bauteile kopieren/ anordnen oder ersetzen

2) Komponenten in Position/ Lage ändern

3) Abhängigkeiten/ Verbindungen setzen

4) Elemente anordnen, kopieren oder spiegel

5) Parametermanager

6) Teilefamilien (iParts/ iAssemblys)

7) Bauteilstrukturen organisieren

8) Ebenen, Achsen, Punkte erzeugen

9) Bauteile vereinfachen

10) Abstände, Winkel, Konturen, Flächeninhalte berechnen

7.1.3   Komponenten platzieren

Der Befehl 📥 **Platzieren** (1) fügt neue Komponenten in eine Baugruppe ein. Das erste Objekt das in eine Baugruppe eingefügt wird, sollte eine Komponente sein, welche keine Bewegungen ausführen muss. Sie sollte am Koordinatenursprung der Baugruppe fixiert werden. Alle anderen Komponenten sind anschließend an ihr zu befestigen. Wurden die Anwendungsoptionen korrekt eingestellt und wird diese Komponente zuerst und einzeln platziert, so positioniert sie das Programm automatisch am Koordinatennullpunkt.

Suchen in:	📁 Übung-Inventor

Name ▲

📄 Kolben.ipt (2)

📄 Pleuel-Oberseite.ipt (3)

📄 Pleuel-Unterseite.ipt

BG_Kolben
- 📁 Beziehungen
- 📁 Darstellungen
- 📁 Ursprung
- 🔩 Kolben:1 (4)
- 📄 Pleuel-Oberseite:1
- 📄 Pleuel-Unterseite:1

➢ 📥 **Platzieren** (1)
➢ Auswahl: Kolben (2)
➢ Öffnen *Öffnen*
➢ Taste: ESC

Der Kolben wurde vom Programm automatisch am Koordinatenursprung der Baugruppe ausgerichtet und dort fixiert, was durch ein kleines *Pin-Symbol* (4) im Browser symbolisiert wird. Fügen Sie anschließend weitere Bauteile ein.

➢ 📥 **Platzieren** (1)
➢ Auswahl: Pleuel-Oberseite, Pleuel-Unterseite (3)
➢ Öffnen *Öffnen*
➢ Die Bauteile einmal mit der linken Maustaste frei ablegen
➢ Taste: ESC

- Unterbaugruppe: BG_Kolben -

7.1.4 Kolben und Pleueloberseite voneinander abhängig machen

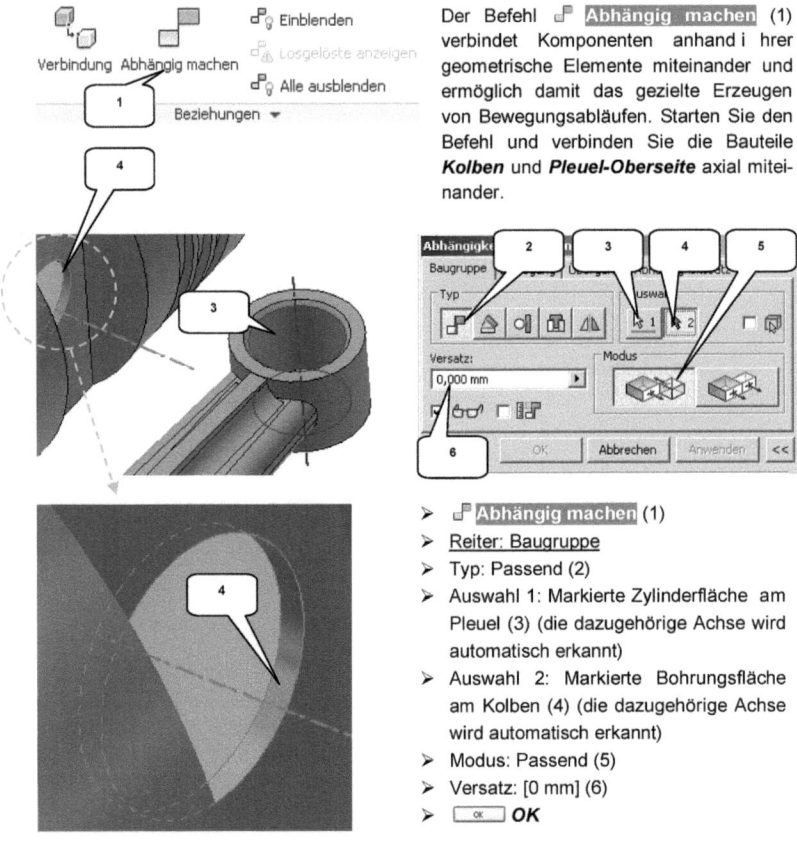

Der Befehl **Abhängig machen** (1) verbindet Komponenten anhand i hrer geometrische Elemente miteinander und ermöglich damit das gezielte Erzeugen von Bewegungsabläufen. Starten Sie den Befehl und verbinden Sie die Bauteile **Kolben** und **Pleuel-Oberseite** axial miteinander.

➢ **Abhängig machen** (1)
➢ Reiter: Baugruppe
➢ Typ: Passend (2)
➢ Auswahl 1: Markierte Zylinderfläche am Pleuel (3) (die dazugehörige Achse wird automatisch erkannt)
➢ Auswahl 2: Markierte Bohrungsfläche am Kolben (4) (die dazugehörige Achse wird automatisch erkannt)
➢ Modus: Passend (5)
➢ Versatz: [0 mm] (6)
➢ ⌐OK⌐ **OK**

HINWEIS: Die Achse einer Bohrung oder eines zylindrischen Elements wird ausgewählt, indem mit der linken Maustaste auf die dazugehörige zylindrische/ konische Fläche geklickt wird. Die entsprechende Rotationsachse wird danach vom Programm automatisch ermittelt und angezeigt.

- Unterbaugruppe: BG_Kolben -

BG_Kolben.iam
- Beziehungen
- Darstellungen
- Ursprung
- Kolben:1
  - Ansicht: (15)
  - Ursprung   (10)
    - YZ-Ebene
    - XZ-Ebene   (9)
    - XY-Ebene
    - X-Achse
    - Y-Achse
    - Z-Achse
    - Mittelpunkt
  - Passend:1   (7)
- Pleuel-Oberseite:1
  - Ansicht: (15)
  - Ursprung
    - YZ-Ebene   (11)
    - XZ-Ebene
    - XY-Ebene   (12)
    - X-Achse
    - Y-Achse
    - Z-Achse
    - Mittelpunkt
  - Arbeitsebene1
  - Arbeitsebene2
  - Passend:1   (7)

Die soeben erstellte axiale Abhängigkeit wird den zugehörigen Komponenten im Browser zugeordnet. Werden im Browser die Bauteil *Kolben* oder *Pleuel-Oberseite* erweitert, findet man darin die soeben erzeugte Abhängigkeit *Passend* (7).

> **HINWEIS**: Um eine Abhängigkeit zu bearbeiten, klicken Sie mit der *rechten Maustaste* darauf und wählen die Option *Bearbeiten* (wählen Sie *Löschen*, um eine Abhängigkeit zu entfernen).

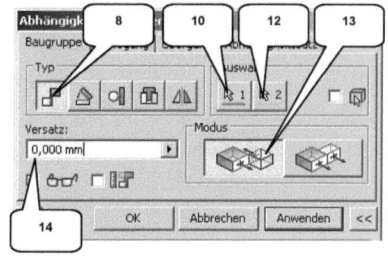

➤ ⬛ Abhängig machen
➤ Reiter: Baugruppe
➤ Typ: Passend (8)
➤ Ordner *Ursprung* (Kolben) erweitern (9)
➤ Auswahl 1: YZ-Ebene (Kolben) (10)
➤ Ordner *Ursprung* (Pleuel-Oberseite) erweitern (11)
➤ Auswahl 2: XY-Ebene (Pleuel-Oberseite) (12)
➤ Modus: Passend (13)
➤ Versatz: 0 mm (14)
➤ ⬛ *OK*

Weil das Programm Kollisionen zwischen Komponenten nicht automatisch erkennt, kann das Pleuel derzeit problemlos durch den Kolben hindurchbewegt werden. Um diesen Fehler zu beheben, drehen Sie es so, dass es nicht mit dem Kolben kollidiert. Klicken Sie dann mit der *rechten Maustaste* auf das Bauteil *Pleuel-Oberseite* und aktivieren Sie den *Kontaktsatz*. Wiederholen Sie diese Einstellung auch beim *Kolben*. Beide Komponenten sollten im Browser jetzt mit dem Symbol ⬛*Kontaktsatz* (15) angezeigt werden.

- Unterbaugruppe: BG_Kolben -

Wechseln Sie ins Register **Prüfen** (16) und aktivieren Sie dort zusätzlich die Option ✛ Kontaktlöser aktivieren (17), um die Kollisionserkennung zu aktivieren. Wird das Bauteil **Pleuel-Oberteil** jetzt bei gedrückter linker Maustaste bewegt, so sollte die Bewegung begrenzt und eine Kollision durch das Programm verhindert werden.

7.1.5 Pleuelober- und -unterseite miteinander verbinden

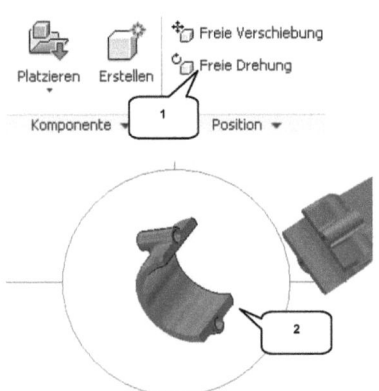

Im nächsten Schritt sollen Ober- und Unterseite des Pleuels miteinander verbunden werden. Um das zu erleichtern, sollte die Unterseite vorher etwas ausgerichtet werden. Der Befehl ⟲ Freie Drehung (1) ermöglicht ein freies Drehen einzelner Komponenten einer Baugruppe, um solche Arbeitsschritte zu erleichtern.

Markieren Sie die Unterseite des Pleuels (2), starten Sie den Befehl und drehen Sie die Pleuelunterseite bei gedrückter linker Maustaste, bis ihre Lage zur Pleueloberseite wie nebenstehend dargestellt erreicht wurde. Die Taste: ESC beendet den Befehl anschließend wieder.

HINWEIS: Um das Setzen von Abhängigkeiten zu erleichtern, können die Komponenten vorab mittels Befehl ⟲ Freie Drehung aneinander ausgerichtet werden, was fehlerhafte Positionierungen manchmal vermeiden kann.

Nachdem die Unterseite des Pleuels ausgerichtet wurde, kann mit dem Setzen der Abhängigkeiten begonnen werden. Folgen Sie dafür der Befehlskette und verbinden Sie beide Bauteile wie folgt.

- Unterbaugruppe: BG_Kolben -

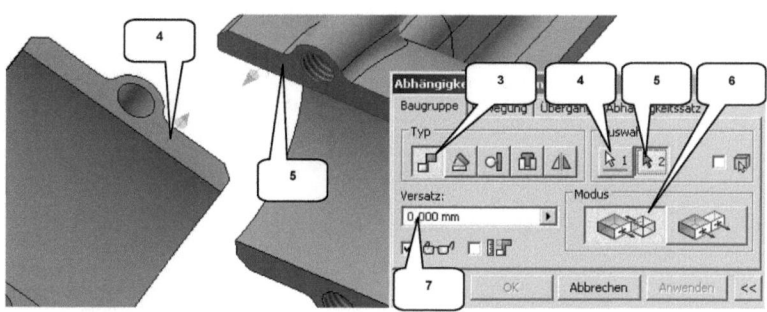

➢ ⬛ **Abhängig machen**
➢ Reiter: Baugruppe
➢ Typ: Passend (3)
➢ Auswahl 1: Markierte Fläche (4)

➢ Auswahl 2: Markierte Fläche (5)
➢ Modus: Passend (6)
➢ Versatz: [0 mm] (7)
➢ ⬛ *OK*

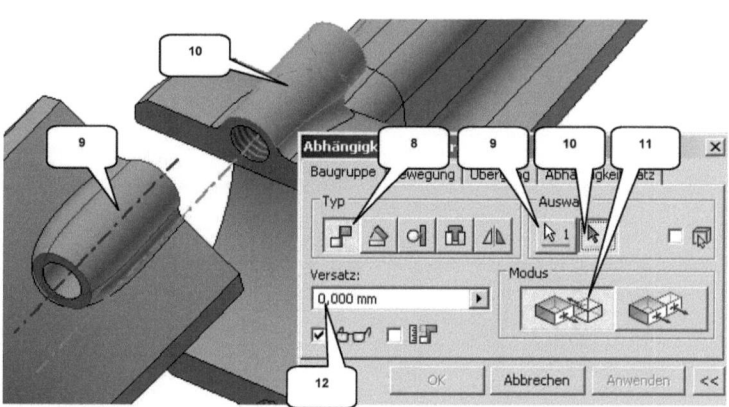

➢ ⬛ **Abhängig machen**
➢ Reiter: Baugruppe
➢ Typ: Passend (8)
➢ Auswahl 1: Mark. Zylinderfläche (9)

➢ Auswahl 2: Mark. Zylinderfläche (10)
➢ Modus: Passend (11)
➢ Versatz: [0 mm] (12)
➢ ⬛ *OK*

- Unterbaugruppe: BG_Kolben -

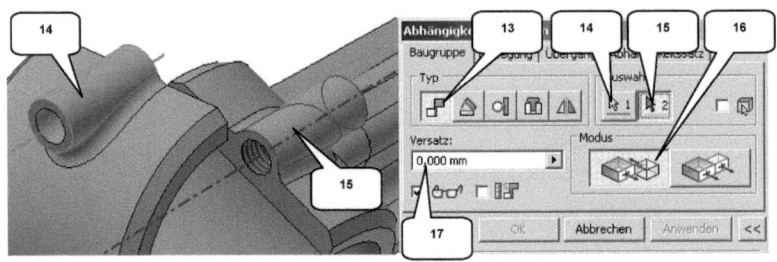

- ➢ 🔧 **Abhängig machen**
- ➢ Reiter: Baugruppe
- ➢ Typ: Passend (13)
- ➢ Auswahl 1: Mark. Zylinderfläche (14)

- ➢ Auswahl 2: Mark. Zylinderfläche (15)
- ➢ Modus: Passend (16)
- ➢ Versatz: [0 mm] (17)
- ➢ ⬜ **OK** OK

7.1.6   Schrauben aus dem Inhaltscenter platzieren

Nachdem alle Bauteile platziert und ausgerichtet wurden, soll die Baugruppe durch zwei Schrauben aus dem Inhaltscenter vervollständigt werden.

- ➢ Befehl 🔧 **Platzieren** erweitern (1)
- ➢ 🔧 **Aus Inhaltscenter platzieren** (2)

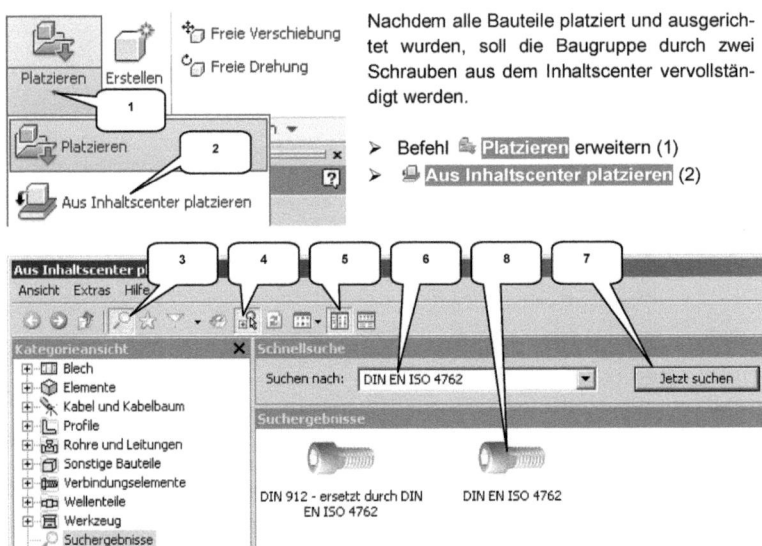

- Unterbaugruppe: BG_Kolben -

- ➢ Option: 🔍 **Suchen** aktivieren (3)
- ➢ Option: 🔧 **AutoDrop** aktivieren (4)
- ➢ Option: ▦ **Baumstrukturansicht** aktivieren (5)
- ➢ Suchen nach: [DIN EN ISO 4762] eintragen (6)
- ➢ [Jetzt suchen] **Jetzt suchen** (7)
- ➢ Markierte Schraube doppelklicken (8)

Die Schraube **darf noch** **_nicht_** **abgelegt werden**!

HINWEIS: Sollte das Inhaltscenter nicht verfügbar sein (was verschiedene Ursachen haben kann), platzieren Sie die Normteile aus dem Order **Normteile** (im Projektordner). Die Schrauben müssten dann jeweils mit Abhängigkeiten platziert werden.

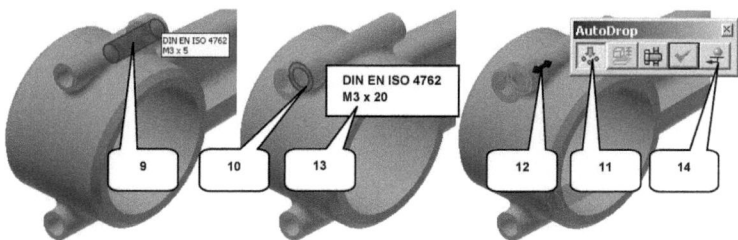

➢ Markierte Gewindebohrung am Bauteil Pleuel-Oberseite wählen (9)	➢ **Mehrere einfügen** aktivieren (11)
➢ Markierte Ringfläche am Bauteil Pleuel-Unterseite wählen (10)	➢ Am Doppelpfeil ziehen (12) bis die Größe (M3 x 20) angezeigt wird (13)
	➢ **Anwenden** (14)

HINWEIS: Die Option 🔧 **AutoDrop** ermöglicht im aktuellen Fall eine automatische Konfiguration des Schraubendurchmessers anhand der geometrischen Eigenschaften der Gewindebohrung. Diese Option ist sehr praktikabel, funktioniert allerdings leider nicht bei allen Normteilen aus dem Inhaltscenter.

7.1.7 Erstellen einer Komponente aus der Baugruppe heraus

Bauteile und Baugruppen können auch direkt aus einer Baugruppe heraus erzeugt werden, wobei zusätzlich Adaptivitäten (geometrische Abhängigkeiten) zu anderen Komponenten der Baugruppe generiert werden.

- Unterbaugruppe: BG_Kolben -

Starten Sie den Befehl 🖉 Erstellen (1) und erzeugen Sie das Bauteil **Kolbenbolzen**. Wählen Sie die Vorlage **Norm.ipt**, den Projektspeicherort und die Stücklistenstruktur **Normal**.

Wichtig: Der Haken der Option **Skizzierebene von gewählter Fläche oder Ebene abhängig machen** muss gesetzt werden, um die neue Komponente mit der entsprechenden Adaptivität zu den anderen Bauteilen zu versehen.

Das Programm erwartet anschließend die Auswahl einer Basisfläche/-ebene, auf der die XY-Ebene des neuen Bauteils platziert werden kann. Hier ist die markierte Fläche (7) des Kolbens zu wählen.

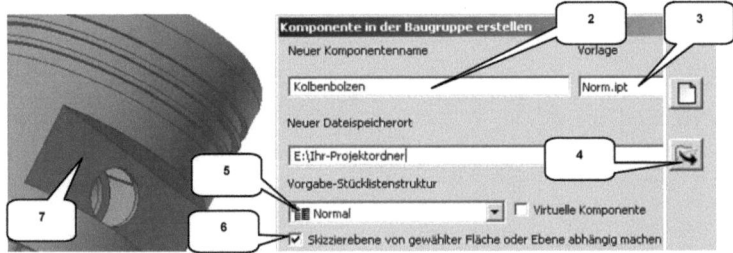

> 🖉 Erstellen (1)
> Bezeichnung: [Kolbenbolzen] (2)
> Vorlage: Norm.ipt (3)
> Dateispeicherort: Projektordner (4)
> Stücklistenstruktur: Normal (5)

> Aktivieren: Skizzierebene von gewählter Fläche abhängig machen (6)
> ⬜ OK

> Fläche am Kolben wählen (7)

Das Programm wechselt automatisch in den Bearbeitungsbereich des neuen Bauteils und aktiviert den Skizzenbereich.

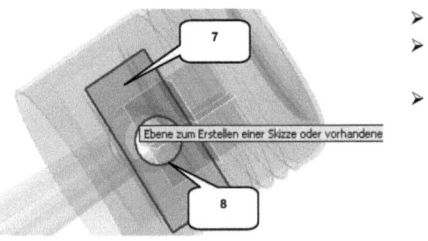

> 🖉 Geometrie projizieren
> Markierte Bohrungskante wählen (8)

> ✔ Skizze fertigstellen

- Unterbaugruppe: BG_Kolben -

Wechseln Sie ins Register *3D-Modelllierung* und extrudieren Sie den projizierten Kreis.

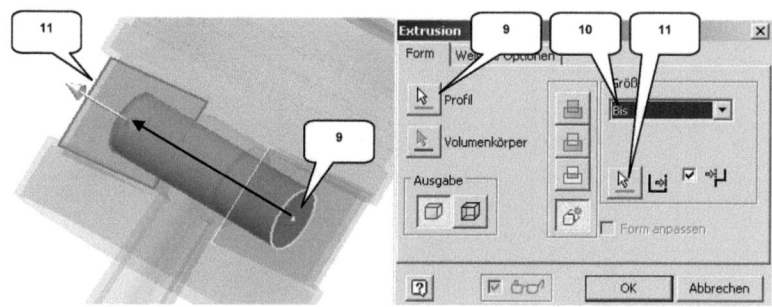

> ▣ **Extrusion**
> Profil: Kreisfläche (9)
> Größe: Bis (10)

> Endezeichen: Gegenüberliegende
> Fläche am Kolben (11)
> ⬚ *OK*

7.1.8 Materialien zuweisen

Deaktivieren Sie die Sichtbarkeit der neu erzeugten Arbeitsebene (falls diese noch eingeblendet sein sollte) und verlassen Sie den Bauteilbereich mittels Befehl ⬅◯ **Zurück** (1) um in den Baugruppenbereich zurückzukehren.

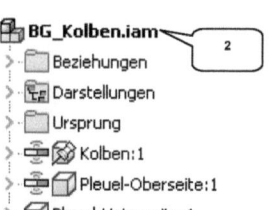

Nachdem alle Komponenten eingefügt und pliatziert wurden, soll ihnen noch ein Material zugewiesen werden.

HINWEIS: Alternativ kann aus der Bearbeitung eines Bauteils auch in den Baugruppenbereich zurückgekehrt werden, indem die Baugruppe *BG_Kolben* (2) im Browser doppelgeklickt wird.

- Unterbaugruppe: BG_Kolben -

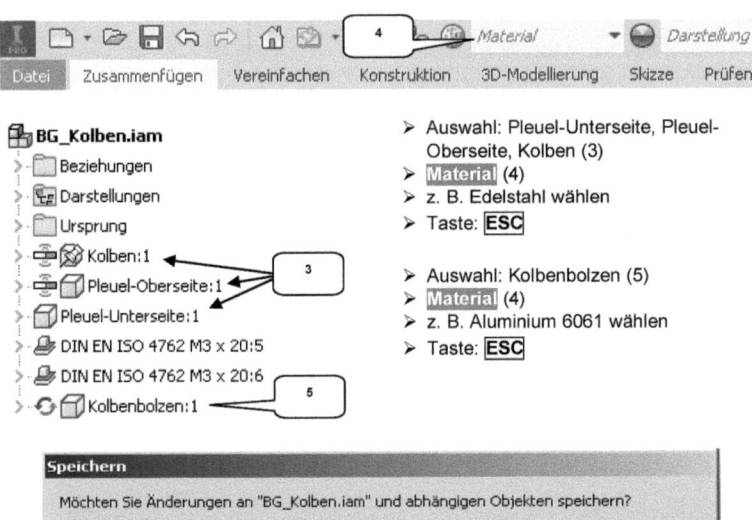

➤ Auswahl: Pleuel-Unterseite, Pleuel-Oberseite, Kolben (3)
➤ **Material** (4)
➤ z. B. Edelstahl wählen
➤ Taste: **ESC**

➤ Auswahl: Kolbenbolzen (5)
➤ **Material** (4)
➤ z. B. Aluminium 6061 wählen
➤ Taste: **ESC**

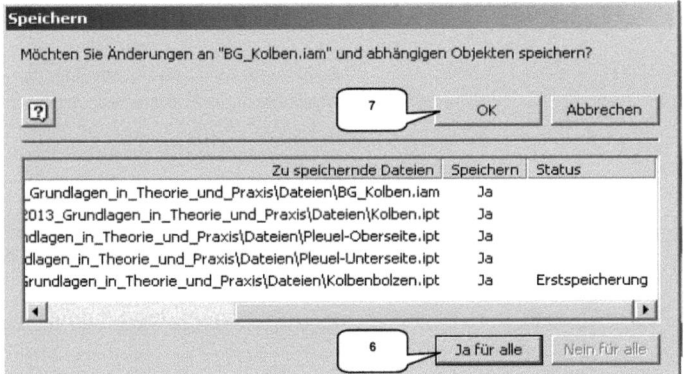

Speichern Sie die Baugruppe **BG_Kolben** abschließend und ac hten Sie dabei auf das oben dargestellte Befehlsfenster. Dort muss die Option ⬚ *Ja für alle* (6) aktiviert werden, um eine Erstspeicherung der neuen Komponenten zu gewährleisten. Bestätigen Sie abschließend mit ⬚ *OK* (7) und **schließen** Sie die Baugruppe.

- Öffnen der vorhandenen Zeichnungsvorlage -

8   ZEICHNUNGSABLEITUNGEN

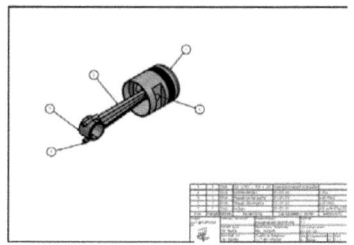

Bauteile werden im Skizzenbereich gezeichnet, im Modellbereich in Volumen- oder Flächenelemente konvertiert, dann in Baugruppen eingefügt und zum Schluss als Zeichnung a bgeleitet. Ein vollständiger *Zeichnungssatz* besteht in der Regel aus der Baugruppenzeichnung samt Positionsnummern, der Stückliste und den Bauteilzeichnungen.

8.1   Öffnen der vorhandenen Zeichnungsvorlage

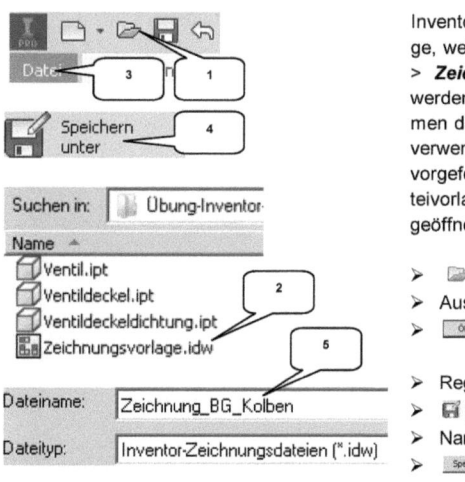

Inventor® verfügt über eine Zeichenvorlage, welche über die Befehlskette: ☐ Neu > *Zeichnung* > Ⅲ *Norm.idw* geöffnet werden kann. Weil Schriftfeld und Rahmen darin noch nicht eingerichtet wurden, verwenden wir in unseren Übungen eine vorgefertigte und bereits angepasste Dateivorlage, welche im Downloadordner geöffnet werden kann.

➢ Öffnen (1)
➢ Auswahl: Zeichnungsvorlage.idw (2)
➢ Öffnen *Öffnen*

➢ Register: *Datei* (3)
➢ Ⅲ Speichern unter (4)
➢ Name: [Zeichnung_BG_Kolben] (5)
➢ Speichern *Speichern*

HINWEIS: Das *Speichern* der Zeichnung *unter* einer anderen Bezeichnung soll verhindern, dass die Zeichnungsvorlage ungewollt überschieben wird. Alternativ kann ein eigenes Template in Inventor erzeugt werden. Bei geöffneter Datei *Zeichnungsvorlage.idw* muss dafür der Pfad: Ⅲ Hauptmenü > ⬚ Kopie als Vorlage speichern gewählt werden. Eine auf diesem Wege als Template gespeicherte Datei, kann dann jederzeit über den Befehl ☐ Neu geöffnet werden.

8.2 Das Register ANSICHTEN PLATZIEREN im Überblick

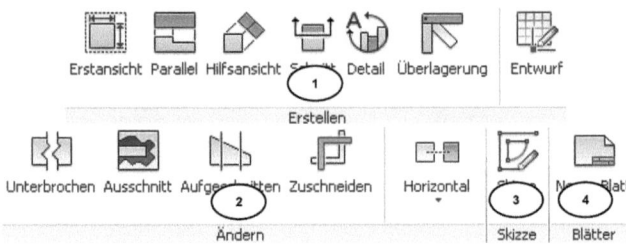

OPTIONEN

1) Erstellen neuer Ansichten
2) Bearbeiten vorhandener Ansichten
3) Erstellen einer 2D-Skizze
4) Erstellen weiterer Blätter

8.3 Das Register MIT ANMERKUNG VERSEHEN im Überblick

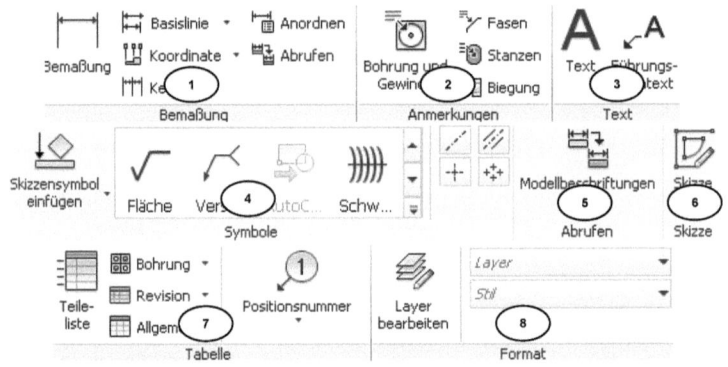

OPTIONEN

1) Bemaßungen erzeugen
2) Informationen von Bohrungen, Fasen und Biegungen abrufen
3) Textfelder/ Führungslinien einfügen
4) Symbole und Markierungen einfügen
5) 2D-Skizze; 6) Modellmaße abrufen
7) Tabellen und Positionsnummern
8) Linien, Texte, Layer einstellen

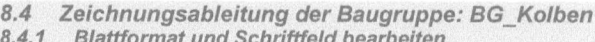

8.4 Zeichnungsableitung der Baugruppe: BG_Kolben

8.4.1 Blattformat und Schriftfeld bearbeiten

Zeichnungsvorlage
Zeichnungsressourcen
Arbeitsblattformate
Ränder
Standardrahmen
Rahmen
Schriftfelder
ISO7200
Skizzensymbole
Blatt:1
Rahmen
ISO7200
Feldtext
1
6
7

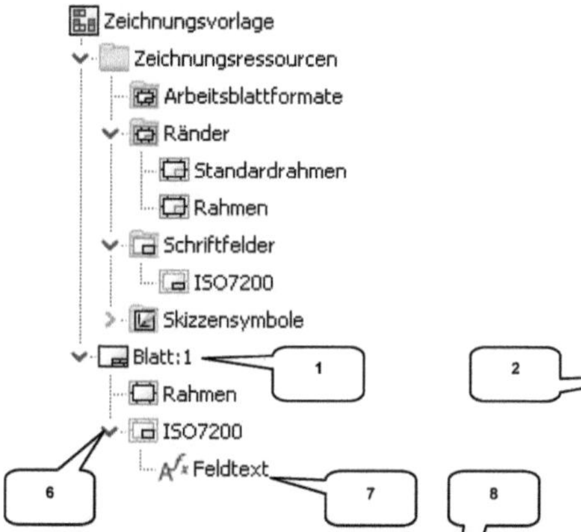

Das ***Blattformat*** DIN A4 soll auf das Blattformat DIN A3 vergrößert werden, um die Baugruppe besser darstellen zu können.

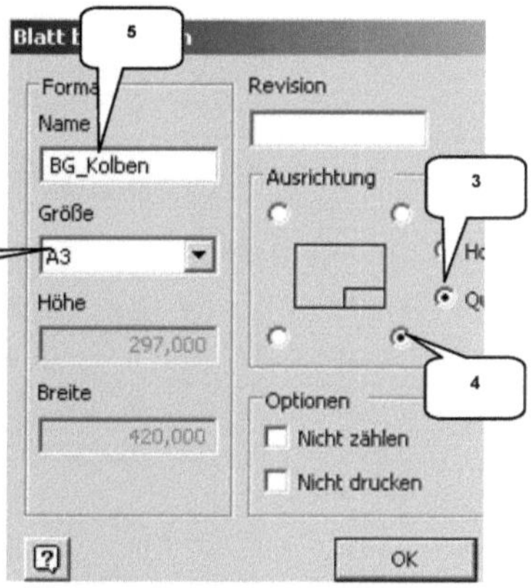

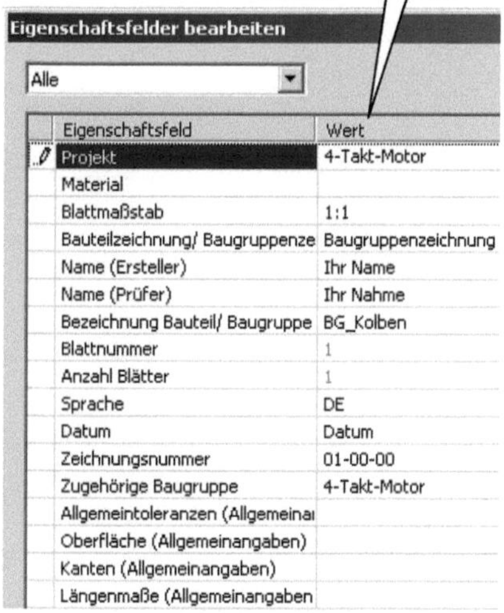

Blatt b
5
Format
Name
BG_Kolben
Größe
A3
Höhe
297,000
Breite
420,000
Revision
Ausrichtung
Optionen
Nicht zählen
Nicht drucken
OK
2
3
4

8
Eigenschaftsfelder bearbeiten
Alle
Eigenschaftsfeld | Wert
Projekt | 4-Takt-Motor
Material
Blattmaßstab | 1:1
Bauteilzeichnung/ Baugruppenze | Baugruppenzeichnung
Name (Ersteller) | Ihr Name
Name (Prüfer) | Ihr Nahme
Bezeichnung Bauteil/ Baugruppe | BG_Kolben
Blattnummer | 1
Anzahl Blätter | 1
Sprache | DE
Datum | Datum
Zeichnungsnummer | 01-00-00
Zugehörige Baugruppe | 4-Takt-Motor
Allgemeintoleranzen (Allgemeinai
Oberfläche (Allgemeinangaben)
Kanten (Allgemeinangaben)
Längenmaße (Allgemeinangaben

- ***Rechte Maustaste*** auf ***Blatt:1*** (1)
- Option: ***Blatt bearbeiten*** wählen
- Größe: A3 (2)
- Ausrichtung: Querformat (3)
- Position Schriftfeld: Unten rechts (4)
- Name: [BG_Kolben] (5)
- OK ***OK***

Bearbeiten Sie danach das Schriftfeld:

- ***ISO7200*** erweitern (6)
- Doppelklick auf ***Feldtext*** (7)
- Eingaben in der Spalte ***Wert*** übernehmen wie abgebildet (8)
- OK ***OK***

- Zeichnungsableitung der Baugruppe: BG_Kolben -

8.4.2   Platzieren einer schattierten Ansicht

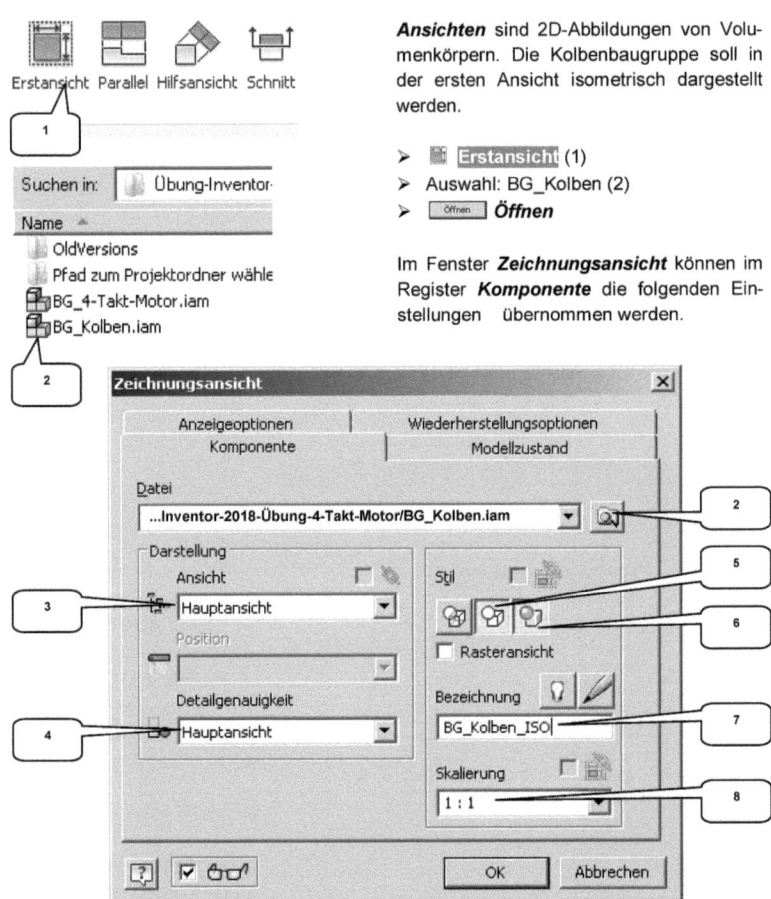

Erstansicht   Parallel   Hilfsansicht   Schnitt

Ansichten sind 2D-Abbildungen von Volumenkörpern. Die Kolbenbaugruppe soll in der ersten Ansicht isometrisch dargestellt werden.

➢ Erstansicht (1)
➢ Auswahl: BG_Kolben (2)
➢ Öffnen **Öffnen**

Im Fenster **Zeichnungsansicht** können im Register **Komponente** die folgenden Einstellungen   übernommen werden.

HINWEIS: Im Zeichenbereich muss die Baugruppe **BG_Kolben** bereits zu sehen sein. Eventuell liegt es hinter dem Befehlsfenster, was in diesem Fall etwas verschoben werden müsste.

- Zeichnungsableitung der Baugruppe: BG_Kolben -

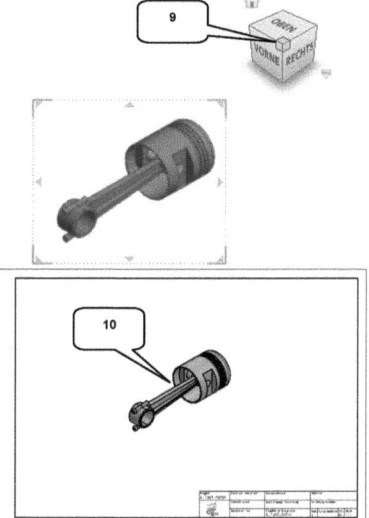

- ➢ Ansicht: Hauptansicht (3)
- ➢ Detailgenauigkeit: Hauptansicht (4)
- ➢ Stil: Ohne verdeckte Linien (5) und Schattiert (6)
- ➢ Bezeichnung: [BG_Kolben_ISO] (7)
- ➢ Skalierung: 1:1 wählen (8)
- ➢ ViewCube-Ansicht: Ecke zwischen den Seiten Oben, Vorne und Rechts wählen (9)
- ➢ ⬚ OK ⬚ **OK**

Die Maus ist jetzt über die Ansicht zu schieben, bis eine rote Umrandung erscheint. Bei gedrückter linker Maustaste darauf kann diese Ansicht jetzt in die Mitte der Zeichnung geschoben werden wenn nötig (10).

HINWEIS: Eine Ansicht kann auch nachträglich bearbeitet werden: *Rechte Maustaste* im Browser auf die Ansicht > *Ansicht bearbeiten*.

8.4.3 Einfügen einer Teileliste (Stückliste)

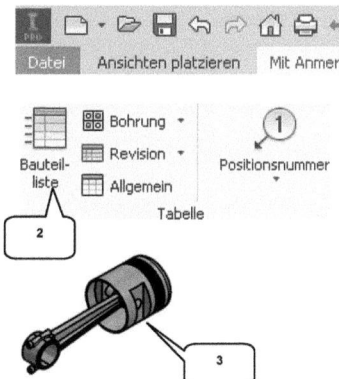

- ➢ Register: *Mit Anmerkung versehen* (1)

- ➢ ⬚ Bauteilliste (2)
- ➢ Quelle: BG_Kolben-Ansicht wählen (3)
- ➢ Stücklistenansicht: Strukturiert (4)
- ➢ Ebene: Erste (wenn verfügbar) (5)
- ➢ Min. Stellen: 1 (wenn verfügbar) (6)
- ➢ Umbruchrichtung: Links (7)
- ➢ ⬚ OK ⬚ **OK**

- Zeichnungsableitung der Baugruppe: BG_Kolben -

HINWEIS: Die Quelle kann alternativ auch über das Ordnersymbol (8) gewählt werden.

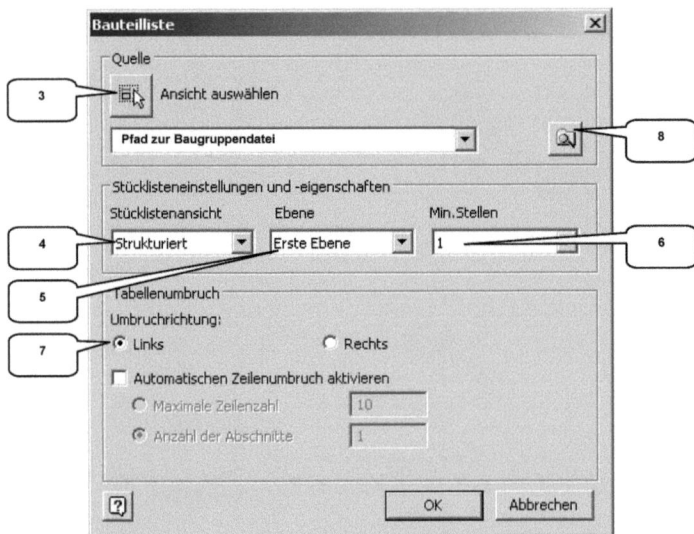

Sollte das Hinweisfenster ***Stücklistenansicht deaktiviert*** erscheinen, so kann es mit ▭ *OK* (9) bestätigt werden. Legen Sie die Teileliste so im Zeichenbereich ab, dass sie auf dem Schriftfeld aufliegt und an ihrer rechten Seite an den Zeichnungsrahmen anschließt.

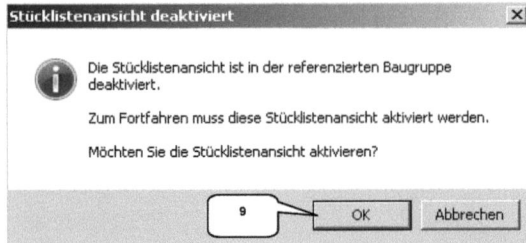

Die Teileliste ist jetzt in der Zeichnung hinterlegt, muss aber noch überarbeitet werden.

- Zeichnungsableitung der Baugruppe: BG_Kolben -

TEILELISTE			
OBJEKT	ANZAHL	BAUTEILNUMMER	BESCHREIBUNG
1	1	Kolben	
2	1	Pleuel-Oberseite	
3	1	Pleuel-Unterseite	
4	2	ISO 4762 - M3 x 20	Innensechskantschraube
5	1	Kolbenbolzen	

10

Projekt 4-Takt-Motor	Material/ Werkstoff	Dokumentenart Baugruppenzeichnung	Maßstab 1:1			
	Erstellt durch Ihr Name	Bezeichnung/ Benennung BG_Kolben	Zeichnungsnummer 01-00-00			
	Genehmigt von Ihr Nahme	Zugehörige Baugruppe 4-Takt-Motor	Änd. A	Ausgabedatum Datum	Spr. DE	Blatt 1 / 1

Per **Doppelklick** auf einen beliebigen Text der Teileliste gelangt man in den **Bearbeitungs-bereich**, worin die folgenden Änderungen vorzunehmen sind:

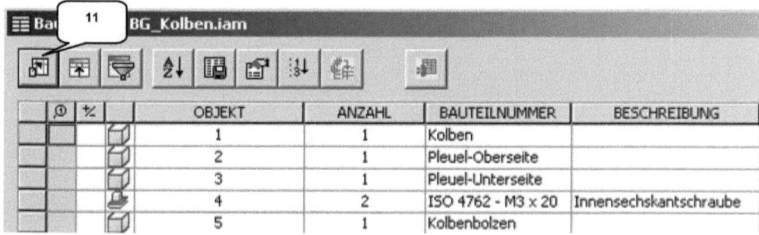

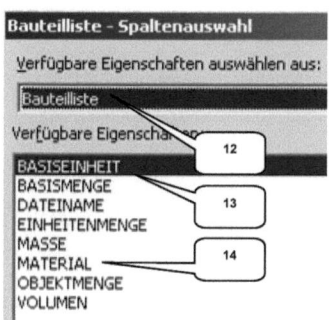

➢ Doppelklick auf den Text (10)

➢ 🖽 Spaltenauswahl (11)
➢ Auswahl: Bauteilliste (12)
➢ Doppelklicken: Basiseinheit (13)
➢ Doppelklicken: Material (14)

Mit den beiden Optionen **Nach unten** und **Nach oben** kann die Reihenfolge im rechten Fenster (Ausgewählte Eigenschaften) korrigiert werden.

- Zeichnungsableitung der Baugruppe: BG_Kolben -

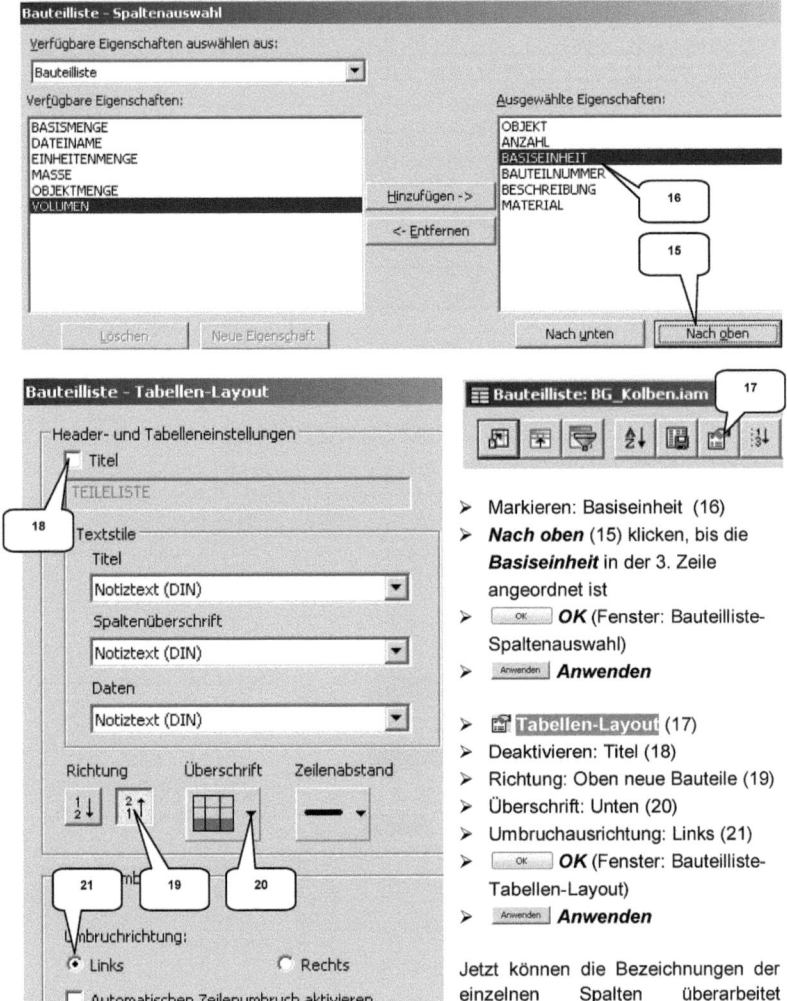

➢ Markieren: Basiseinheit (16)
➢ *Nach oben* (15) klicken, bis die
  Basiseinheit in der 3. Zeile
  angeordnet ist
➢   OK   *OK* (Fenster: Bauteilliste-
  Spaltenauswahl)
➢ Anwenden *Anwenden*

➢ Tabellen-Layout (17)
➢ Deaktivieren: Titel (18)
➢ Richtung: Oben neue Bauteile (19)
➢ Überschrift: Unten (20)
➢ Umbruchausrichtung: Links (21)
➢   OK   *OK* (Fenster: Bauteilliste-
  Tabellen-Layout)
➢ Anwenden *Anwenden*

Jetzt können die Bezeichnungen der
einzelnen Spalten überarbeitet
werden.

- Zeichnungsableitung der Baugruppe: BG_Kolben -

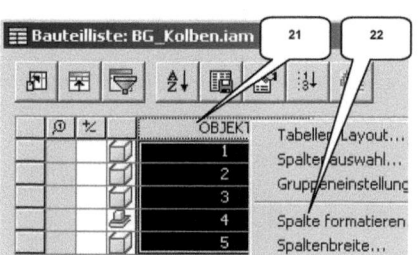

> Spaltenbezeichnung *Objekt* mit der linken Maustaste markieren (21)
> *Rechte Maustaste* auf *Objekt* (21)
> Option: *Spalte formatieren* (22)
> Überschrift: [Pos.] eintragen (23)
> ⬚ OK *OK* (Fenster: Spalte formatieren)
> Anwenden *Anwenden*

Ändern Sie auch die Bezeichnungen der restlichen Spalten und achten Sie darauf, jede einzelne Änderung durch Anwenden *Anwenden* zu sichern.

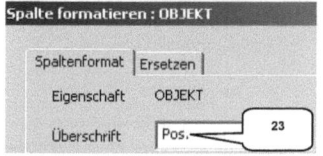

Alte Bezeichnung	Neue Bezeichnung
Anzahl	Menge (24)
Basiseinheit	Einheit (25)
Bauteilnummer	Benennung (26)
Beschreibung	Sachnummer / Norm (27)
Material	Werkstoff (28)

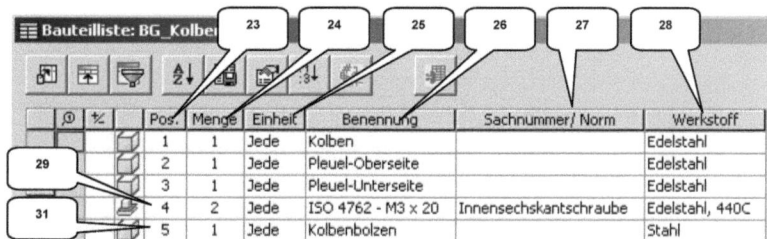

Pos.	Menge	Einheit	Benennung	Sachnummer/ Norm	Werkstoff
1	1	Jede	Kolben		Edelstahl
2	1	Jede	Pleuel-Oberseite		Edelstahl
3	1	Jede	Pleuel-Unterseite		Edelstahl
4	2	Jede	ISO 4762 - M3 x 20	Innensechskantschraube	Edelstahl, 440C
5	1	Jede	Kolbenbolzen		Stahl

Pos.	Menge	Einheit
1	1	Jede
2	1	Jede
3	1	Jede
5	2	Jede
4	1	Jede

> Feld (29) doppelklicken
> Wert: [5] eintragen (30)
> Feld (31) doppelklicken
> Wert: [4] eintragen (32)

- Zeichnungsableitung der Baugruppe: BG_Kolben -

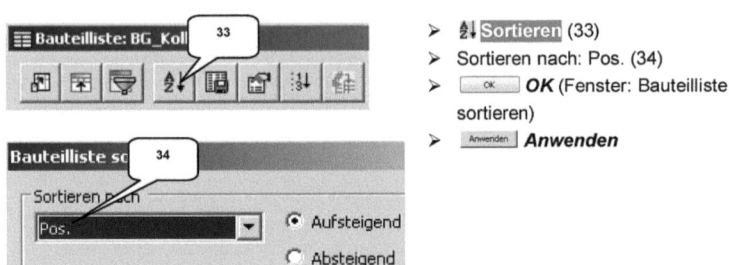

➢ ᢓ↓ Sortieren (33)
➢ Sortieren nach: Pos. (34)
➢ ⌷ OK (Fenster: Bauteilliste sortieren)
➢ Anwenden Anwenden

Überarbeiten Sie die Teileliste jetzt wie folgt: Per Doppelklick gelangen Sie in die jeweiligen Felder, und mit den Pfeiltasten wechseln Sie zwischen ihnen hin und her.

			Pos.	Menge	Einheit	Benennung	Sachnummer/ Norm	Werkstoff
			1	1	Stck	Kolben	01-01-01	AlCu4Ni2Mg1,5
			2	1	Stck	Pleuel-Oberseite	01-01-02	42CrMo4
			3	1	Stck	Pleuel-Unterseite	01-01-03	42CrMo4
			4	1	Stck	Kolbenbolzen	01-01-04	E355
			5	2	Stck	ISO 4762 - M3 x 20	Innensechskantschraube	

Sobald alle Änderungen übernommen wurden, bestätigen Sie mit Anwenden Anwenden und beenden die Bearbeitung der Teileliste abschließend mit ⌷ OK.

5	2	Stck	ISO 4762 - M3 x 20	Innensechskantschraube	
4	1	Stck	Kolbenbolzen	01-01-04	E355
3	1	Stck	Pleuel-Unterseite	01-01-03	42CrMo4
2	1	Stck	Pleuel-Oberseite	01-01-02	42CrMo4
1	1	Stck	Kolben	01-01-01	AlCu4Ni2Mg1,5
Pos.	Menge	Einheit	Benennung	Sachnummer/ Norm	Werkstoff

Projekt 4-Takt-Motor	Material/ Werkstoff	Dokumentenart Baugruppenzeichnung	Maßstab 1:1		
	Erstellt durch Ihr Name	Bezeichnung/ Benennung BG_Kolben	Zeichnungsnummer 01-00-00		
	Genehmigt von Ihr Nahme	Zugehörige Baugruppe 4-Takt-Motor	Änd. A	Ausgabedatum Datum	Spr. DE	Blatt 1 / 1

Verschieben Sie die Teileliste bei gedrückter linker Maustaste so, dass diese passend oberhalb des Schriftfeldes angeordnet ist. Die Spaltenbreiten können geändert werden, indem die Trennlinien (z. B. 35) bei gedrückter linker Maustaste verschoben werden. **Speichern** Sie die Zeichnung, und lassen Sie sie noch geöffnet.

Auszug aus dem Buch DYNAMISCHE SIMULATION

Die folgenden Seiten zeigen Auszüge aus dem Buch:

➢ *Autodesk® Inventor® 2018 - DYNAMISCHE SIMULATION*

Inventor® verfügt über einen Bereich der *Dynamischen Simulation*, in dem komplexe Baugruppen unter Einfluss äußerer Randbedingungen, wie Kräften und Drehmomenten, berechnet und simuliert werden können. Die Ergebnisse können dann zur weiteren Bearbeitung in den Bereich der Finiten-Elemente-Methode übertragen werden. In einem komplexen Übungsbeispiel wird der Leser theoretische Grundlagen der Befehle aus dem Bereich der Dynamischen Simulation erlernen und praktisch umsetzen.

Im Buch werden die folgenden Bereiche behandelt:

➢ *Gelenkverbindungen einfügen*
➢ *Abhängigkeiten in Gelenke konvertieren*
➢ *Status des Mechanismus überprüfen*
➢ *Kräfte und Drehmomente einfügen*
➢ *Dynamische Bewegungen*
➢ *Unbekannte Kräfte ermitteln*
➢ *Spuren darstellen*
➢ *Filme publizieren*
➢ *Simulationseinstellungen bearbeiten*
➢ *Das Eingabediagramm*
➢ *Das Ausgabediagramm*

Weitere Informationen zu diesem und anderen Büchern erhalten Sie auf der Website:

➢ *http://www.cad-trainings.de/*

Christian Schlieder

LEICHT VERSTÄNDLICH - KOMPLEXES ÜBUNGSBEISPIEL

Autodesk® Inventor® 2018

DYNAMISCHE SIMULATION

Viele praktische Übungen am
Konstruktionsobjekt
RADLADER

Gelenke einfügen, Abhängigkeiten ableiten, Status des
Mechanismus, Kräfte und Drehmomente, Ausgabediagramm,
dynamische Bewegung, unbekannte Kräfte ermitteln, Spuren,
Filme publizieren, Simulationseinstellungen bearbeiten,
Simulationswiedergabe starten, Belastungsanalyse

INHALTSVERZEICHNIS

1 Grundlegendes zum Buch

Dieses Buch ist ein Aufbaukurs für Fortgeschrittene, die mit den Grundlagen von **Autodesk® Inventor® 2018** bereits vertraut sind. Es wird empfohlen, vor der Arbeit mit diesem Buch das Grundlagenbuch:

➢ **Autodesk® Inventor® 2018 – Grundlagen in Theorie und Praxis**

vollständig durchzuarbeiten, in dem die vorausgesetzten Grundlagen zum Programm vermittelt werden.

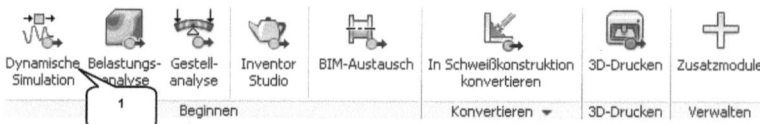

Autodesk® Inventor® 2018 bietet für Baugruppen den speziellen Bereich der **dynamischen Simulation** (1). Baugruppen können hier um weitere Umgebungsvariablen (wie z. B. Dämpfung, Steifigkeit, Reibungskoeffizient) ergänzt und mit zusätzlichen externen Kräften oder Drehmomenten beaufschlagt werden, was eine Analyse der Baugruppe unter realistischen Bedingungen ermöglicht. Die Berechnungsergebnisse können in den Bereich der Finiten-Elemente-Methode (FEM) exportiert und dort einer statischen Analyse oder einer Modalanalyse unterzogen werden.

Die folgenden Befehle der dynamischen Simulation werden behandelt:

➢ **Gelenke einfügen**
➢ **Abhängigkeiten ableiten**
➢ **Status des Mechanismus prüfen**
➢ **Kräfte erzeugen**
➢ **Drehmomente erzeugen**
➢ **Ausgabediagramm darstellen**
➢ **Dynamische Bewegungen**

➢ **Unbekannte Kraft ermitteln**
➢ **Spuren darstellen**
➢ **Filme publizieren**
➢ **Simulationseinstellungen**
➢ **Simulationswiedergabe**
➢ **Exportieren nach FEM**

Das vorliegende Übungsbeispiel bietet genügend Möglichkeiten, die Befehlsketten sporadisch zu verlassen und eigene Versuche zu starten, was dem Anwender auch empfohlen wird. Sollte die Konstellation der Baugruppe dabei zerstört werden, kann ersatzweise die im Downloadordner enthaltene Kopie der Baugruppe verwendet werden.

- Projektordner erstellen -

5 Grundlegende Vorbereitungen

5.1 Projektordner erstellen

Bevor mit der Umsetzung des Projekts gestartet wird, müssen die folgenden Arbeiten erledigt werden:

Auf dem PC ist an geeigneter Stelle ein neuer Ordner mit folgender Bezeichnung zu erstellen:

➢ *Inventor-2018-Übung-Dynamische-Simulation*

5.2 Download der Übungsdateien

Im Internet ist die folgende Website zu besuchen:

➢ *http://www.cad-trainings.de/html/Download.html*

Anschließend sind die folgenden Schritte zu erledigen:

➢ Das Buch *Inventor® 2018 - Dynamische Simulation* suchen
➢ Auf den nebenstehenden Download-Link klicken
➢ Die Übungsdatei (ZIP-Format) auf dem PC speichern (im Projektordner *Inventor-2018-Übung-dynamische-Simulation*)
➢ Die Datei darin entpacken

5.3 Aktivierung des Einzelbenutzerprojekts

Inventor® arbeitet in Projekten, was die Koordination zusammenhängender Dateien und Einstellungen vereinfacht. Eine Projektdatei (*.ipj) sichert alle Informationen und Querverweise eines Projekts. Das ist wichtig, wenn später komplexe Baugruppen archiviert oder von einem PC auf einen anderen übertragen werden sollen.

Im Register *Erste Schritte* (Befehlsgruppe *Starten*) ist der Befehl 🗂 **Projekte** zu öffnen, um das Projekt *Inventor-2018-- -Simulation.ipj* aktivieren zu können.

- Aktivierung des Einzelbenutzerprojekts -

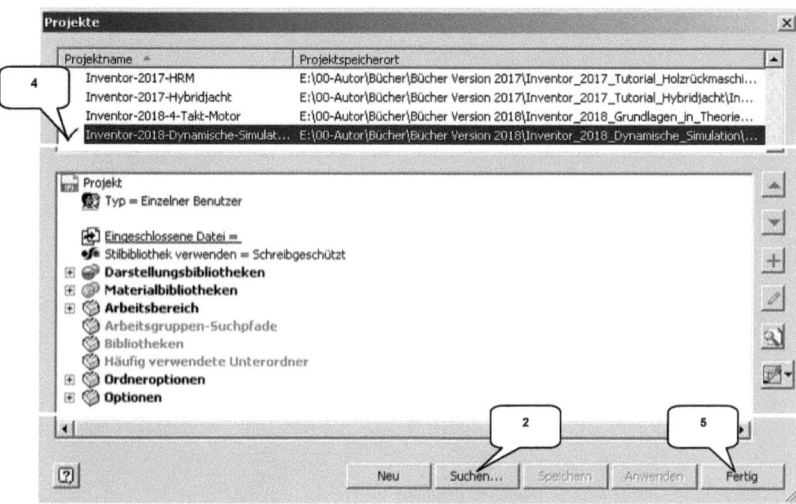

Mit der Option soll der Pfad zum Projektordner ausgewählt und die darin enthaltene Projekt-datei *Inventor-2018-Dynamische-Simulation.ipj* (3) aktiviert werden.

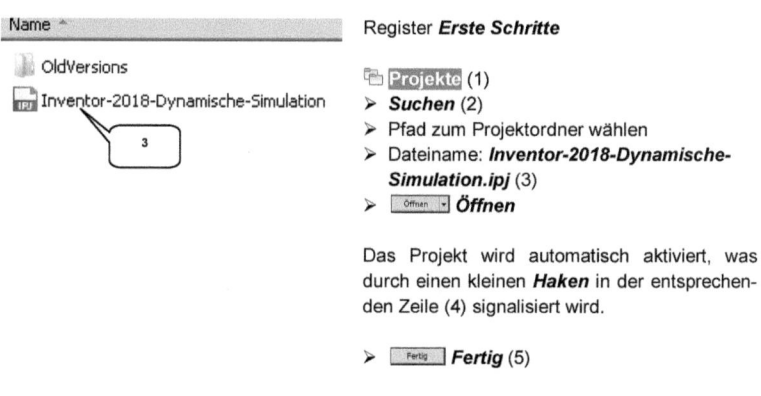

Register *Erste Schritte*

- Projekte (1)
- ➢ *Suchen* (2)
- ➢ Pfad zum Projektordner wählen
- ➢ Dateiname: *Inventor-2018-Dynamische-Simulation.ipj* (3)
- ➢ Öffnen ▾ *Öffnen*

Das Projekt wird automatisch aktiviert, was durch einen kleinen *Haken* in der entsprechen-den Zeile (4) signalisiert wird.

- ➢ Fertig *Fertig* (5)

6   Die Baugruppe im Überblick

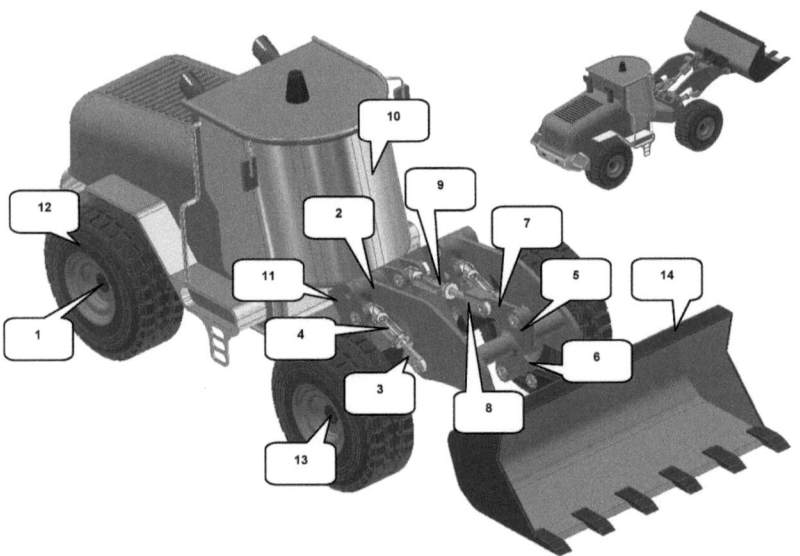

1) Hinterradachse	6) Kippschwinge	11) Maschinenrahmen
2) Hubrahmen	7) Kippzylinder-Fixierung	12) Rad
3) Hubzylinder-Kolben	8) Kippzylinder-Kolben	13) Radbolzen
4) Hubzylinder-Zylinder	9) Kippzylinder-Zylinder	14) Schaufel
5) Kipphebel	10) Maschinengehäuse	

7   Die Umgebung der dynamischen Simulation

7.1   Öffnen der Unterbaugruppe UBG_1

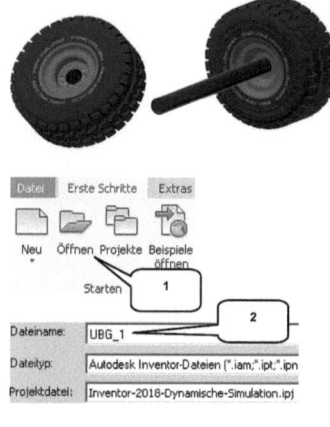

Öffnen Sie die Unterbaugruppe **UBG_1** im Projektordner:

📂 Öffnen (1)
- Order: Projektordner wählen
- Dateiname: UBG_1 (2)
- Dateityp: *.iam
- Öffnen **Öffnen**

Die Unterbaugruppe **UBG_1** besteht aus der Hinterradachse und den beiden Hinterrädern. Die Hinterradachse wurde bereits am Koordinatenursprung der Unterbaugruppe ausgerichtet und fixiert (3). Eines der Räder wurde ebenfalls bereits befestigt: Es ist mit einer axialen Abhängigkeit zur Achse (4) sowie einer Flächenabhängigkeit zu dieser (5) positioniert worden. Das zweite Rad besitzt noch alle Freiheitsgrade und soll erst später ausgerichtet werden (6).

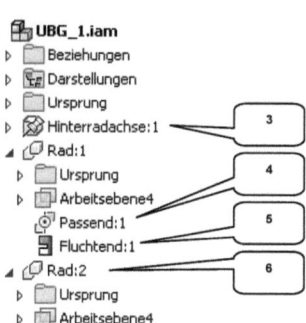

Die aktuelle Konstellation an vorhandenen Abhängigkeiten und Freiheitsgraden soll jetzt im Bereich der dynamischen Simulation genauer untersucht werden.

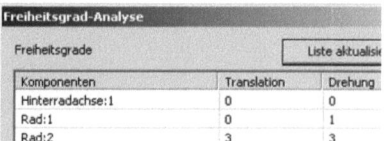

Komponenten	Translation	Drehung
Hinterradachse:1	0	0
Rad:1	0	1
Rad:2	3	3

7.2 In den Bereich der dynamischen Simulation wechseln

Arbeitsbereich:
Dynamische Simulation

Um in den Bereich der dynamischen Simulation wechseln zu können, muss das Register **Umgebungen** aktiviert und der Befehl **Dynamische Simulation** gestartet werden.

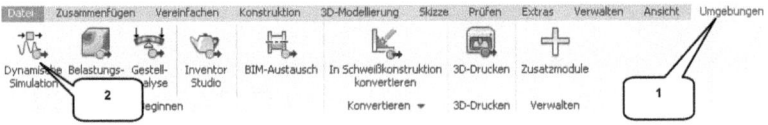

➢ Register **Umgebungen** (1)

Dynamische Simulation (2)

7.3 Grundlegender Aufbau des Simulationsbereiches
7.3.1 Das Lernprogramm

Das Programm wird jetzt ein Hinweisfenster öffnen, in dem die Entscheidung zu treffen ist, ob das **Lernprogramm** gestartet werden soll.

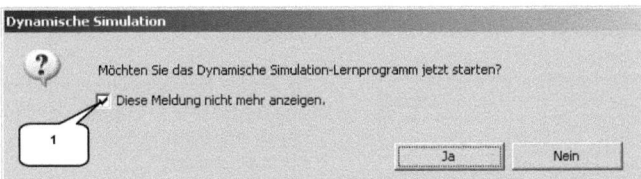

➢ Aktivieren: Diese Meldung nicht mehr anzeigen. (1)

➢ ☐ **Ja**

Besteht eine Internetverbindung, so sollte sich der Web-Browser jetzt öffnen.

HINWEIS: Wurde die Option (1) bereits deaktiviert, den Start des Lernprogramms automatisch anzubieten, so wird das oben dargestellte Fenster nicht mehr generiert. Das Lernprogramm kann aber in der Programmhilfe jederzeit wieder gestartet werden (Taste: **F1**).

- Grundlegender Aufbau des Simulationsbereiches -

> *Lernprogramme* erweitern (2)
> *Lernprogrammarchiv* wählen (3)

Im rechten Bereich des Befehlsfensters befindet sich eine Auflistung (4) der verfügbaren Lernprogramme. Per Mausklick gelangen Sie in die jeweiligen Bereiche.

HINWEIS: Das Archiv verweist teilweise auf die Beschreibungen älterer Programmversionen. Es besteht also die Möglichkeit, dass einige der verwendeten Befehle nicht mehr aktuell sind.

> Der Web-Browser kann wieder *geschlossen* werden

7.3.2   Die Befehlsgruppen

Zuerst sollten die *Befehlsgruppen* auf Vollständigkeit kontrolliert werden:

> *Rechte Maustaste* auf einen beliebigen Bereich in der Multifunktionsleiste (1)
> *Gruppen anzeigen* (2)
> Kontrollieren, ob alle Befehlsgruppen aktiviert wurden (3)

- Grundlegender Aufbau des Simulationsbereiches -

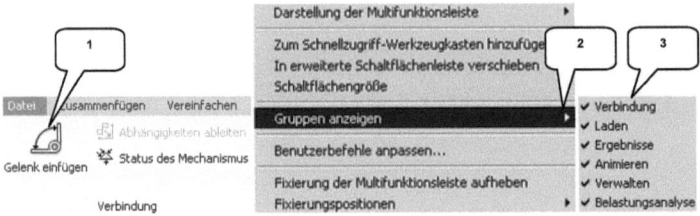

Die folgende tabellarische Übersicht soll die Befehlsgruppen mit den enthaltenen Befehlen darstellen.

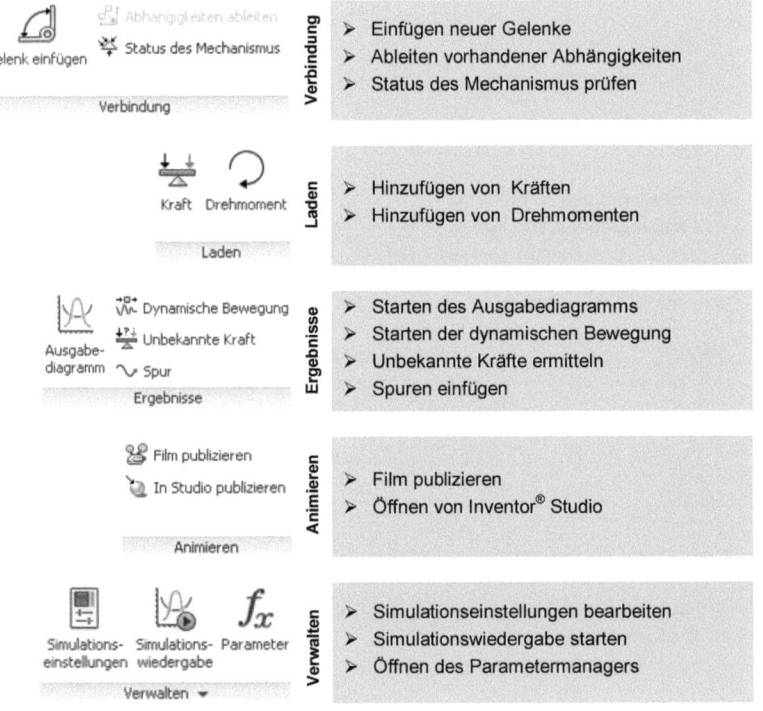

- Grundlegender Aufbau des Simulationsbereiches -

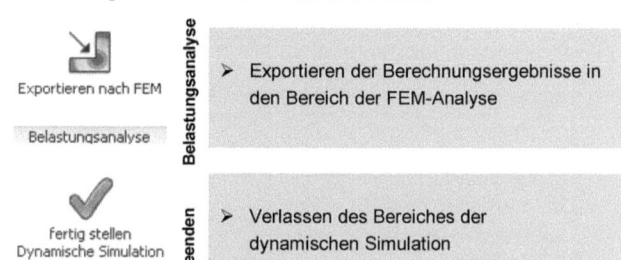

7.3.3 Der Browser und seine Ordner

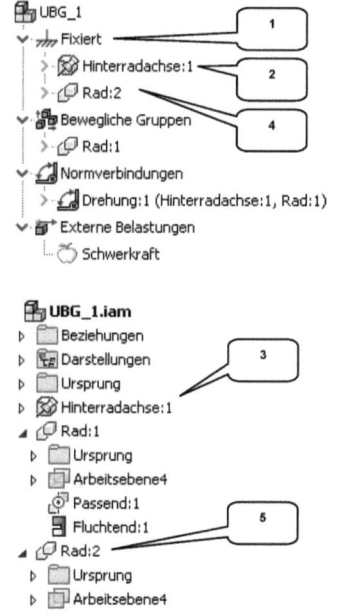

Der **Browser** im Bereich der dynamischen Simulation stellt den Mechanismus einer Baugruppe dar. Darin werden alle Komponenten, Gelenke und Belastungen einer Baugruppe aufgelistet. Die folgenden Ordner sollten bereits vorhanden sein:

Ordner ⚡ **Fixiert**

Im Ordner **Fixiert** (1) werden alle Komponenten aufgelistet, die entweder keinen oder noch alle sechs Freiheitsgrade besitzen. Sie waren im Bereich der Baugruppenmodellierung also entweder noch frei beweglich oder fixiert.

Ordner	Freiheitsgrade
Fixiert	0 oder 6

Die Hinterradachse (2) der aktuellen Baugruppe ist im Ordner **Fixiert** angeordnet, weil Sie bereits im Baugruppenbereich keine Freiheitsgrade mehr hatte (3). Auch das zweite Rad (4) liegt in diesem Ordner. Es verfügte im Baugruppenbereich noch über alle Freiheitsgrade (5), weil dort keine Abhängigkeiten vergeben wurden.

- Grundlegender Aufbau des Simulationsbereiches -

UBG_1
- Fixiert
  - Hinterradachse:1
  - Rad:2   **6**
- Beweglliche Gruppen   **7**
  - Rad:1
- Normverbindungen   **9**
  - Drehung:1 (Hinterachse:1, Rad:1)
- Externe Belastungen   **10**
  - Schwerkraft
                             11

UBG_1.iam
- Beziehungen
- Darstellungen
- Ursprung
- Hinterradachse:1
- Rad:1
  - Ursprung
  - Arbeitsebene4
    - Passend:1   **8**
    - Fluchtend:1
- Rad:2
  - Ursprung
  - Arbeitsebene4

UBG_1
- Fixiert
  - **Hinterradachse:1**
  - Rad:2
- Beweglliche Gruppen
  - **Rad:1**
- Normverbindungen
  - Drehung:1 (Hinterradachse:1, Rad:1)
- Externe Belastungen
  - Schwerkraft

Ordner **Bewegliche Gruppen**

Im Ordner **Bewegliche Gruppen** (6) werden alle Komponenten einer Baugruppe gesammelt, welche zwischen einem und fünf Freiheitsgrade besitzen.

Ordner	Freiheitsgrade
Bewegliche Gruppen	1 bis 5

Im Ordner befindet sich das erste Rad (7), weil es noch genau einen (Rotations-) Freiheitsgrad besitzt. Diesem Bauteil wurden bereits im Baugruppenbereich zwei Abhängigkeiten (8) zugewiesen.

Ordner **Normverbindungen**

Der Ordner **Normverbindungen** (9) enthält alle in einer Baugruppe enthaltenen Gelenke. Darin befindet sich momentan nur ein einziges **Drehgelenk** (10). Es wurde vom Programm automatisch aus der Kombination der beiden Abhängigkeiten **Passend** und **Fluchtend** (8) erstellt.

Ordner **Externe Belastungen**

Der Ordner **Externe Belastungen** (11) beinhaltet alle Kräfte und Drehmomente die auf den Mechanismus einwirken. Aktuell ist die (allerdings noch deaktivierte) Schwerkraft darin enthalten.

Desweiteren können die folgenden **Ordner** im Browser der dynamischen Simulation erscheinen:

➢ **Rollverbindungen**
➢ **Schiebeverbindungen**
➢ **Kontaktverbindungen**
➢ **Kraftverbindungen**

Außerdem können die folgenden symbolischen *Sonderbedingungen* auftreten:

➢ ◪ *Gelenke* mit internen Kräften, Drehmomenten oder Grenzen
➢ ① *Gelenke* mit Redundanzen
➢ ◔ *Objekte*, die deaktiviert oder unterdrückt wurden
➢ ◪ *Baugruppenabhängigkeiten*, die unterdrückt wurden

Weil die aktuelle Baugruppe recht übersichtlich ist, können die einzelnen Komponenten mit ihren zugehörigen Normverbindungen im Browser relativ schnell lokalisiert werden. Bei größeren Baugruppen wird das dann schon schwieriger. Um im Browser eine Komponente und die zugeordneten Normverbindungen schnell lokalisieren zu können, kann die gesuchte Komponente im Zeichenbereich mit der linken Maustaste angeklickt werden. Im Browser wird das entsprechende Bauteil dann hervorgehoben und die zugeordnete Normverbindung *fett* dargestellt.

Betrachtet man den Browser genauer, so findet man im Ordner *Fixiert* zum einen die Hinterradachse und zum anderen das Bauteil Rad:2. Die Hinterradachse wurde bereits im Baugruppenbereich fixiert, das zweite Rad hingegen besitzt noch alle sechs Freiheitsgrade und wird daher ebenfalls in diesem Ordner aufgelistet. Bewegt man das Rad:2 bei gedrückter linker Maustaste im Zeichenbereich, so kann man feststellen, dass es keineswegs fixiert ist, sondern sich problemlos bewegen lässt. Das geht allerdings nur beim manuellen Bewegen des Rades per Hand. Bei einer Simulation würde sich das Rad (unter den gegebenen Umständen) nicht bewegen.

Im Ordner *Bewegliche Gruppen* wird das Bauteil Rad:1 aufgelistet, da es nur noch einen Freiheitsgrad (Rotation um die Hinterradachse) besitzt. Dreht man dieses Rad jetzt bei gedrückter linker Maustaste etwas, so signalisiert ein dynamischer schwarzer Kraftvektor das vorhandene Gelenk und symbolisiert damit eine manuelle Krafteinwirkung durch das Drehen des Rades.

Im Ordner *Normverbindungen* wird ein Drehgelenk angezeigt, welches das Programm automatisch aus den beiden Abhängigkeiten (Achse auf Achse und Fläche auf Fläche) zwischen der Hinterradachse und dem zweiten Rad generiert hat. Erweitert man das Drehgelenk, so findet man darin die ursprünglichen beiden Abhängigkeiten.

Im Ordner *Externe Belastungen* befindet sich derzeit nur die Schwerkraft, welche momentan allerdings noch grau hinterlegt, also nicht aktiviert ist.

7.4 Die Baugruppenumgebung und die dynamische Simulation
7.4.1 Freiheitsgrade im Bereich der Baugruppenmodellierung

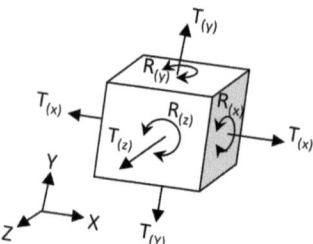

Weil Gelenkverbindungen im Bereich der dynamischen Simulation eine sehr wichtige Rolle spielen, sollten einige wichtige Grundlagen erläutert werden. Eine Komponente in der Inventor® Baugruppenumgebung kann grundsätzlich jede beliebige Position und Ausrichtung einnehmen, da sie dort frei beweglich ist.

Sie verfügt darin über insgesamt sechs Freiheitsgrade und kann sich entlang der drei Achsen (X, Y, Z) linear verschieben (Translation T_X, T_Y, T_Z) und außerdem um jede der drei Achsen frei drehen (Rotation R_X, R_Y, R_Z).

7.4.2 Freiheitsgrade im Bereich der dynamischen Simulation

Anders ist es im Bereich der **dynamischen Simulation**: Hier besitzt eine Komponente grundsätzlich keinen Freiheitsgrad (zumindest nicht während einer Simulation) wenn dies nicht vorab definiert wurde. Soll ein Bauteil also eine bestimmte Bewegung während der Simulation ausführen, so muss es vorab mit dem entsprechenden Gelenk versehen werden.

7.5 Die Simulationseinstellungen
7.5.1 Grundlagen: Simulationseinstellungen

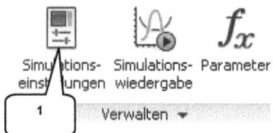

➢ Befehlsgruppe **Verwalten**
 Simulationseinstellungen (1)

In den **Simulationseinstellungen** kann definiert werden, ob Abhängigkeiten aus dem Baugruppenbereich beim Öffnen des Bereiches der dynamischen Simulation automatisch in Normgelenke konvertiert werden sollen, ob das Programm beim Start auf Redundanzen hinweisen soll und ob mobile Gruppen farblich darzustellen sind.

- Die Simulationseinstellungen -

7.5.2 Abhängigkeiten in Gelenkverbindungen konvertieren

Das Programm kann Abhängigkeiten/ Verbindungen aus der Baugruppenmodellierung automatisch in Gelenke konvertieren, sofern diese Option in den Simulationseinstellungen aktiviert wurde. Je nach Konstellation der Abhängigkeiten entstehen dabei unterschiedliche Verbindungsarten (Gelenkverbindungen). Die folgende tabellarische Übersicht stellt die Kombinationsmöglichkeiten verschiedener Abhängigkeiten und die daraus resultierenden Gelenkverbindungen dar:

Gelenkverbindung	Option	Abhängigkeiten
Drehung	1	Einfügen
	2	Passend (Linie auf Linie) + (Fläche auf Fläche)
Prismatisch	1	2x Passend (Fläche auf Fläche)
Zylindrisch	1	Passend (Linie auf Linie)
	2	Passend (zylindrische Fläche auf zylindrische Fläche)
Kugelförmig	1	Passend (Punkt auf Punkt)
	2	Passend (kugelförmige Fläche auf kugelförmige Fläche)
Eben	1	Passend (Fläche auf Fläche)
Punkt-Linie	1	Passend (Linie auf Punkt)
	2	Passend (Linie auf kugelförmige Fläche)
Linie-Ebene	1	Passend (Linie auf Fläche)
Punkt-Ebene	1	Passend (Punkt auf Fläche)
	2	Passend (Fläche (planar) auf Fläche (konkav)
Verschweißt	1	Bauteil fixiert

7.5.3 Überprüfen der Simulationseinstellungen

Standardmäßig ist in den **Simulationseinstellungen** aktiviert, dass Abhängigkeiten aus dem Baugruppenbereich automatisch in Normgelenke konvertiert werden (besonders bei großen Baugruppen ist das vorteilhaft). Manchmal allerdings sollen Gelenkverbindungen erst im Bereich der dynamischen Simulation erzeugt werden: dann muss diese Option deaktiviert sein. Diese Option soll in der folgenden Übung ausprobiert werden.

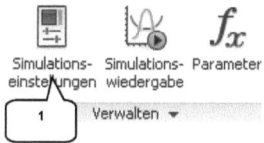

Simulations- Simulations- Parameter
einstellungen wiedergabe

Verwalten ▾

- Simulationseinstellungen (1)
- ➢ Deaktivieren: Abhängigkeiten automatisch in Normgelenke konvertieren (2)
- ➢ Restliche Einstellungen übernehmen
- ➢ Nein | **Nein** (Hinweisfenster) (3)
- ➢ OK | **OK** (4)

- Gelenkverbindungen einfügen -

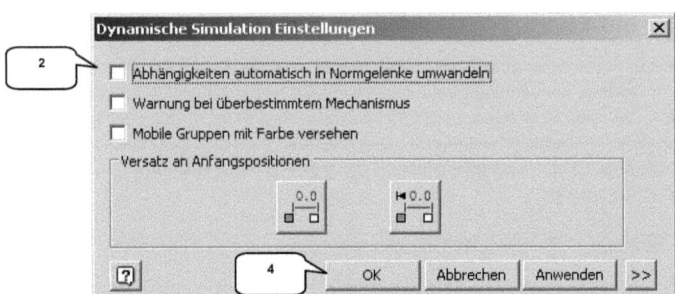

HINWEIS: Wenn die **Einstellungen** im Bereich der dynamischen Simulation bearbeitet werden und die darin enthaltene Option **Abhängigkeiten automatisch in Normgelenke umwandeln** deaktiviert wird, so erscheint im Programm die oben dargestellte Hinweismeldung. Darin ist festzulegen ob die bereits automatisch konvertierten Gelenke weiterhin in der Baugruppe bleiben sollen, oder vollständig zu entfernen sind. Diese Option sollte mit Bedacht gewählt werden, da eine unbeabsichtigte Löschung aller Gelenke unter Umständen zu erheblichem Mehraufwand führen kann, hier aber nötig ist.

7.6   Gelenkverbindungen einfügen
7.6.1   Grundlagen: Gelenke in der dynamischen Simulation

Bevor das zweite Rad jetzt an der Hinterradachse befestigt werden kann, sollten einige Grundlagen zu den Gelenkverbindungen erläutert werden.

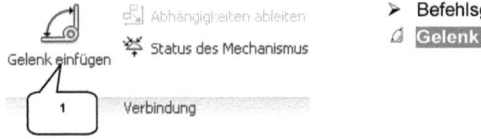

➢ Befehlsgruppe **Verbindung**
🔲 Gelenk einfügen (1)

- Gelenkverbindungen einfügen -

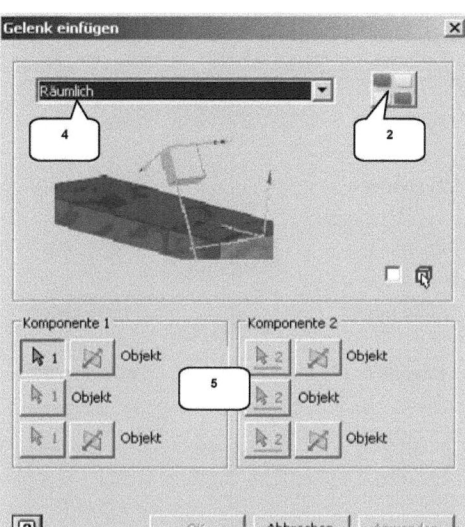

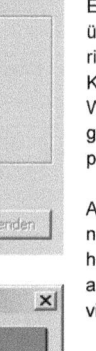

Der Befehl beinhaltet diverse Gelenkverbindungen, die den folgenden Kategorien zugeordnet werden:

➢ **Normverbindungen**
➢ **Rollverbindungen**
➢ **Kontaktverbindungen**
➢ **Schiebeverbindungen**
➢ **Kraftverbindungen**

Eine tabellarische Übersicht über die verschiedenen Kategorien erhält man durch einen Klick auf das ▬ *Symbol* (2). Wählt man darin eine der Kategorien aus, so öffnet sich die passende Gelenktabelle (3).

Alle Gelenkverbindungen können auch direkt (ohne die vorherige Auswahl der Kategorie) aus einer Liste (4) heraus aktiviert werden.

Wurde eine der Gelenkverbindungen gewählt, sind die entsprechenden Referenzen zur Positionierung zu definieren. Je nach Gelenktyp können dabei Achsen, Flächen, Punkte oder Körperkanten verwendet werden.

In der folgenden Übersicht wurden die Kategorien und ihre enthaltenen Gelenkverbindungen aufgelistet:

- Gelenkverbindungen einfügen -

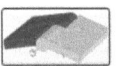 **Normverbindungen**

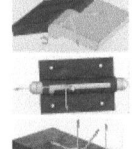	**Drehung**		**Prismatisch**
	Zylindrisch		**Kugelförmig**
	**Eben**		**Punkt-Linie**
	**Linie-Ebene**		**Punkt-Ebene**
	Räumlich		**Verschweißt**

 **Rollverbindungen**

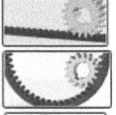	**Zylinder auf Ebene**		**Zylinder auf Zylinder**
	**Zylinder in Zylinder**		**Zylinder auf Kurve**
	Riemen		**Kegel auf Ebene**
	**Kegel auf Kegel**		**Kegel in Kegel**
	**Schraube**		**Schneckenrad**

 **Kontaktverbindungen**

 **2D-Kontakt**

- Gelenkverbindungen einfügen -

 **Gleitverbindungen**

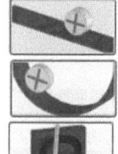 *Zylinder auf Ebene*

 *Zylinder in Zylinder*

Punkt auf Kurve

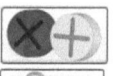 *Zylinder auf Zylinder*

 *Zylinder auf Kurve*

Kraftverbindungen

3D-Kontakt

Feder/ Dämpfung/ Buchse

7.6.2   Erstellen eines Drehgelenks

Das zweite (noch unbefestigte) Rad soll jetzt über ein *Drehgelenk* mit der Hinterradachse verbunden werden.

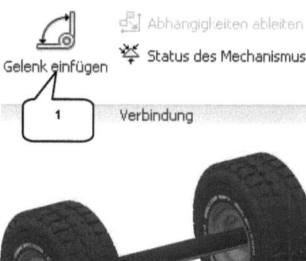

Abhängigkeiten ableiten

Status des Mechanismus

Gelenk einfügen

1   Verbindung

➤ Befehlsgruppe *Verbindung*
⌀ Gelenk einfügen (1)
➤ Auswahlmenü erweitern (2)
➤ Drehung (3)
➤ Komponente 1 (Z-Achse): Bohrungszylinder (Rad:2) (4)
➤ Komponente 1 (Ursprung): Bohrungskante (Rad:2) (5)
➤ Komponente 2 (Z-Achse): Zylinder (Hinterradachse:1) (6)
➤ Komponente 2 (Ursprung): Kreiskante (Hinterradachse:1) (7)
➤ 〔 OK 〕 *OK*

- Gelenkverbindungen einfügen -

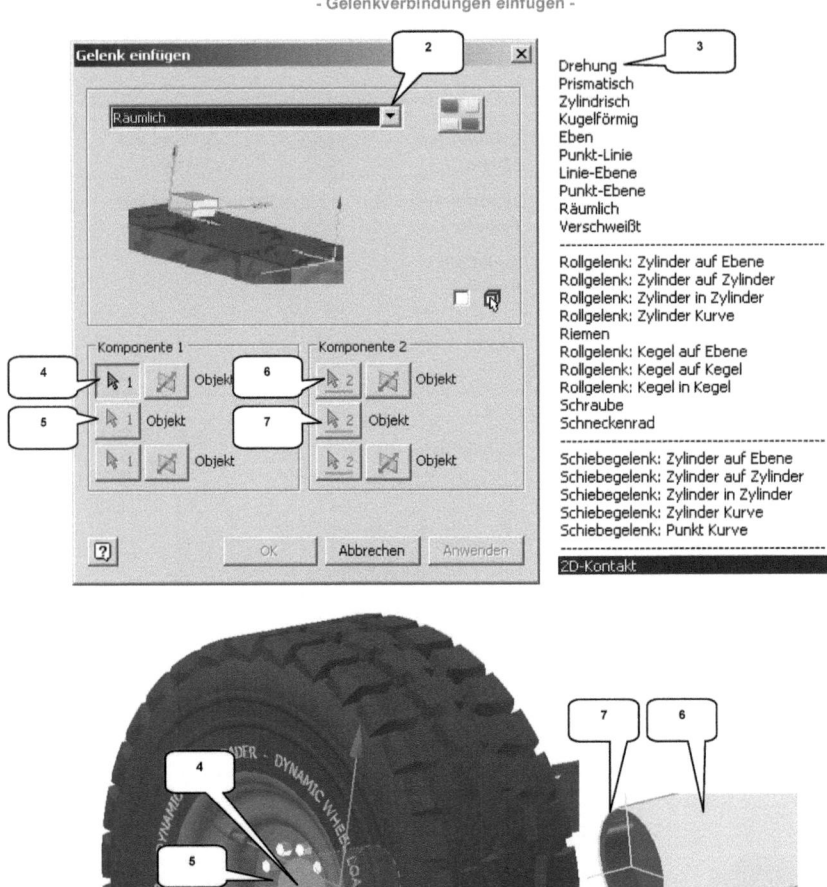

HINWEIS: Bei der Platzierung von Gelenkverbindungen sollte stets die noch unbefestigte Komponente ausgewählt werden. Vorhandene Abhängigkeiten könnten ansonsten unbeabsichtigt gelöscht werden.

- Gelenkverbindungen einfügen -

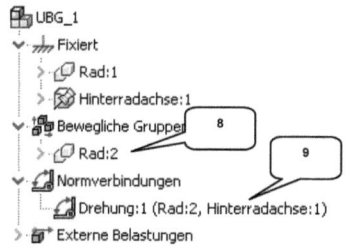

Im Browser ist jetzt zu sehen, dass das zweite Rad aus dem Ordner *Fixiert* in den Ordner *Bewegliche Gruppen* verschoben wurde (8). Weiterhin ist zu sehen, dass zwischen beiden Komponenten ein Drehgelenk erzeugt wurde (9). Dreht man das zweite Rad bei gedrückter linker Maustaste darauf, so erscheint ein schwarzer Pfeil: er stellt einen Kraftvektor dar, der das neue Drehgelenk bestätigt.

7.6.3 Gelenke von vorhandenen Abhängigkeiten ableiten

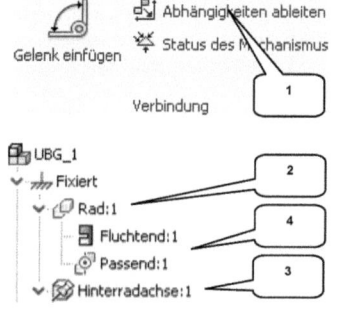

Nachdem eines der Räder durch ein Drehgelenk mit der Hinterradachse verbunden wurde, soll nun auch das zweite Rad damit verbunden werden. Neben der Möglichkeit Gelenke über den Befehl *Gelenk einfügen* zu erzeugen, können diese auch - sofern noch „unbenutzte" Abhängigkeiten vorhanden sind - von bereits im Baugruppenbereich definierten Abhängigkeiten abgeleitet werden.

🔧 Abhängigkeiten ableiten (1)

➤ Nacheinander im Browser auf die beiden Bauteile *Rad:1* (2) und *Hinterradachse:1* (3) klicken

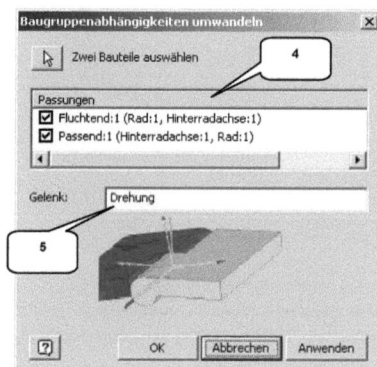

Im Befehlsfenster werden jetzt die Passungen (Abhängigkeiten) *Fluchtend* und *Passend* (4) angezeigt, die zwischen den beiden Bauteilen bestehen und das Programm kombiniert daraus automatisch ein *Drehgelenk* (5).

➤ ⬜ OK ⬜ *OK* (Befehlsfenster)

Die Unterbaugruppe *UBG_1.iam* kann jetzt *gespeichert* und *geschlossen* werden.

- Montage der Hauptbaugruppe -

7.7   Montage der Hauptbaugruppe
7.7.1   Öffnen der Hauptbaugruppe

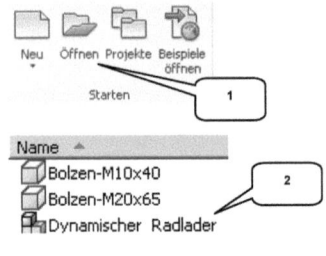

Öffnen Sie die Hauptbaugruppe **Dynamischer_Radlader.iam** welche jetzt komplettiert werden soll.

📂 **Öffnen** (1)
> Order: Projektordner wählen
> Dateiname: Dynamischer_Radlader (2)
> Dateityp: *.iam
> `Öffnen` **Öffnen**

Der Radlader wurde bereits grundlegend zusammengesetzt und muss lediglich um die Hinterradachse und die beiden Hinterräder ergänzt werden. Weil diese 3 Bauteile bereits in der vorangegangenen Übung in der Unterbaugruppe **UBG_1.iam** zusammengesetzt wurden, kann diese Unterbaugruppe in einem Schritt eingefügt werden.

7.7.2   Platzieren der Unterbaugruppe UBG_1

Arbeitsbereich:
Baugruppe (Zusammenfügen)

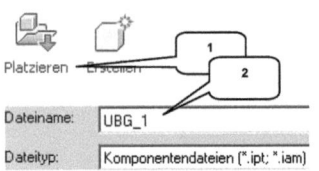

📥 **Komponente platzieren** (1)
> UBG_1 (2)
> Dateityp: *.iam
> `Öffnen` **Öffnen**
> Baugruppe 1x frei ablegen
> Taste: **ESC**

Nachdem die Unterbaugruppe **UBG_1.iam** in die Hauptbaugruppe eingefügt wurde, soll sie durch ein Drehgelenk mit dem Bauteil **Maschinengehäuse.ipt** verbunden werden. Anstelle einer Kombination einer axialen Abhängigkeit mit einer Flächenabhängigkeit soll diesmal bereits im Baugruppenbereich eine Gelenkverbindung definiert werden.

- Montage der Hauptbaugruppe -

7.7.3 Unterbaugruppe UBG_1 drehbar lagern

Im Bereich der Baugruppenmodellierung gibt es neben der Möglichkeit, Komponenten durch das Setzen von Abhängigkeiten miteinander zu verbinden auch die Möglichkeit, *Gelenk-verbindungen* zu erzeugen. Sie kombinieren verschiedene Abhängigkeiten miteinander und weisen Komponenten in einem Schritt den gewünschten Bewegungsablauf zu. Dabei werden genauso viele Freiheitsgrade übrig gelassen, wie das Gelenk benötigt. Neben der wesentlich schnelleren Platzierung von Gelenkeigenschaften hat dieser Befehl einen weiteren Vorteil: Die im Bereich der dynamischen Simulation gewünschten Gelenkverbindungen können bereits im Bereich der Baugruppenmodellierung eindeutig definiert werden. Bei der Konvertierung von Abhängigkeitskonstellationen für den Bereich der dynamischen Simulation können somit keine Fehlinterpretationen des Programms beim Konvertieren von Abhängigkeiten in Gelenkverbindungen auftreten.

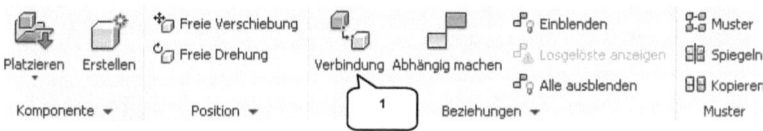

- **Verbindung** (1)
- ➢ Typ: Drehbar (2)
- ➢ Abstand: 0 mm (3)
- ➢ Verbinden 1: Mittleren Ursprungspunkt der Hinterachse wählen (4)
- ➢ Verbinden 2: Mittleren Ursprungspunkt der Zylinderbohrung am Gehäuse wählen (5)
- ➢ ⬛ OK

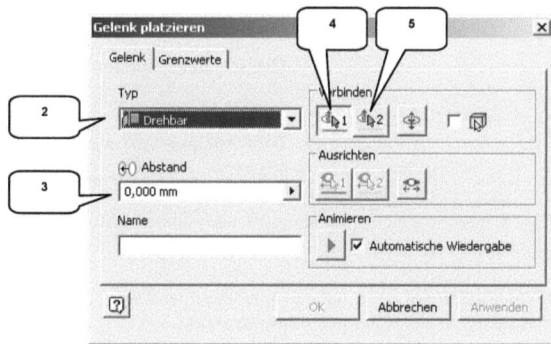

- Der Radlader im Bereich der dynamischen Simulation -

Sobald die beiden Referenzpunkte ausgewählt wurden, verschiebt das Programm die
Unterbaugruppe *UBG_1.iam* in die Bohrung
des *Maschinengehäuses*.

Die Baugruppe sollte zu diesem Zeitpunkt
noch einmal *gespeichert* werden, da anschließend in den Bereich der *dynamischen Simulation* gewechselt wird.

7.8 Der Radlader im Bereich der dynamischen Simulation
7.8.1 Überprüfen der Simulationseinstellungen

Arbeitsbereich:
Dynamische Simulation

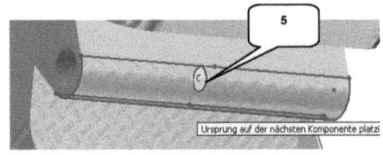

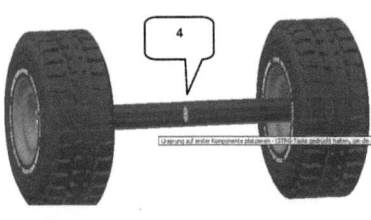

> Register *Umgebungen* (1)
> Dynamische Simulation (2)

> Befehlsgruppe *Verwalten*
> Simulationseinstellungen (3)

HINWEIS: Der Hinweis des Programms auf eine Überbestimmung des Mechanismus kann
mit *OK* bestätigt werden. Es weist dabei lediglich auf vorhandene Redundanzen hin.

In den *Simulationseinstellungen* sollte noch einmal überprüft werden, ob die Option *Abhängigkeiten automatisch in Normgelenke umwandeln* aktiviert ist (4). Das Fenster kann
danach wieder geschlossen werden.

- Der Radlader im Bereich der dynamischen Simulation -

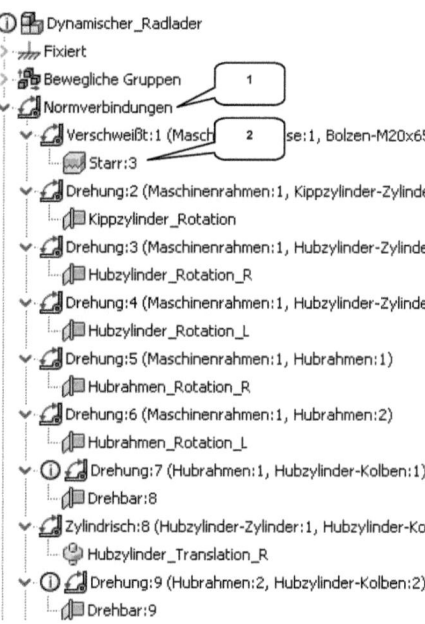

7.8.2 Betrachten der automatisch erstellten Normverbindungen

Weil es in den Simulationseinstellungen im letzten Arbeitsschritt so definiert wurde, hat das Programm alle Verbindungen und Abhängigkeiten bereits in Normgelenke konvertiert. Erweitert man im Browser den Ordner **Normverbindungen** (1) so findet man darin alle bereits vorhandenen Normgelenke. Erweitert man die einzelnen Gelenke (2) so findet man darin die jeweiligen Verbindungen oder Abhängigkeiten aus dem Baugruppenbereich, aus denen die Gelenke erstellt wurden.

Der Klick der rechten Maustaste auf eine der Verbindungen oder Abhängigkeiten erscheint das Kontextmenu. Darin finden sich Optionen, diese Verbindungen oder Abhängigkeiten zu löschen oder zu unterdrücken, was weiterhin eine Änderung des jeweiligen Gelenkes nach sich zieht.

- Manuelle und automatische Simulation -

7.9 Manuelle und automatische Simulation
7.9.1 Was ist eine Simulation

Eine Simulation im Bereich der dynamischen Simulation ist die Berechnung eines Mechanismus unter Beachtung aller Parameter und Randbedingungen. Hier gibt es grundsätzlich 2 verschiedene Möglichkeiten: die manuelle und die automatische Simulation. Die manuelle Simulation (Befehl: **Dynamische Bewegung**) entspricht der einfachen Bewegung des Mechanismus bei gedrückter linker Maustaste darauf, wobei alle Kräfte und Gelenke in die Berechnung des Bewegungsablaufes mit einbezogen werden. Bei der automatischen Simulation (Befehl: **Simulationswiedergabe**) kann der Mechanismus nicht per Hand bewegt werden. Das Programm berechnet den exakten Bewegungsablauf des Mechanismus automatisch.

7.9.2 Grundlagen: Dynamische Bauteilbewegung (manuelle Simulation)

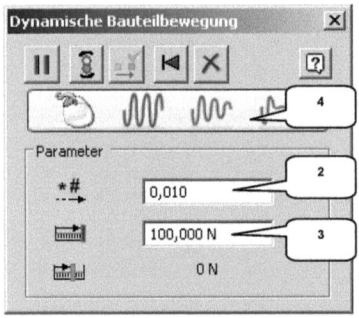

➢ Befehlsgruppe **Ergebnisse**
Dynamische Bewegung (1)

Bei der **dynamischen Bauteilbewegung** wird der Mechanismus durch die Bewegung der Maus bei gedrückter linker Maustaste auf ein Bauteil animiert. Die Mausbewegung simuliert hierbei eine äußere Krafteinwirkung deren Multiplikationsfaktor (2) und Maximalwert (3) zu definieren sind.

Optional kann bei dieser Simulation ungedämpft, leicht gedämpft oder mit einer starken Dämpfung gearbeitet werden (4).

Das Befehlsfenster kann bereits wieder **geschlossen** werden (5).

HINWEIS: Leider reagiert das Programm auf diesen Befehl sehr sensibel, was häufig einen Programmabsturz zur Folge hat. Hier hilft dann oft nur ein Neustart des Programms.

- Manuelle und automatische Simulation -

7.9.3 Grundlagen: Simulationswiedergabe (automatische Simulation)

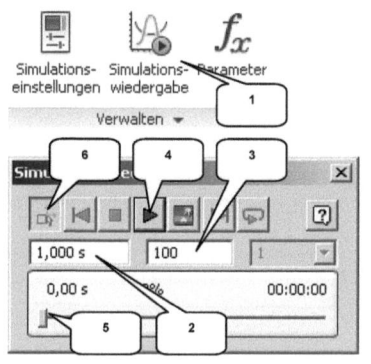

➢ Befehlsgruppe **Verwalten**
🐾 Simulationswiedergabe (1)

In der **Simulationswiedergabe** wird der gesamte Mechanismus unter Beachtung der voreingestellten Parameter (wie z. B. Reibung und Dämpfung) und unter Einwirkung äußerer Kräfte und Drehmomente (automatisch) simuliert. Die Simulationsdauer (2) und die daraus resultierende Anzahl an Bildberechnungen (3) kann frei definiert werden. Nach Simulationsstart (4) signalisiert der Schieberegler (5) den zeitlichen Verlauf. Durch den Konstruktionsmodus (6) wird die eigentliche Simulation verlassen.

7.9.4 Starten der ersten Simulation

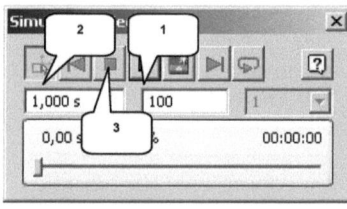

Um die erste Simulation durchführen zu können muss im Fenster **Simulationswiedergabe** die Wiedergabe gestartet werden.

➢ ▶ **Wiedergabe** (1)
➢ Simulation vollständig ablaufen lassen
➢ 🔲 **Konstruktionsmodus** (2)

HINWEIS: Der Button ■ **Stopp** (3) beendet eine Simulation vorzeitig. Der Button 🔲 **Konstruktionsmodus** (2) lässt das Programm in den Konstruktionsbereich zurückkehren.

Leider war der Schieberegler (4) das Einzige, was sich während der Simulation bewegte: der Rest der Baugruppe **blieb starr!**

- Definition der Schwerkraft -

Der Grund ist folgender: Eine Simulation erfordert mindestens eine Gelenkverbindung und mindestens eine Kraft/ einen Antrieb. Gelenkverbindungen gibt es genügend in der Baugruppe, allerdings wurden noch keine Kräfte aktiviert.

7.10 Definition der Schwerkraft
7.10.1 Die Normalfallbeschleunigung

Die einfachste Möglichkeit den gesamten Mechanismus anzutreiben, ist die Definition der Normalfallbeschleunigung. Im Browser befindet sich an unterster Stelle ein Ordner *externe Belastungen*, welcher zu erweitern und die darin enthaltene *Schwerkraft* zu bearbeiten ist.

Da der Radlader auf der XZ-Ebene steht, muss die Normalfallbeschleunigung in negativer Richtung der Y-Achse wirken. Hierfür ist im entsprechenden Eingabebereich der Wert der Normalfallbeschleunigung (g) in der Zeile g[Y] mit -9810 mm/s^2 festzulegen.

HINWEIS: Sollte sich die Richtung der Schwerkraft nicht definieren lassen und der gesamte Browser noch grau dargestellt sein, so befinden Sie sich unter Umständen noch im Simulationsmodus. In diesem Fall muss im Fenster der Simulationswiedergabe der Button ⬆ *Konstruktionsmodus* gewählt werden (siehe vorheriges Kapitel).

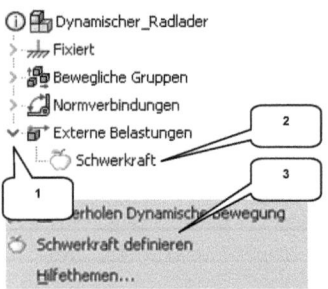

➤ *Externe Belastungen* erweitern (1)
➤ *Rechte Maustaste* auf *Schwerkraft* (2)
➤ *Schwerkraft definieren* (3)

➤ Deaktivieren: Unterdrücken (4)
➤ Aktivieren: Vektorkomponenten (5)
➤ g[Y]: -9810 mm/s^2 (6)
➤ ⬜ OK

⟳ *Newtons Apfel* sollte jetzt im Browser gelb dargestellt werden, was durch die aktivierte Schwerkraft symbolisiert wird. Der Richtungsvektor der Schwerkraft wird durch einen gelben Pfeil (6) dargestellt. Speichern Sie die Baugruppe sollte vor dem nächsten Schritt gespeichert werden.

💾 Speichern (Ja für alle)

- Definition der Schwerkraft -

7.10.2 Ausführen und Aufzeichnen der Simulation

Vor der nächsten Simulation sollte der Hubapparat des Radladers bei gedrückter linker Maustaste leicht nach oben bewegt werden (siehe Abbildung).

➢ Hubapparat nach oben bewegen (1)
➢ ▶ *Wiedergabe* (2)
➢ Simulation ablaufen lassen
➢ ⓓ *Konstruktionsmodus* (3)

Die Schwerkraft müsste den Hubapparat während der Simulation nach unten bewegt haben, wobei allerdings alle anderen Bauteile durchschlagen wurden (4). Das Programm erkennt Kollisionen leider auch im Bereich der dynamischen Simulation nicht automatisch.

HINWEIS: Das Programm erkennt weder im Bereich der Baugruppenmodellierung noch im Bereich der dynamischen Simulation automatisch *Kollisionen*, wenn die hierfür benötigten Kontrollmechanismen nicht vorab definiert wurden. Im Bereich der Baugruppenmodellierung können Bewegungen begrenzt oder Kontaktsätze definiert werden: Kollisionen werden dann automatisch erkannt und Bewegungen begrenzt. Solche Möglichkeiten gibt es natürlich auch im Bereich der dynamischen Simulation.

- Definition der Schwerkraft -

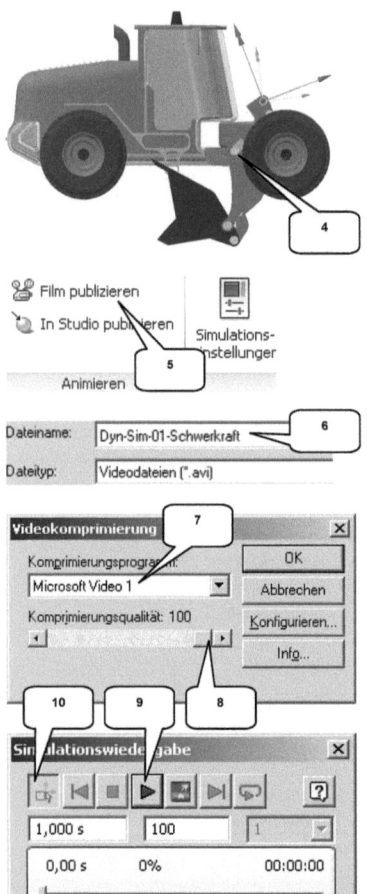

Die letzte Simulation soll noch einmal wiederholt werden um sie zusätzlich als Video zu speichern. Das ist möglich wenn vorher der Befehl *Film publizieren* gestartet wurde.

Film publizieren (5)
➢ Dateiname: Dyn-Sim-01-Schwerkraft (6)
➢ Dateityp: *.avi
➢ Speicherort: Projektordner
➢ `Speichern` *Speichern*

➢ Komprimierung: Microsoft Video 1 (7)
➢ Qualität: 100 % (8)
➢ `OK` *OK*

➢ ▶ *Wiedergabe* (9)
➢ Simulation ablaufen lassen
➢ ⊞ *Konstruktionsmodus* (10)

Nach der erfolgten Simulation und dem anschließenden Wechsel in den Konstruktionsmodus, muss der Befehl *Film publizieren* erneut angeklickt werden, um die Videoaufnahme zu beenden.

Film publizieren (5)

Die Videodatei *Dyn-Sim-01-Schwerkraft.avi* (11) kann jetzt im Projektordner gestartet werden, wofür ein beliebiger Video-Player benötigt wird.

Die Auswertung der Simulation lässt darauf schließen, dass der Mechanismus der Baugruppe grundlegend überarbeitet werden muss, um einen funktionstüchtigen Bewegungsablauf zu erreichen.

- Begrenzen der Hubbewegung -

Der Bereich der dynamischen Simulation sollte jetzt verlassen werden um im Bereich der Baugruppenmodellierung erste Optimierungen an der Baugruppe vorzunehmen.

✔ **Fertigstellen** (12)

7.11 Begrenzen der Hubbewegung
7.11.1 Festlegen der Grenzwerte für die Hubbewegung

Arbeitsbereich:
Baugruppe (Zusammenfügen)

Im ersten Schritt soll der (unkontrollierte) freie Fall des Hubapparates begrenzt werden, wofür eine der vorhandenen Gelenkverbindungen zu bearbeiten ist.

Wird im Browser das Bauteil *Hubrahmen:1* erweitert, findet man darin 4 verschiedene Drehgelenke (zu erkennen am Symbol) sowie eine starre Verbindung ( ). Beim Klicken mit der rechten Maustaste auf das Drehgelenk *Hubrahmen_Rotation_R* erscheint ein Kontextmenu. Wird darin die Option *Bearbeiten* ausgewählt, öffnet sich das Befehlsfenster *Gelenk bearbeiten*.

➤ Bauteil *Hubrahmen:1* im Browser erweitern (1)
➤ *Rechte Maustaste* auf Drehgelenk *Hubrahmen_Rotation_R* (2)
➤ *Bearbeiten* (3)

- Begrenzen der Hubbewegung -

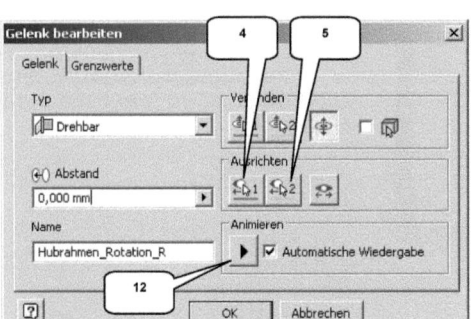

Durch die zusätzliche Definition einer Winkelbegrenzung soll die Drehbewegung des Gelenks eingeschränkt werden, was sich anschließend auch in den Bereich der dynamischen Simulation übertragen sollte.

➢ Ausrichten 1: Fläche Hubrahmen:1 (4)
➢ Ausrichten 2: Fläche Maschinenrahmen:1 (5)

Im Register **Grenzwerte** kann jetzt der Winkel definiert werden:

➢ Register **Grenzwerte** (6)
➢ Aktivieren: Start (7)
➢ Startwinkel: 60 ° (8)
➢ Aktueller Winkel: 123 ° (9)
➢ Aktivieren: Ende (10)
➢ Endwinkel: 123 ° (11)
➢  **OK**

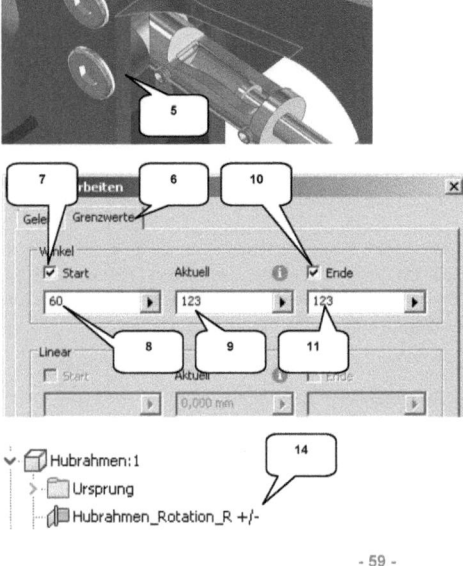

Die Begrenzung der Drehbewegung wird im Browser durch ein **+/- Symbol** (14) gekennzeichnet und ist dadurch leicht zu erkennen. Das Hubsystem kann jetzt bei gedrückter linker Maustaste nach oben gezogen werden, bis die in Abbildung (13) dargestellte Position erreicht wurde. Die Baugruppe ist im Anschluss daran zu speichern.

🖫 Speichern

- Begrenzen der Hubbewegung -

HINWEIS: Sollte das Programm das Setzen der letzten Winkelbegrenzung nicht akzeptieren, so hilft es manchmal, den Befehl zu beenden, die Position des Hubsystems leicht zu verändern und den Befehl zu wiederholen. Leider reagiert das Programm bei solchen Arbeitsschritten teilweise etwas sensibel.

7.11.2 Ausführen und Aufzeichnen der Simulation

Arbeitsbereich:
Dynamische Simulation

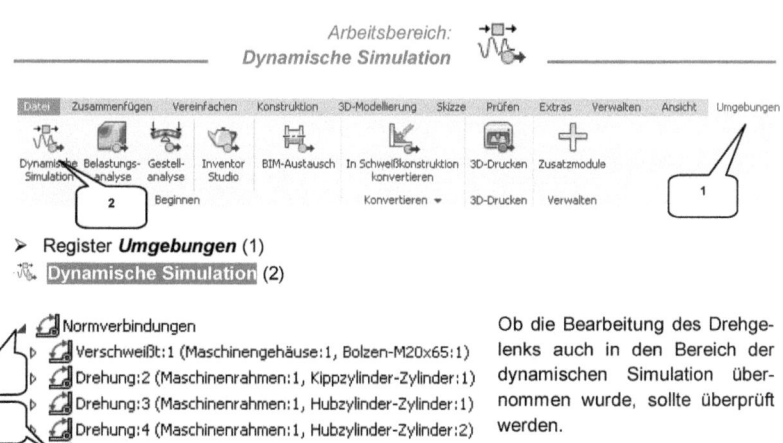

➢ Register **Umgebungen** (1)

𝕏 **Dynamische Simulation** (2)

Ob die Bearbeitung des Drehgelenks auch in den Bereich der dynamischen Simulation übernommen wurde, sollte überprüft werden.

Hierfür ist im Browser der Ordner **Normverbindungen** zu erweitern und darin das Drehgelenk zwischen den Bauteilen Maschinenrahmen:1 und Hubrahmen:1 (3) zu lokalisieren. Achten Sie dabei einfach auf ein **Drehgelenk** mit einem # - Symbol.

Klicken Sie mit der rechten Maustaste darauf und wählen Sie im Kontextmenu die **Eigenschaften**. Wechseln Sie darin ins Register **Freiheitsgrad** und kontrollieren Sie in den Anfangsbedingungen die Grenzwerte (60° bis 123°). Schließen Sie das Befehlsfenster anschließend und überprüfen Sie die Auswirkungen der neuen Einstellungen auf den Mechanismus, wofür eine weitere Simulation durchzuführen ist.

- Begrenzen der Hubbewegung -

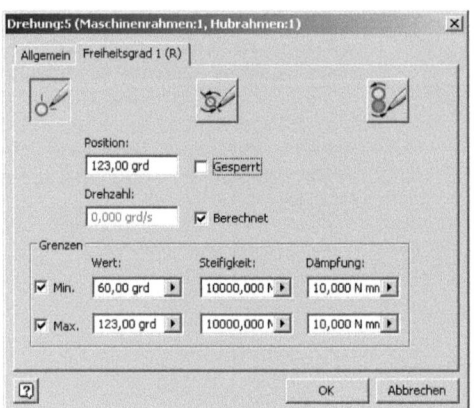

> Ordner **Normverbindungen** erweitern (3)
> **Rechte Maustaste** auf Drehgelenk der Bauteile Maschinenrahmen:1 und Hubrahmen:1 (4)
> Option: Eigenschaften (5)
> Grenzwerte kontrollieren (6)
> ☐ **OK**

Sollten die Grenzwerte überein-stimmen, soll eine neue Simula-tion jetzt ihre Funktionalität überprüfen.

🐾 Film publizieren
> Dateiname: Dyn-Sim-02-Hubbegrenzung (3)
> Dateityp: *.avi
> Speichern **Speichern**

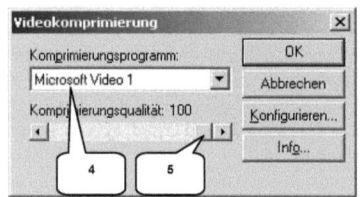

| Dateiname: | Dyn-Sim-02-Hubbegrenzung | 3 |
| Dateityp: | Videodateien (*.avi) | |

> Komprimierung: Microsoft Video 1 (4)
> Qualität: 100 % (5)
> ☐ **OK**

> ▶ **Wiedergabe** (6)
> Simulation ablaufen lassen
> ⊞ **Konstruktionsmodus** (7)
🐾 Film publizieren

Das Hubsystem fällt und schlägt hart auf, sobald der Grenzwert des Drehwinkels er-reicht wurde.

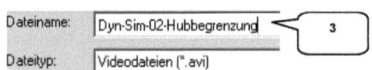

- Begrenzen der Kippbewegung -

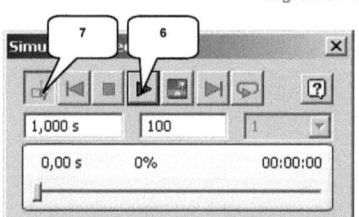

Eine Kollision zwischen Hubrahmen und Maschinenrahmen findet nicht mehr statt, nur die Schaufel schwingt noch frei und schlägt dabei ggf. durch die angrenzenden Bauteile hindurch. Um jetzt auch die Schaufel in ihrer Bewegung zu begrenzen und damit weitere Kollisionen zu vermeiden, könnte auch das Drehgelenk der Schaufel

mit Grenzwerten versehen werden. Oder man verwendet eine andere Option: das Hinzufügen eines **3D-Kontaktes**. Hierzu sollten vorab allerdings einige Grundlagen zum Thema **Gelenkverbindungen** erläutert werden.

7.12 Begrenzen der Kippbewegung
7.12.1 Grundlagen: 3D-Kontakt

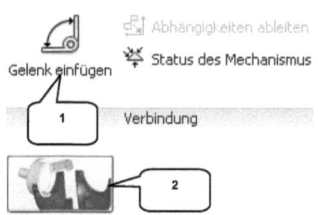

➢ Befehlsgruppe **Verbindung**
  Gelenk einfügen (1)
➢ Auswahl: 3D-Kontakt (2)

Der **3D-Kontakt** ermöglicht es Kollisionen zwischen zwei Bauteilen zu erkennen und den Bewegungsablauf bei Kontakt zu stoppen. Er gleicht damit dem **Kontaktsatz** im Baugruppenbereich.

7.12.2 Einfügen eines 3D-Kontaktes

Betrachtet man den Bewegungsapparat, so stellt man fest, dass die Schaufel über verschiedene Bauteile mit dem Kippzylinder verbunden ist. Die unkontrollierte Schwingung der Schaufel hat unter anderem zur Folge, dass der Kolben des Kippzylinders ungebremst in den Zylinder eintaucht. Würde man also diese beiden Bauteile bei Kontakt stoppen, so überträgt sich das letztendlich auch auf die Bewegung der Schaufel.

- Begrenzen der Kippbewegung -

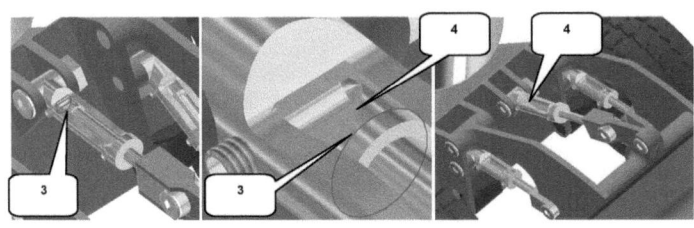

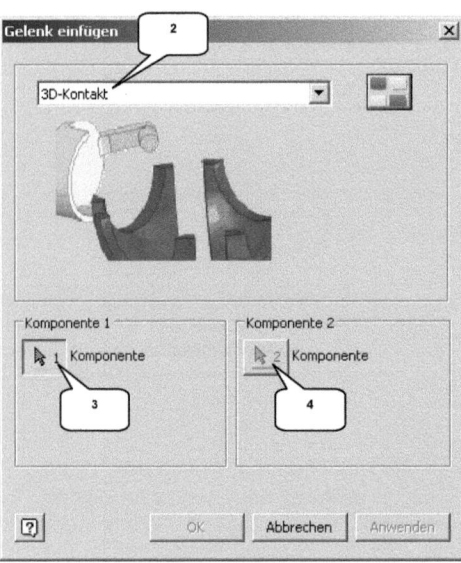

Kolben und Zylinder des Kipp-zylinders sollen jetzt also mit einer zusätzlichen Gelenkverbindung - einem *3D-Kontakt* - versehen werden. Der Zylinder wurde zu diesem Zweck an der oberen Seite präpariert, so dass der Blick in dessen Innenbereich und damit auch auf den Kolben darin frei ist. Als Referenzen auszuwählen sind die jeweiligen runden Kanten von Kolben und Zylinder.

◿ **Gelenk einfügen** (1)
➢ Auswahl: 3D-Kontakt (2)
➢ Komponente 1:
   Bohrungskante
   Kippzylinder-Kolben:1 (3)
➢ Komponente 2:
   Zylinderkante
   Kippzylinder-Zylinder:1 (4)
➢ ⬚ *OK*

🖫 **Speichern**

HINWEIS: Es sind die jeweiligen Zylinderkanten auszuwählen, nicht die Flächen!

- Begrenzen der Kippbewegung -

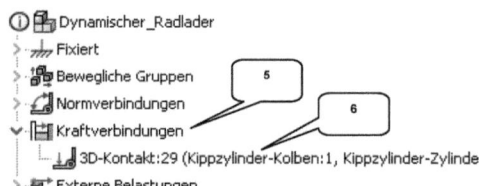

Der Browser erweitert sich jetzt um den neuen Ordner **Kraftverbindungen** (5). Darin enthalten ist der soeben erstellte **3D-Kontakt** (6).

HINWEIS: Gelenkverbindungen werden automatisch nummeriert (z. B. 3D-Kontakt*:29*). Diese Nummerierung kann von den Abbildungen hier im Buch abweichen, was allerdings keine Rolle spielt. Wichtig ist nur die korrekte Bauteilkonstellation. Die Bauteile werden in Klammern hinter der Gelenkverbindung angegeben (z. B. Kippzylinder-Kolben:1, Kippzylinder-Zylinder:1). Ihre Reihenfolge spielt dabei ebenfalls keine Rolle.

7.12.3 Ausführen und Aufzeichnen der Simulation

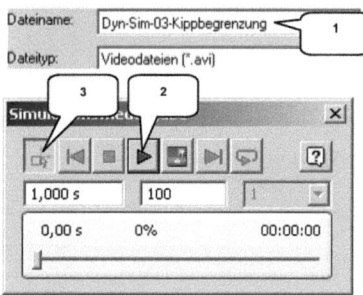

Eine Simulation soll zeigen, ob der 3D-Kontakt das gewünschte Ergebnis erzielen kann.

♻ **Film publizieren**
➢ Dateiname:
  Dyn-Sim-03-Kippbegrenzung (1)
➢ Dateityp: *.avi
➢ Speichern **Speichern**

➢ Komprimierung: Microsoft Video 1
➢ Qualität: 100 %
➢ OK **OK**

➢ ▶ **Wiedergabe** (2)
➢ Simulation ablaufen lassen
➢ **Konstruktionsmodus** (3)
♻ **Film publizieren**

Hubsystem und Schaufel fallen während der Simulation ungebremst nach unten, bis beide Hubrahmen den maximalen Winkel erreicht haben.

12 INDEX

E

G

H

I

K